Presse et procès pénal

Droit privé et sciences criminelles

Collection dirigée par Yves Strickler

Créée fin 2011 par Yves Strickler et le Centre d'études et de recherches en droit privé (devenu le Centre d'études et de recherches en droit des procédures en 2013) de la Faculté de droit et science politique de Nice, la présente collection a pour vocation principale de publier des ouvrages en liaison avec le thème retenu pour dénomination de la collection. Cette dernière rassemble des recherches originales, tirées notamment de travaux de recherche, de manifestations scientifiques ainsi que d'ouvrages collectifs sur les interrogations actuelles que rencontre la science juridique, spécialement dans le domaine du droit privé et des sciences criminelles.

Dernières parutions

Défiance, doute, incertitude : quelle place pour la notion de confiance dans les sociétés modernes ? *(dir. Julie Tribolo), 2019, 90 pp.*
L'enfant à l'épreuve de la séparation parentale *(dir. Laetitia Antonini-Cochin et Marie-Cécile Lasserre), avril 2019, 126 pp.*
Les grands principes des répartitions dans les procédures collectives*, Maxence Guastella, mars 2019, 300 pp.*
La cession de dette*, Jean-Baptiste Bottin, mars 2019, 148 pp.*
Déclaration des droits de l'homme et du citoyen. Postérité et actualité *(dir. Jimmy Meersman et Rémi Puigventos), février 2019, 238 pp.*
Médiation et entreprises. Regards croisés Droit et Gestion *(dir. Gulsen Yildirim, Isabelle Sauviat et Romain Dumas), janvier 2019, 142 pp.*
La procédure *(dir. Joanna Genovese et Giovanna Debernardi), oct. 2018, 138 pp*
Techniques de critique d'une décision « définitive ». Imprécision sémantique et pérennité des décisions de justice en procédure civile*, Tennessee Caen, juin 2018, 160 pp*
Réforme de la prescription pénale *(dir Christine Courtin et Jean-Raphaël Demarchi), juin 2018, 154 pages*
Droit des sociétés et procédures collectives *(dir. Laurence Caroline Henry), janvier 2018, 207 pp.*

Sous la direction de
Christine COURTIN, Fabienne GHELFI
et Cédric PORTERON

Presse et procès pénal

Textes réunis par Christine COURTIN

L'Harmattan

5-7, rue de l'École-Polytechnique, 75005 Paris

http://www.editions-harmattan.fr

ISBN : 978-2-343-19164-5

EAN : 9782343191645

Responsables scientifiques

Christine COURTIN, Fabienne GHELFI et Cédric PORTERON

Auteurs (ordre alphabétique) :

Christophe ALLARD, Doctorant, Université Côte d'Azur, CERDP, EA 1201

Roxanne BEL-RAMON, Doctorante, Université Côte d'Azur, CERDP, EA 1201

Loïc BIENVENU, Doctorant, Université Côte d'Azur, CERDP, EA 1201

Valérie BOUCHARD, Maître de conférences, HDR, Université de Toulon

Alain CHEMAMA, Président du Tribunal correctionnel de Nice, Ancien Doyen des juges d'instruction près le Tribunal de grande instance de Nice

Christine COURTIN, Maître de conférences, HDR, Université Côte d'Azur, Directrice du pôle pénal du CERDP, EA 1201

Eric DE MONTGOLFIER, Avocat général honoraire à la Cour de cassation

Jean-Philippe DENIAU, Chef du service Enquêtes-Justice de France Inter, Président de l'Association de la Presse Judiciaire

Fabienne GHELFI, Maître de conférences, HDR, Université Côte d'Azur, Membre du CERDP, EA 1201

Michaël JANAS, Président du Tribunal de grande instance de Grasse

Michèle LIS-SCHAAL, Présidente de chambre à la Cour d'appel d'Aix-en-Provence, Ancienne Présidente de chambre à la Cour d'appel de Paris, Ancienne Présidente de la Cour d'assises des Alpes-Maritimes et du Var

Olivier MORICE, Avocat au Barreau de Paris

Mario PIRROTTA, Doctorant, Université Côte d'Azur, CERDP, EA 1201

Cédric PORTERON, Avocat au Barreau de Nice, Membre du Conseil de l'Ordre, Maître de conférences associé Université Côte d'Azur

Edwige ROUX-MORIZOT, Procureure de la République Tribunal de grande instance de Mulhouse

Michel VALIERGUE, Avocat au Barreau de Grasse, Ancien Bâtonnier de l'Ordre des avocats au Barreau de Grasse

Journée d'étude du 14 juin 2019

Sommaire

Avant-propos

Christine COURTIN

Le présent ouvrage est le recueil des contributions présentées lors d'une table ronde et d'une journée d'études qui se sont tenues les 13 et 14 juin 2019 à la Faculté de droit et science politique de l'Université Côte d'Azur, organisées par le pôle pénal du Centre d'Etudes et de Recherches en Droit des Procédures (n° EA 1201).

La publication des actes de cette manifestation est l'occasion de remercier à nouveau très sincèrement toutes les personnes sans lesquelles elle n'aurait pu avoir lieu, et notamment les éminents praticiens qui nous ont fait l'honneur d'être à nos côtés ce jour-là.

Nous remercions également Maître Michel Valiergue d'avoir accepté d'assurer une partie de la présidence de cette journée.

Merci aussi aux Bâtonniers de l'ordre des avocats de Nice et de Grasse pour le concours précieux de leur barreau. Un grand merci aussi aux éditions Dalloz pour avoir assuré la publicité et participé à l'organisation matérielle de cette journée. Enfin, merci à Monsieur Loïc Bienvenu, Doctorant pénaliste du CERDP, pour sa prise de notes lors des interventions des praticiens, laquelle a grandement facilité leur retranscription.

Pour finir, quelques mots pour remercier les membres du CERDP. Son directeur tout d'abord Monsieur le professeur Mathias Latina ainsi que son ancien directeur Monsieur le professeur Yves Strickler pour leur confiance, pour leur soutien et pour leurs conseils avisés. Enfin, merci à Madame Ghislaine Goiran, la secrétaire du centre et aux doctorants du CERDP pour leur aide et leur disponibilité.

Propos introductifs

Michel VALIERGUE

Mes chers amis,

Il me revient l'honneur et l'avantage de participer à l'ouverture de cette journée d'étude relative à la Presse et au Procès pénal et de préciser plus spécialement cette matinée de travail consacrée aux principes directeurs du procès pénal et à la médiatisation.

Ma présence, en ma qualité d'ancien Bâtonnier de Grasse, mais surtout en qualité de délégataire de Monsieur le Bâtonnier Roland Rodriguez, Bâtonnier en exercice de l'Ordre des avocats au Barreau de Grasse, s'explique simplement par les liens profonds et réels qu'entretient ledit Barreau de Grasse avec l'Université de Nice Sophia Antipolis, et particulièrement avec la Faculté de Droit et Science Politique.

Je me garderai bien, dans mes propos liminaires de représentant de l'Ordre grassois, de disserter plus avant sur les sujets passionnants qui vont certainement être traités brillamment par les divers intervenants, les paradoxes pouvant exister dans les domaines abordés entre, par exemple, le secret de l'instruction et le droit à l'information, étant grandement susceptibles, si je venais bien imprudemment à les évoquer, de me valoir autant d'amis que d'ennemis dans le monde judiciaire que je fréquente quotidiennement.

D'ailleurs, en parlant d'amis, je note, avec une réelle satisfaction, la présence de nombreux confrères, outre bon nombre de sommités judiciaires.

En ce qui concerne les ennemis, compte tenu de la composition de cette aimable assistance, je n'en vois évidemment aucun, me félicitant même de la présence à Nice, au sein de cette journée d'étude, de Monsieur l'Avocat Général honoraire à la Cour de Cassation Eric de Montgolfier.

Je resterai donc humblement à ma place, tout en essayant d'être Monsieur Loyal et le Maître des Horloges dans l'organisation des prises de parole successives des orateurs.

Bonne journée d'étude à toutes et à tous et que le spectacle commence !!!

Merci !

Presse et audience pénale

Christine COURTIN

« Le principe de la liberté d'information et ainsi du contrôle médiatique du fonctionnement de la justice n'apparaît qu'assez tardivement dans la chronologie des étapes de la procédure judiciaire. Il n'est officiellement posé qu'au stade de l'audience. Les différents codes de procédure énoncent, de manière générale, le principe de la publicité des audiences »[1]. De fait, les représentants des médias bénéficient de cette ouverture des salles d'audience. Il faut noter, sur ce point, « l'attrait particulier manifesté par le public pour les affaires les plus sordides et les plus transgressives des valeurs fondamentales de notre société, portées à sa connaissance, avec souvent force détails scabreux, par les médias qui se livrent souvent à cet égard à une véritable surenchère. Ce ne sont d'ailleurs que quelques affaires pénales sur lesquelles les médias ont focalisé leur attention qui intéressent le public, en raison soit de l'extrême gravité des faits, soit de la qualité des personnes qui vont être jugées »[2].

La publicité des audiences des cours et tribunaux est un principe essentiel dans le système juridique français. Ce principe de publicité des débats judiciaires est d'ailleurs inscrit dans la Convention européenne des droits de l'homme à l'article 6 § 1 aux termes duquel « Toute personne a droit à ce que sa cause soit entendue équitablement, publiquement et dans un délai raisonnable, … Le jugement doit être rendu publiquement, … ». Comme a pu le souligner un auteur, cette publicité des audiences est « une condition et caractéristique essentielle de l'organisation et du fonctionnement de la justice dans une société démocratique, soucieuse du respect des droits et libertés des individus »[3]. En effet, la publicité des audiences s'avère indispensable lorsque l'on s'attache aux effets qui en découlent et aux avantages qu'elle procure.

---

[1] F. Bussy, Les images du procès et l'entrée des caméras dans les salles d'audience, Legicom, 2012/1, n° 48, p. 83.

[2] E. Derieux, Contrôles réciproques, Garanties et limites de la liberté d'information, Legicom, 2012/1, n° 48, p. 150.

[3] E. Derieux, Les comptes-rendus d'audience, Liberté de la presse et droit pénal, XII èmes journées de l'association française de droit pénal en hommage au doyen F. Boulan Aix-en-Provence 17-18 mars 1994, PUAM 1994, p. 270.

En premier lieu, la publicité des audiences permet de garantir le respect, par la justice, des droits des justiciables. Elle protège les autorités judiciaires des pressions voire des abus d'injustice ou d'iniquité : la phase de jugement doit se dérouler sous le regard direct du citoyen afin que ce dernier puisse constater que tout s'y déroule dans le respect strict de la loi. Cette présence sera de nature à aider « le juge à ne pas se départir de la plus totale impartialité, et à maintenir autant que faire se peut entre les parties un équilibre quasi-parfait »[4].

En second lieu, elle assure la crédibilité de l'institution judiciaire et la confiance que les citoyens lui portent : « la justice rendue au nom du peuple français, doit être connue de ce dernier »[5]. Or, les avantages découlant de la publicité de la justice sont, en partie, anéantis en raison de la désertion des salles d'audience. En effet, il n'est pas rare de constater aujourd'hui que, mis à part quelques procès retentissants notamment en matière pénale, les citoyens désertent les salles d'audience. L'isolement dans lequel se retrouvent les magistrats risque alors de leur faire perdre cette conscience qu'ils agissent réellement au nom d'une collectivité, et contribue à renforcer l'opinion publique « de toutes ces idées fausses qui se développent aujourd'hui si largement suivant lesquelles, si la police arrête les délinquants, les juges s'empressent de les relâcher »[6].

Dès lors, il apparaît que la justice a besoin de la presse pour assurer sa publicité[7]. En effet, le journaliste, le chroniqueur, par leurs comptes-rendus, permettent de porter à la connaissance du public, les informations judiciaires, la manière dont la justice est rendue. Ainsi, les journalistes, intermédiaires nécessaires entre la justice et le public, contribuent à faire de ce principe de publicité une réalité[8]. Une partie de la doctrine aperçoit même dans la présence des journalistes et dans

---

[4] C. Hanoteau, L'audience et la presse, in justice pénale, police et presse, journées d'études du 16 mai 1987, Travaux de l'institut de sciences criminelles de Poitiers 1988, Vol. VII, p. 95.

[5] E. Derieux, Les comptes-rendus d'audience, art. préc., p. 271.

[6] C. Hanoteau, L'audience et la presse, art. préc., pp. 95-96.

[7] Cf. S. Latour, La publicité des procès : règle ou exceptions ?, thèmis, vol. 19, n° 1, pp. 107-113 ; M. Danti-Juan, Rapport introductif, L'audience, in Justice pénale, police et presse, trav. De l'institut de sciences criminelles de Poitiers, 1988, vol. VII, p. 79.

[8] En ce sens, cf. E. Derieux, Les comptes-rendus d'audience, art. préc., p. 271.

les comptes-rendus de ces derniers, la condition *sine qua non* d'une réelle publicité de la justice. En effet, « la véritable publicité en cette matière implique nécessairement la présence des journalistes qui recueillent l'information et la diffusent le plus largement possible. Sans information, il ne peut exister de véritable publicité et sans publicité il ne peut exister de véritable justice »[9], et ceci est d'autant plus vrai en ce qui concerne la justice pénale. Ainsi, la presse permet d'élargir l'enceinte des prétoires en vue d'informer les citoyens ; et cette information leur permettra de se former une opinion sur les raisons qui ont pu motiver les décisions judiciaires.

Le comité des ministres du Conseil de l'Europe, dans une recommandation aux Etats membres sur « la diffusion d'informations par les médias en relation avec les procédures pénales » du 10 juillet 2003 affirmait que « Les journalistes doivent pouvoir librement rendre compte des débats judiciaires et effectuer des commentaires sur le fonctionnement du système judiciaire pénal, sous réserve des seules limitations prévues en application des principes qui suivent (notamment présomption d'innocence, véracité de l'information, protection de la vie privée, publicité préjudiciable avant le procès, protection des témoins) »[10].

Cependant, en accomplissant leur mission, en se bornant à reproduire fidèlement et objectivement les décisions judiciaires ainsi que les débats qui les ont précédées, les journalistes sont assez souvent amenés à porter à la connaissance du public des faits de nature à porter atteinte à l'honneur et à la réputation des personnes. Par le fait même que le journaliste accomplit sa mission d'information, il ne doit être puni lorsque ses comptes-rendus comportent des diffamations ou des injures. En effet, d'abord, ces atteintes à l'honneur ou à la réputation de certains citoyens ne sont pas de son fait mais de ceux dont les discours sont rapportés. Ensuite, si le législateur a estimé nécessaire de protéger par une immunité les discours et les écrits prononcés ou produits en justice, il apparaît tout

---

[9] Casamayor, La presse et l'activité judiciaire, Communication au Colloque sur « La presse et l'administration de la justice », Université Laval, Québec, 23-24 nov. 1974, Communication et information, n° 1 août 1975, pp. 9-20.

[10] Comité min. Cons. Eur., recomm. 2013 (13), 10 juill. 2013.

aussi nécessaire de protéger les écrits de ceux qui se bornent à en rapporter la substance en vue d'informer les citoyens[11].

Si l'audience pénale est publique, elle doit cependant rester « un lieu préservé de débats et d'échanges réels »[12]. Dès lors, il convient de la protéger d'une mise en scène pour des fins de communication ou de moyens de pression sur les acteurs du procès. C'est pourquoi, à ce principe de publicité des audiences, sont apportées des restrictions relatives aux techniques d'information utilisées. La médiatisation de l'audience pénale est ainsi contrôlée (I). Par ailleurs, le législateur français accorde certaines immunités aux personnes rendant compte des débats judiciaires afin de conférer au principe de publicité de la justice plus de réalité. L'article 41 alinéa 4 de la loi du 29 juillet 1881 pose comme principe que « le compte-rendu fidèle fait de bonne foi des débats judiciaires » ne donnera « lieu à aucune action en diffamation, injure ou outrage ». Il ressort de cet article que la protection ne sera acquise qu'aux comptes-rendus qui satisfont aux conditions qu'il pose[13]. Il apparaît que ces conditions sont celles permettant de dire qu'un compte-rendu de presse est objectif. La retranscription de l'audience pénale est ainsi encadrée (II).

I) La médiatisation de l'audience pénale contrôlée

La loi est venue poser une interdiction de principe de la captation des débats par le son ou l'image **(A)**. Cependant, dans la pratique, certains tempéraments y sont apportés **(B)**.

A) L'interdiction de principe de la captation des débats

La loi du 6 décembre 1954 a posé le principe de l'interdiction de la captation des débats judiciaires. Cette loi a fait suite aux perturbations importantes qui avaient émaillées le procès Dominici. En effet, ce procès avait notamment été perturbé par des flashs incessants des journalistes venus assister en masse à ce procès surmédiatisé.

Depuis, l'article 38 ter de la loi du 29 juillet 1881 interdit, dès l'ouverture de l'audience des juridictions administratives ou

---

[11] En ce sens, cf. M. Kerber, De l'impunité attachée à l'activité professionnelle de l'auteur, thèse Paris 1968, p. 140.

[12] H. Bronnenkant, La communication et le procès – Règles nationales et standarts européens, JCP éd. Gén., 9 déc. 2013, doctr. 1322.

[13] Cf. pour un commentaire détaillé : E. Raschel, Jurisclasseur Communication, fasc. 136 : Les immunités. Article 41 de la loi de 1881.

judiciaires, l'emploi de tout appareil permettant d'enregistrer, de fixer ou de transmettre la parole ou l'image. Dans le cadre de la police de l'audience, le président a le pouvoir de faire procéder à la saisie de tout appareil et du support de la parole ou de l'image utilisés en violation de cette interdiction. Cependant, l'article prévoit que, sur demande présentée avant l'audience, le président peut autoriser des prises de vues si les débats ne sont pas commencés et si les parties, leurs représentants et le ministère public y consentent. Cette possibilité pour le président n'est cependant pas sans conséquences sur l'affaire pénale en cours, comme en atteste le procès de Guy Georges. Dans le cadre du procès de celui qu'on appelait alors le tueur de l'Est parisien, le président avait autorisé une prise de vue de Guy Georges alors souriant entrant dans le box des accusés. Ainsi, la seule photo qu'on avait de lui était celle où il était souriant alors qu'après avoir nié, il avait reconnu les assassinats épouvantables. L'article 38 ter interdit également la cession ou la publication, de quelque manière et par quelque moyen que ce soit, de telles images. Par ailleurs, l'article 308 du code de procédure pénale, applicable à la procédure d'assises, prévoit que dès l'ouverture de l'audience, l'emploi de caméra de télévisions ou de cinéma ou d'appareils photographiques est interdit.

Le principe d'interdiction de tout enregistrement sonore ou visuel des débats judiciaires a ainsi poursuivi l'objectif d'assurer la sérénité des débats et surtout d'éviter qu'un procès ait lieu hors les murs de la salle d'audience.

C'est ainsi que la jurisprudence a pu décider que commet l'infraction le directeur de publication qui publie une photo d'un prévenu de dos, à l'audience[14]. De même, la Cour d'appel de Paris a considéré que caractérise l'infraction, la diffusion d'un enregistrement vidéo représentant le prononcé par le président d'une cour d'assises d'un verdict de condamnation, captée sur un moniteur de la salle de presse située à côté de la cour d'assises et réservée aux journalistes accrédités, dans laquelle les audiences étaient retransmises en direct par un système de vidéo transmission[15]. Dans cette affaire, la Cour de cassation a considéré que si toute personne a droit à la liberté d'expression, et si le public a un intérêt légitime à recevoir des

[14] CA Douai 3 mars 1999, n° 99/00003, JurisData n° 1999-045434.
[15] CA Paris, 1er oct. 2009, n° 09/00619, JurisData n° 2009-014077.

informations relatives aux procédures en matière pénale ainsi qu'au fonctionnement de la justice, l'exercice de ces libertés comporte des devoirs et des responsabilités et peut être soumis, comme dans le cas de l'article 38 ter, à des restrictions ou sanctions prévues par la loi, qui constituent des mesures nécessaires, dans une société démocratique, à la protection de la réputation ou des droits d'autrui, ou pour garantir l'autorité et l'impartialité du pouvoir judiciaire[16].

Plus récemment, on se souvient de l'hebdomadaire Paris Match qui avait publié des clichés pris dans la salle de la cour d'assises de Paris au cours du procès d'Abdelkader Merah et de Fetta Malki, procès concernant les attentats de Toulouse et de Montauban. Le 9 novembre 2017, l'Association de la presse judiciaire (APJ) déplorait la publication de ces photos, estimant que Paris Match torpillait de la sorte le travail de la presse judiciaire. En effet, elle affirmait que si cette publication enfreint la loi (art. 38 ter de la loi du 29 juillet 1881), elle remet également en cause la confiance que l'APJ construit jour après jour avec les magistrats pour permettre aux chroniqueurs judiciaires et à tous les journalistes de travailler dans les meilleures conditions au sein des juridictions françaises. Finalement, la directrice de publication de Paris Match sera condamnée à 4000 euros d'amende[17].

Néanmoins, en dépit de ce principe général d'interdiction de captation sonore ou visuelle des débats, il faut noter l'existence de certains tempéraments en pratique.

B) Les tempéraments pratiques à l'interdiction de captation des débats

Tout d'abord, une loi du 11 juillet 1985, intervenue à l'initiative de Monsieur Robert Badinter, alors Garde des sceaux, est venue autoriser la constitution d'archives audiovisuelles de la justice. Cette loi a par la suite été codifiée dans le Code du patrimoine aux articles L. 221-1 et suivants. Aux termes de l'article L. 221-1 de ce code : « Les audiences

---

16 Cass. crim. 8 juin 2010, n° 09-87.526, D. 2010. 1791, RSC 2010 p. 943, note J.F. Renucci.

17 Sur cette affaire, cf. J. Siber, Photos du procès Merah dans Paris Match : une transgression légitime ?, Dalloz actualité 13 nov. 2017 ; J. Mucchielli, Le choc des photos : 4500 euros d'amende requis contre les photos volées du « procès Merah », Dalloz actualité 29 mars 2018.

publiques devant les juridictions de l'ordre administratif ou judiciaire peuvent faire l'objet d'un enregistrement audiovisuel ou sonore … lorsque cet enregistrement présente un intérêt pour la constitution d'archives historiques de la justice ». C'est sur le fondement de ce texte qu'ont été enregistrés les procès pour crimes contre l'humanité dirigés contre Klaus Barbie en 1987, Paul Touvier en 1994 ou encore Maurice Papon en 1997-1998 mais également le procès de la dictature chilienne en 2010 pour la disparition de franco-chiliens lors du coup d'Etat au Chili de 1973. On se souvient encore, dans un tout autre domaine, du procès dit AZF, concernant l'une des plus grandes catastrophes industrielles survenues en France au début du XXIe siècle qui a lui aussi été filmé à partir de 2009[18]. Plus récemment, c'est le procès d'Abdelkader Merah et Fettah Malli qui s'est ouvert devant la cour d'assises de Paris le 2 octobre 2017 qui a permis à la chambre criminelle de la Cour de cassation, dans un arrêt du 29 septembre 2017[19] de se prononcer sur cette question de l'intérêt de l'enregistrement audiovisuel des débats judiciaires. En l'espèce, les parties civiles se fondaient sur l'article L. 221-1 du Code du patrimoine pour demander l'enregistrement audiovisuel des débats. Cependant, une ordonnance du premier président de la cour d'appel de Paris disait n'y avoir lieu de faire droit à cette demande d'enregistrement au motif que « l'extrême gravité des faits reprochés aux accusés et le contexte dans lequel se sont déroulés les crimes commis par Mohammed Merah ne présentent pas un intérêt qui justifierait que soit procédé à un enregistrement des débats de nature à enrichir les archives historiques de la justice au sens de l'article L. 221-1 du Code du patrimoine ». La Cour de cassation considérait alors qu'en statuant ainsi, le premier président avait justifié sa décision. Même si ce refus d'enregistrement a pu être dicté par la crainte que les accusés ne fassent de leur procès « une tribune à la gloire de leurs actes et de leur idéologie »[20], on peut se demander si ce procès n'aurait pas pu présenter un intérêt historique pour les générations à venir.

---

[18] Pour une étude détaillée, cf. F. Bussy, Les images et l'entrée des caméras dans les salles d'audience, art. préc., pp. 84-86.

[19] Cass. crim. 29 sept. 2017, n° 17-85.774, Communication Commerce électronique n° 12, déc. 2017, comm. 99, par A. Lepage.

[20] A. Lepage, comm., préc.

Par ailleurs, l'impossibilité de principe de photographier dans les salles d'audience édictée à l'article 38 ter de la loi de 1881 n'interdit pas aux dessinateurs de presse d'exercer leurs talents en réalisant des croquis d'audience. En effet, l'article 38 ter de la loi de 1881 interdisant « l'emploi de tout appareil permettant d'enregistrer, de fixer ou de transmettre la parole ou l'image » ne saurait viser le crayon ou le pinceau du dessinateur. Ainsi, ce dernier va pouvoir « rendre compte en images d'attitudes ou de situations révélatrices du déroulement d'un procès »[21]. Toutefois, bien qu'impliquées dans un évènement d'actualité, les personnes concernées par le procès pourront se prévaloir de leur droit à l'image, ce qui peut être à l'origine de certains incidents. En effet, à ce titre ou dans l'exercice du pouvoir de police de l'audience, certains dessinateurs ont été privés de la possibilité d'exercer leurs talents, ce contre quoi l'association française de la presse judiciaire a vivement protesté. À titre d'exemple, le 28 janvier 2016, elle protestait contre l'exclusion d'un dessinateur de presse qui couvrait l'audience de la cour d'assises de la Seine-Maritime. Il s'était vu interdire l'entrée de la salle par la présidente en vertu de son pouvoir de police, pour toute la durée du procès. Il lui était reproché d'avoir croqué huit personnes sur le banc des parties civiles, dont un mineur de profil qui n'était pas reconnaissable. L'association considérait alors qu'en prenant cette décision arbitraire, la présidente de la cour d'assises avait remis en cause le principe de publicité des audiences et du compte-rendu judiciaire et ce d'autant plus que les journalistes, comme les dessinateurs de presse, ne disposent d'aucun recours contre de telles décisions qui entravent leur mission d'information.

Enfin, la pratique judiciaire a autorisé que certaines audiences soient filmées à des fins documentaires. De fait, depuis de nombreuses années, on assiste à un foisonnement de documentaires visant à faire connaître au public le fonctionnement du système pénal[22].

Si la médiatisation de l'audience pénale est contrôlée, la liberté d'en rendre compte est également encadrée.

---

[21] A.M. Sauteraud, Le statut des dessinateurs de presse et le droit à l'image des justiciables », Legicom 2012/1, n° 48, pp. 79-81.
[22] Pour une étude détaillée, cf. F. Bussy, Les images du procès et l'entrée des caméras dans les salles d'audience, art. préc., p. 86.

II) Une retranscription de l'audience pénale encadrée

L'article 41 alinéa 4 de la loi de 1881 dispose : « Ne donneront lieu à aucune action en diffamation, injure ou outrage, les comptes rendus fidèles faits de bonne foi des débats judiciaires ». En visant les débats judiciaires, l'article 41 alinéa 4 de la loi de 1881 édicte une condition tenant à la nature des débats concernés **(A)**. Ensuite, en visant l'existence d'un compte rendu fidèle fait de bonne foi, ce même article énonce les conditions liées au droit de rendre compte **(B)**.

A) La condition tenant à la nature des débats concernés

Tous les débats judiciaires ne peuvent être reproduits puisque le compte rendu de certains d'entre eux est interdit par la loi de 1881. En effet, la liberté d'information du justiciable se trouve sacrifiée lorsqu'il s'agit d'assurer la sérénité de l'action de la justice, d'éviter des scandales ou des désordres ou de protéger les droits des particuliers intéressés. C'est pourquoi, plusieurs textes sont venus apporter des restrictions importantes à la liberté d'information judiciaire. Ces restrictions découlent d'ailleurs de celles qui sont apportées par la loi au principe de la publicité des audiences[23].

En outre, les restrictions légalement apportées au droit de rendre compte des journalistes visent à prévenir les risques et préjudices pouvant découler du rôle amplificateur de la presse.

D'ailleurs, l'article 6 § 1 de la Convention européenne des droits de l'homme énonce que l'accès de la salle d'audience peut être interdit à la presse et au public pendant la totalité ou une partie du procès dans l'intérêt de la moralité, de l'ordre public ou de la sécurité nationale dans une société démocratique, lorsque les intérêts des mineurs ou la protection de la vie privée des parties au procès l'exigent, ou dans la mesure jugée strictement nécessaire par le tribunal, lorsque dans des circonstances spéciales la publicité serait de nature à porter atteinte aux intérêts de la justice.

---

[23] Cf. F. Gras, Les publications interdites : interdire au nom de quoi ?, Legicom 2012/1, n° 48, pp. 69-73.

Le droit du public à l'information est parfois sacrifié au profit du droit à la protection des personnes en cause. Le législateur privilégie ici le droit au respect de la vie privée. Dans cette perspective, l'article 39 de la loi du 29 juillet 1881 interdit de rendre compte des procès en diffamation dans le cas prévu au paragraphe a de l'article 35 de la même loi, c'est-à-dire chaque fois que l'imputation concerne la vie privée d'une personne. De même, l'article 39 quinquies de la loi réprime le fait de diffuser, par quelque moyen que ce soit et quel qu'en soit le support, des renseignements concernant l'identité d'une victime d'une agression ou d'une atteinte sexuelle ou l'image de cette victime lorsqu'elle est identifiable, à moins que cette dernière n'ait donné son accord par écrit.

D'autres restrictions visent à sauvegarder l'intégrité de l'institution judiciaire. Ainsi, l'article 39 alinéa 4 de la loi de 1881 interdit les comptes rendus des délibérations intérieures des juges, des cours et tribunaux. De plus, l'article 38 alinéa 1er de la même loi édicte une interdiction concernant la publication des actes d'accusation et de tous autres actes de procédure criminelle ou correctionnelle avant leur lecture à l'audience publique[24]. Le compte rendu couvert par l'immunité de l'article 41 de la loi de 1881 est celui qui permet d'apprécier l'ensemble des débats judiciaires auxquels le journaliste a pu assister en raison de leur publicité. C'est pourquoi, la chambre criminelle de la Cour de cassation devait estimer que « cette immunité ne saurait être étendue à la relation d'actes d'instruction couverts par le secret, et dont la publication est interdite avant qu'ils n'aient été lus en audience publique, conformément aux dispositions de l'article 38 » de la loi de 1881[25]. En revanche, la Cour d'appel de Paris a pu considérer dans un arrêt du 24 mai 1994 que dès lors que le réquisitoire définitif du procureur de la République auprès du tribunal de grande instance a fait l'objet d'une lecture publique lors des débats, les conditions de l'article 38 alinéa 1er de la loi de 1881 ont bien été respectées[26].

---

[24] Sur ce point, cf. J. Francillon, Publications interdites d'actes d'une procédure pénale ou d'informations relatives à une constitution de partie civile. Limites du principe de la liberté d'expression. Responsabilité pénale du directeur de publication et du journaliste, RSC 2001 p. 176.

[25] Crim. 7 oct. 1997, n° 94-84.928.

[26] CA Paris 24 mai 1994, D. 1994 p. 182.

Par ailleurs, l'article 14 de l'ordonnance du 2 février 1945 relative à l'enfance délinquante interdit « la publication du compte rendu des débats des tribunaux pour enfants dans le livre, la radiophonie, le cinématographe ou de quelque manière que ce soit ». Ce texte a fait l'objet d'une interprétation rigoureuse par la chambre criminelle de la Cour de cassation qui, dans un arrêt du 2 septembre 2003, a précisé que l'interdiction formulée par le texte est « générale et absolue ». C'est pourquoi, elle rejetait le pourvoi formé contre un arrêt condamnant un journaliste et le directeur de la rédaction pour avoir relaté qu'au cours d'une audience du tribunal pour enfants, un mineur, après le rappel de ses antécédents par le ministère public, s'est emporté et s'est jeté sur la greffière au moment du prononcé de la condamnation[27].

De même, l'article L. 222-19 du Code de justice militaire dispose que « la juridiction des forces armées peut interdire en tout ou en partie le compte rendu des débats de l'affaire. Cette interdiction est de droit si le huis-clos a été ordonné. Elle ne peut s'appliquer au jugement sur le fond ».

La question s'est posée de savoir si l'immunité édictée par l'article 41 de la loi de 1881 peut s'appliquer aux comptes rendus des débats des procès jugés à huis clos. D'après l'article 306 du code de procédure pénale, devant la cour d'assises, le huis clos est ordonné lorsque la publicité des débats apparait dangereuse pour l'ordre public ou les mœurs. Un arrêt récent de la chambre criminelle du 20 février 2019 est venu rappeler les restrictions qui peuvent être apportées à la publicité des débats devant la cour d'assises[28]. Dans cette affaire, la cour d'assises des Alpes Maritimes avait ordonné que les débats auraient lieu à huis clos après avoir déclaré la publicité dangereuse pour l'ordre public en raison d'un mouvement de protestation du barreau de Nice qui entendait interdire la poursuite d'une audience relative à une tentative de meurtre. Cette décision sera cassée au visa des articles 306 et 321 du code de procédure pénale. En effet, même si ces deux articles font référence à l'ordre, ils ne visent pas le même ordre. Alors que l'article 306 vise à empêcher le public de prendre

---

[27] Cass. crim. 2 sept. 2003, n° 03-80.880.

[28] Cass. crim. 20 fév. 2019, n° 18-82.915, Communication, Commerce électronique mai 2019, comm.33, A. Lepage.

connaissance de certaines informations révélées ou évoquées lors de l'audience, l'article 321 permet au président de la cour d'assises, dans le cadre de ses pouvoirs de police, d'ordonner l'expulsion de la salle d'audience d'un assistant qui « trouble l'ordre de quelque manière que ce soit ». Ainsi, d'après la Cour de cassation, ce n'est pas l'article 306 qui aurait dû être appliqué en l'espèce mais bien l'article 321 en ce qu'il « permet d'apporter une réponse ponctuelle à un trouble apporté au bon déroulement des débats, qui prend la forme d'une expulsion des agitateurs »[29].

Le prononcé du huis clos peut encore dépendre de la volonté de la victime. Ainsi, l'article 306 alinéa 3 du code de procédure pénale énonce que « lorsque les poursuites sont exercées du chef de viol ou de tortures et actes de barbarie accompagnés d'agressions sexuelles, de traite des êtres humains ou de proxénétisme aggravé, le huis clos est de droit si la victime partie civile ou l'une des victimes parties civiles le demande ».

Le huis clos apparaît ainsi comme une restriction à l'accès à l'audience atteignant la presse. Il apparaît, par voie de conséquence, comme une interdiction indirecte de rendre compte des débats d'audience qui se sont déroulés dans ces conditions. Dès lors, la question s'est posée de savoir si le prononcé du huis clos entraîne ipso facto l'interdiction de publier un compte rendu à partir d'éléments qui ont pu être recueillis malgré tout. En la matière, la loi n'a pas apporté de réponse à cette question. Il est possible d'affirmer que l'immunité édictée par l'article 41 de la loi de 1881 ne peut s'appliquer aux comptes rendus des débats dans les affaires qui ont été jugées à huis clos. En effet, le droit de publication en matière de comptes rendus judiciaires n'étant que le corollaire de la publicité de l'audience, le compte rendu d'un procès jugé à huis clos ne semble pouvoir prétendre au bénéfice de l'article 41. D'ailleurs, l'article L. 222-19 du code de justice militaire établit une véritable corrélation entre ces deux restrictions à la publicité. Cependant ces arguments n'emportent pas réellement les convictions. En effet, plusieurs arguments militent en faveur de la liberté du compte rendu. D'abord, le texte de l'article L.222-19 est un texte d'exception. Ensuite, le huis clos est parfois ordonné pour des raisons qui n'empêchent nullement le compte rendu

[29] A. Lepage, Communication, Commerce électronique mai 2019, comm.33.

ultérieur des débats. Enfin, dans certaines hypothèses où le huis clos existe, le législateur a pris le soin de préciser que la publication des débats est interdite. Ainsi, est-il permis de déduire de tout cela qu'il est possible de publier un compte rendu d'audience, même si le huis clos a été ordonné, pourvu que le législateur ne l'interdise pas. D'ailleurs, la chambre criminelle est venue préciser dans un arrêt du 2 mars 2005 que respecte les prescriptions de l'article 306 alinéa 3 du code de procédure pénale, la cour d'assises qui fait droit à la demande de huis clos de l'une des parties civiles victime d'un viol, tout en demandant qu'il ne s'applique pas aux représentant accrédités de la presse.

B) Les conditions liées au droit de rendre compte

Il convient au préalable de noter que la jurisprudence ne restreint pas le champ d'application de l'immunité à la seule presse d'information. En effet, il importe peu que le compte rendu paraisse dans un quotidien, un hebdomadaire, une revue, une brochure ou même un livre. De même, la publication peut avoir lieu dans une revue juridique. Enfin, la loi du 13 décembre 1985 a ajouté à la loi de 1881, un article 41-1 aux termes duquel la communication audiovisuelle est regardée comme un mode de publication pour l'application des paragraphes 4 et 5 du chapitre relatif aux crimes et délits commis par voie de presse ou par tout autre moyen de communication. Ainsi, les moyens de communication audiovisuelle entrent dans les prévisions de l'article 41[30]. Et bien sûr, Internet est aujourd'hui naturellement concerné par l'article 41 de la loi de 1881.

Le récit que la loi entend protéger par l'immunité doit être un compte rendu fidèle et de bonne foi. Cette expression fait apparaître l'existence de deux conditions cumulatives liées au droit de rendre compte. En effet, le législateur subordonne le bénéfice de l'immunité à l'existence d'une condition objective : la nécessité d'être en présence d'un véritable compte rendu. Ensuite, il subordonne l'immunité à une condition subjective : la bonne foi des auteurs du compte rendu et la fidélité de ce dernier.

---

[30] Trib. Correct. Paris 20 nov. 1989, Gaz. Pal. 24-26 juin 1990, p. 7.

L'article 41 de la loi de 1881 n'entend protéger, par l'immunité qu'il édite, que les comptes rendus des débats judiciaires. Le compte rendu protégé par la loi s'entend d'un véritable compte rendu et non d'un récit quelconque. Il est unanimement admis que le véritable compte rendu se comprend de la relation permettant d'apprécier l'ensemble du débat. Il doit donc énoncer les faits objet de la poursuite, les explications des parties et des témoins, les interventions du président, du ministère public et des avocats, et le dispositif de jugement. Ainsi, il a été jugé que la publication des conclusions ne constituait pas un compte rendu[31]. En effet, ne peut prétendre à la qualification de compte rendu que le rapport qui expose nettement l'attaque et la défense. C'est la raison pour laquelle, même si la reproduction ou l'analyse de la plaidoirie d'un avocat est exacte, s'il n'y a pas en regard la réfutation de l'adversaire, cette reproduction ne peut bénéficier de la protection de l'article 41, car « une telle reproduction, même fidèle, dénature la physionomie des débats et ne peut prétendre à la qualification du compte rendu »[32]. Cependant, si le compte rendu doit avoir pour finalité de mettre en regard les prétentions contraires de l'attaque et de la défense qui constituent l'ensemble du débat, il n'est pas exigé une reproduction intégrale des débats. Ainsi, cette reproduction peut n'être que partielle du moment qu'elle permet au lecteur d'apprécier l'ensemble du débat. Mais, s'il a été jugé qu'un compte rendu peut être constitué par une simple phrase[33], il a en revanche été jugé qu'une allusion[34], une citation isolée de son contexte[35] ou, à plus forte raison, une caricature[36] ne peuvent être qualifiées de comptes rendus.

Toutefois, sur ce point, il convient de noter qu'un facteur récent, l'avènement de la communication dématérialisée par Internet a induit de nombreux changements dans les habitudes des journalistes de rendre compte des débats judiciaires. En effet, les termes employés par l'article 38 ter de la loi de 1881 ne couvrent pas l'utilisation, par

---

[31] TGI Paris 6 fév. 1991, Gaz. Pal. 19-20 juin 1991, p. 30.

[32] L. Lefrou, Des immunités en matière de diffamation et d'injure, thèse Rennes 1903, p. 63.

[33] Paris 28 juin, Gaz. Pal. 1983-2 Somm. 287.

[34] Crim. 30 déc. 1904, S. 1905-1-537, n. J.A. Roux.

[35] Crim. 21 déc. 1966, Bull. crim. n° 301, D. 1967-J-128.

[36] Crim. 28 fév. 1989, Bull. crim. n° 98 : publication dans un tract électoral d'un jugement accompagné d'un dessin malveillant.

les chroniqueurs judicaires, d'appareils permettant la transmission instantanée, par les réseaux informatiques, de comptes rendus écrits ou l'envoi de mini messages. Ainsi, Twitter permet de rendre compte en temps réel du déroulement d'un procès pénal. Face à ces nouvelles techniques et à leurs usages, certains chroniqueurs judiciaires ont pu se montrés inquiets de voir se développer ce qu'ils ont appelé un « journalisme irréfléchi », succombant à la « dictature de l'instantanéité ». En effet, « cette façon de raconter des procès » revenant « en fait à gommer toute la chair de l'audience »[37].

Cependant, la pratique du live tweet de nombreux chroniqueurs judiciaires dépend de la volonté du président de la juridiction, qui peut l'autoriser ou l'interdire en vertu de son pouvoir de police de l'audience. D'une manière générale, depuis une quinzaine d'années, la quasi-totalité des présidents de chambres correctionnelles ou d'assises autorisent cette pratique permettant de travailler durant l'audience. Toutefois, l'Association de la presse judiciaire a pu dénoncer certains incidents. C'est ainsi que le 12 novembre 2013, elle protestait contre la décision du président de la Cour d'assises du Rhône qui avait interdit aux journalistes accrédités à un procès la possibilité de conserver leurs ordinateurs et téléphones portables. Elle affirmait alors que dès avant l'ouverture des débats, les chroniqueurs sont stigmatisés, cela illustrant malheureusement la défiance croissante d'une partie de la magistrature vis-à-vis de la presse. De même, le 24 mars 2017, l'association de la presse judiciaire protestait avec force contre l'interdiction qui avait été faite à un journaliste de « live-tweeter » une audience financière au TGI de Paris, à la demande de l'avocat en défense. Elle rappelait alors que seule la captation de l'audience est formellement interdite par la loi, pas sa retranscription. Le live-tweet est une façon de rendre compte des débats, différente d'un article, mais tout aussi essentielle au décryptage du fonctionnement de la justice. Si aucun texte n'interdit un compte rendu en temps réel d'un procès, les journalistes ne disposent finalement d'aucun recours contre de telles décisions d'interdiction qui relèvent du pouvoir discrétionnaire du président d'audience. C'est pourquoi, elle a pu suggérer qu'il conviendrait d'ajouter un alinéa à l'article 38 ter de la loi de 1881 autorisant les journalistes

[37] S. Durand-Souffland, Les comptes rendus d'audience, Twitter et le déroulement du procès en temps réel, Legicom 2012/1, n° 48, pp. 75-77.

à retransmettre les comptes rendus d'audience par courriers et messages électroniques pendant le cours des débats.

Logiquement, un compte rendu ne peut être effectué qu'à l'issue des débats qu'il relate et peu importe a priori la durée écoulée depuis la fin des débats. Et pourtant, dans un arrêt du 28 novembre 2006[38], la chambre criminelle semble ajouter un nouveau critère pour qualifier le compte rendu de presse : sa concomitance aux débats judiciaires. Dans cette affaire, à la suite d'une plaidoirie engagée, les propos tenus par l'avocate sont publiés dans un quotidien de la presse nationale un mois après les débats judiciaires et plus d'une semaine après le prononcé du jugement. Le magistrat instructeur visé dépose une plainte pour diffamation publique envers un fonctionnaire public. Poursuivi pour complicité de ce délit aux côtés du directeur de publication du quotidien et du journaliste ayant retranscrit la plaidoirie, l'avocate est condamnée à une peine d'amende de 1 500 euros. La Cour d'appel écarte alors ses conclusions qui invoquaient le bénéfice de l'immunité attachée aux comptes rendus d'audience et cette solution sera confirmée par la Cour de cassation au motif que « L'article incriminé, publié presque un mois après les débats judiciaires et plus d'une semaine après le prononcé du jugement, n'est pas un compte rendu d'audience au sens de l'article 41 de la loi du 29 juillet 1881 ». Que penser alors de cette solution ? Il est vrai que l'article 41 de la loi de 1881 ne fait aucunement référence à ce critère. Pour autant, celui-ci est-il *contra legem* ? *A priori* non. En effet, l'immunité attachée aux comptes rendus des débats judiciaires ne tire sa légitimité que de la nécessité d'informer le public sur le déroulement des débats judiciaires. Cela semble exiger « qu'une certaine proximité temporelle doit unir l'article constitutif du compte rendu diffamatoire, les débats judiciaires et le prononcé de la décision »[39]. On peut toutefois regretter un manque de sécurité juridique dans la mesure où la haute juridiction « ne fixe aucun marqueur chronologique déterminé quant à la caducité » de cette immunité. Il convient donc de conseiller aux journalistes « de veiller

---

[38] Cass. crim. 28 nov. 2006, n° 01-87.169, Dr. Pén. fév. 2007, comm. 29, note A. Maron, Dr. Pén. mars 2007, comm. 32, note M. Véron, AJ pénal 2007, p. 86, obs. G. Royer

[39] G. Royer, obs. préc..

à ce que les articles reproduisant des propos diffamatoires tenus dans l'enceinte judiciaire soient publiés avec un maximum de célérité »[40].

L'article 41 alinéa 4 de la loi de 1881 subordonne ensuite le bénéfice de l'immunité qu'il édicte à l'existence d'un compte rendu de bonne foi. La bonne foi dans le compte rendu se différencie ici de l'intention de nuire. Ainsi, l'auteur d'un compte rendu est protégé par l'immunité alors même que, libre de ne pas le publier, il a, en le publiant, agi dans une intention malveillante à l'égard de la personne qui se plaindrait de ce compte rendu. Cependant, il a été jugé que le caractère tardif d'un compte rendu pouvait mettre en évidence une intention de nuire constitutive de mauvaise foi. De même, les juridictions ont pu estimer que la mauvaise foi pouvait résulter d'une publicité particulière donnée à une décision de justice, ainsi qu'à son commentaire fait par lettres individuelles adressées à des personnes choisies.

L'article 41 alinéa 4 de la loi de 1881 subordonne enfin l'immunité couvrant les comptes rendus des débats judiciaires à l'existence d'un compte rendu fidèle. Le compte rendu fidèle est celui qui ne donne pas « une vue trop partiale ou du moins trop partielle des débats ». Le journaliste se trouve ainsi dans l'obligation de s'abstenir de tronquer ou de déformer les éléments du débat. Le législateur en imposant cette obligation de fidélité n'entend protéger que l'auteur d'un compte rendu exact et objectif.

Dans un arrêt du 2 mai 1901, la chambre criminelle de la Cour de cassation a défini ce qu'il convenait d'entendre par compte rendu fidèle et la définition qu'elle en a donné n'a jamais varié depuis : « ce qui caractérise le compte rendu fidèle, c'est de mettre en regard les prétentions contraires, attaque et défense, qui constituent l'ensemble du débat ». Ainsi, ne remplit pas cette condition de fidélité, le compte rendu qui ne reproduit que les plaidoiries ou les arguments d'un plaideur en négligeant ceux d'un autre. De même, ne constitue pas un compte rendu fidèle le rappel de condamnations passées sans relation avec le débat. C'est pourquoi, la Cour d'appel de Paris a décidé, dans un arrêt du 14 juin 1994, que ne remplit pas cette condition de fidélité l'article d'un journal dont la relation des faits ne fait mention ni des contradictions relevées par le tribunal pour expliquer l'existence d'un

---

[40] G. Royer, obs. préc.

doute retenu en faveur d'un prévenu dans une affaire de corruption, ni du fait souligné dans le jugement que ce prévenu n'était pas le seul à avoir intérêt à ce que le dossier aboutisse.

D'une manière générale, les juridictions apprécient ensemble la condition de fidélité et la condition de bonne foi que doivent remplir les comptes rendus. Ainsi, la chambre criminelle de la Cour de cassation reprend souvent la même formule pour définir le compte rendu des débats judiciaires protégé par l'immunité ; « Le compte rendu, ouvrant droit à immunité prévue par l'article 41, alinéa 3, de la loi du 29 juillet 1881 consiste à mettre en regard les prétentions contraires des parties et à permettre, par une narration générale ou partielle, d'apprécier l'ensemble des débats judiciaires, en s'abstenant de toute dénaturation des faits et de toute imputation malveillante ».

Ne remplit pas ces conditions, l'article qui présente comme avérés des faits d'escroquerie imputés à un prévenu, devant un tribunal correctionnel, alors que les débats dont il était rendu compte avaient eu seulement pour objet le renvoi du procès pénal[41]. En effet, le but légitime d'information du public sur le fonctionnement de la justice ne dispense pas le journaliste du respect de la présomption d'innocence, ainsi que des devoirs de prudence et d'objectivité dans l'expression de la pensée. De même, a « outrepassé les limites d'un véritable compte rendu » la reproduction des imputations diffamatoires contenues dans l'écrit objet de la poursuite alors que les débats avaient été circonscrits à un incident de procédure et que ceux relatifs à la preuve de la vérité des faits imputés avaient été reportés à une audience ultérieure[42].

Je conclurai ce propos en posant une question : Le traitement de ce sujet général qu'est le fonctionnement de la justice pénale peut-il amener l'auteur d'un compte rendu des débats à critiquer l'action des juges en charge de l'affaire ?

La Cour de cassation a été amenée à répondre à cette question à propos des passages d'un ouvrage dans lequel son auteur, Roland

[41] Cass. crim. 22 oct. 1996, n° 94-84.819, Bull. crim. n° 369, D. 1997, p. 13, RSC 1987, p. 633, chron. B. Bouloc.
[42] Cass. crim. 4 nov. 1986, n° 85-92.823, Bull. crim. 1986, n° 322, RSC 1987, p. 431, chron. G. Levasseur.

Dumas, livrait sa propre vision du procès dans lequel il était prévenu, et prêtait au magistrat occupant le siège du ministère public un comportement et des motivations justifiant une comparaison avec les juges des cours spéciales durant l'Occupation[43]. La Cour de cassation approuvait la Cour d'appel d'avoir considéré que ce livre n'avait pas pour objet de rendre compte des débats et donc ne pouvait être couvert par l'immunité de l'article 41 de la loi de 1881 dans la mesure où « il comportait des digressions et des commentaires sur l'attitude hostile prêtée au magistrat du ministère public et sur ses motivations peu respectables »[44]. Cependant, la Cour européenne des droits de l'homme, dans un arrêt du 15 juillet 2010, allait quant à elle conclure à une violation de l'article 10 de la Convention[45].

La chambre criminelle manifeste la volonté de se conformer sur ce point à la jurisprudence de la Cour européenne des droits de l'homme. On peut citer en ce sens un arrêt Cazals du 12 mai 2009[46]. En l'espèce, l'ancien procureur d'Auxerre avait été mis en cause par un article du journal le Figaro pour la manière dont il avait traité l'affaire dite « des disparues de l'Yonne ». En effet, le journaliste insinuait qu'il « aurait pu, pour des raisons inavouées et contraires au devoir de sa profession, refuser de rechercher la vérité dans cette affaire criminelle retentissante »[47]. La chambre criminelle, après avoir retenu que les propos incriminés comportaient des imputations diffamatoires devait énoncer au visa de l'article 10 de la Convention : « Que la liberté d'expression ne peut être soumise à des ingérences que dans les cas où celles-ci constituent des mesures nécessaires au regard du § 2 de l'article 10 … Que l'article incriminé, portant sur un sujet d'intérêt général relatif au traitement judiciaire d'une affaire criminelle ayant eu un retentissement national, ne dépassait pas les limites admissibles de la liberté d'expression dans la critique de l'action d'un magistrat ». Ainsi, cet arrêt laisse à penser que le traitement d'un sujet d'intérêt

[43] Cass. crim. 6 fév. 2007, n° 06-80.804.
[44] M. Véron, Dr. Pén. mai 2007, comm. 67.
[45] Pour un commentaire, cf. J.Y. Monfort, La liberté de critique au regard de l'indépendance et de l'autorité de la justice, Legicom 2012/1, n° 48, pp. 91-98, spéc. pp. 95-96.
[46] Cass. crim. 12 mai 2009, Bull. crim. n° 88.
[47] F. Cordier, Le juge pénal et la liberté d'expression : l'influence de la Cour européenne des droits de l'homme, Archives de politique criminelle, 2018/1 (n° 40), pp. 99-114.

général peut à lui seul justifier de graves accusations à l'encontre d'un magistrat.

Pour conclure, la Cour européenne des droits de l'homme s'attache à rappeler les obligations déontologiques auxquelles sont soumis les journalistes. Elle affirme que « la garantie que l'article 10 offre aux journalistes, en ce qui concerne les comptes rendus sur des questions d'intérêt général, est subordonnée à la condition que les intéressés agissent de bonne foi sur la base de faits exacts et fournissent des informations « fiables et précises » dans le respect de la déontologie journalistique »[48].

En France, en dépit d'une législation pénale rigoureuse dans son principe à l'égard de toute critique de la justice (on pense à l'outrage à magistrat réprimé à l'article 434-24 du code pénal ou au discrédit jeté sur une décision de justice prévu à l'article 434-25 du même code), on constate aujourd'hui une pratique beaucoup plus libérale de la Cour de cassation, sur ce point, influencée par la Cour de Strasbourg. En effet, rares sont les affaires qui, aujourd'hui, compte tenu de l'intérêt exacerbé du public pour les faits divers et les scandales en tout genre, ne relèvent pas de la catégorie des « sujets d'intérêt général » permettant une liberté de critique accrue des journalistes[49].

---

[48] Pour un exemple : CEDH, gr. Ch., 21 janv. 1999, n° 29/83/95, Fressoz et Roire c/France, § 54.

[49] Cf. T. Besse, Le débat d'intérêt général : un fait justificatif conventionnel, Archives de politique criminelle 2018/1, (n° 40), pp. 87-97.

Investigations procédurales & investigations journalistiques
ou
Le secret de l'enquête et de l'instruction *versus* la liberté de la presse

Valérie BOUCHARD

« *Un ami de la famille* » tel est le titre accrocheur retenu par un écrivain de polar se muant en journaliste d'investigation qui ambitionnait de revenir sur l'affaire Nordhal L. alors que l'instruction était toujours en cours. C'était sans compter l'intervention de l'avocat de ce dernier qui parvint *in extremis* à empêcher la parution de l'ouvrage en octobre dernier. Si le principal argument avancé était l'atteinte portée à la présomption d'innocence et à la vie privée de Nordhal Lelandais quid en l'espèce du secret de l'enquête et de l'instruction ?

Mais qu'entend-t-on exactement par « le secret de l'enquête et de l'instruction » ? Quand on s'intéresse à la structure du Code de procédure pénale, on remarque que dès le Livre 1er traitant « *De la conduite de la politique pénale, de l'exercice de l'action publique et de l'instruction* », le Titre 1er est consacré justement aux « *Autorités chargées de la conduite de la politique pénale, de l'exercice de l'action publique et de l'instruction* ». Tout commence par un article 11 disposant que : « *Sauf dans les cas où la loi en dispose autrement et sans préjudice des droits de la défense, la procédure au cours de l'enquête et de l'instruction est secrète* ».

Quand on y regarde de plus près, l'article 11 du Code de procédure pénale se construit de la manière suivante :

D'abord, un alinéa premier posant un principe, celui du secret de l'enquête et de l'instruction ;

Ensuite, un alinéa deuxième apportant une précision sur toutes les personnes concourant à la procédure et soumises à ce titre à la protection du secret professionnel[50].

Enfin, un alinéa troisième prévoyant une exception pour les

---

[50] La violation du secret professionnel est pénalement incriminée aux articles 226-13 et 226-14 du Code pénal.

fameuses « fenêtres de publicité »[51] qui permettent au Parquet de rendre publics certains éléments objectifs de la procédure pour éviter la diffusion de fausses informations ou pour mettre fin au trouble causé à l'ordre public... à condition bien sûr de ne porter aucune appréciation sur les éléments à charge obtenus à l'encontre du mis en cause[52].

Avant d'en arriver au vif du sujet, quelques précisions s'imposent. Elles seront présentées sous formes d'interrogations.

La première question revient à se demander quelle est l'étendue du secret de l'enquête et de l'instruction ?

Si l'on se contente d'une lecture littérale, en théorie, on remarque que l'article 11 du Code de procédure pénale pris en son alinéa premier place le secret de l'enquête et le secret de l'instruction sur un pied d'égalité. C'est en quelque sorte le secret de la phase préparatoire du procès. Mais, en pratique, ils correspondent à des réalités judiciaires bien différentes[53] puisque, on le sait, 95% des dossiers pénaux font l'objet d'une enquête contre seulement 5% des dossiers pénaux nécessitant l'ouverture d'une information judiciaire.

Si on essaye d'aller plus loin, on réalise qu'il y a en fait deux formes de secret de l'enquête et de l'instruction : l'un vise « le contenu », c'est-à-dire l'information elle-même révélée lors de l'investigation diligentée, inhérente à la recherche de la vérité ; l'autre vise « le contenant » à savoir le support lui-même, l'acte. Si le premier nécessite la protection du secret substantiel, l'autre requiert la protection du secret matériel.

La seconde question conduit à rechercher quelles sont les personnes assujetties au secret de l'enquête et de l'instruction ?

Quand on commence à évoquer les personnes tenues au secret de l'enquête et de l'instruction, l'approche laisse entendre que si certaines personnes le sont, à l'inverse, d'autres ne le sont pas.

Les personnes soumises au secret professionnel comme l'énonce si

---

[51] Ces « fenêtres de publicité » peuvent être décidées d'office par le Parquet ou à la demande du juge d'instruction voire des parties.

[52] GUINCHARD, Serge. BUISSON, Jacques. Procédure pénale. 11ème éd. Paris : Litec, 2018. Manuels. § 1874.

[53] INSCHAUSPE, Dominique. Secret de l'instruction. Jurisclasseur. Procédure pénale. Art. 11. Fasc. 20. § 2.

bien l'article 11 précité en son alinéa deuxième, sont des personnes qui « *concourent* » à la procédure, autrement dit, ce sont les personnes qui contribuent à la réalisation du dossier pénal en effectuant des investigations (auditions, confrontations, expertises...) ou en rédigeant des actes (procès-verbaux, rapports de synthèse...). On isole alors comme critère d'identification[54], la personne réalisant une pièce matérielle contribuant à la recherche de la vérité et figurant au dossier pénal[55].

Les personnes dispensées de respecter le secret professionnel sont entendues, au vu du critère isolé précédemment, comme des personnes ne concourant pas à a la procédure. Il s'agit principalement des parties privées à savoir la partie mise en cause (que je me plais à qualifier de « suspect plus ») et la partie civile, sans oublier les autres personnes privées que sont le témoin assisté (que je préfère qualifier de « suspect moins ») ou encore les simples témoins.

Il convient de souligner que l'avocat pour sa part n'est pas directement tenu au secret de l'enquête ou de l'instruction au sens de l'article 11 du Code de procédure pénale précité. Pourtant, s'il est bel et bien tenu à une forme de secret professionnel[56], c'est dans l'ancien article 160 du décret du 27 novembre 1991 organisant la profession d'avocat[57] qu'il convient d'en rechercher le fondement puisque :

« *L'avocat respecte le secret de l'enquête et de l'instruction en matière pénale, en s'abstenant de communiquer, sauf pour l'exercice des droits de la défense, des renseignements extraits du dossier ou de publier des documents, pièces, lettres intéressant une enquête ou une information en cours.*

Il ne peut transmettre de copies de pièces ou actes du dossier de la procédure à son client ou à des tiers que dans les conditions prévues à l'article 114 du CPP ».

---

54 INSCHAUSPE, Dominique. Secret de l'instruction. *op. cit.*, § 6 et 7.

55 Au sens de l'article 39-3 du CPP pour l'enquête et de l'article 81 du CPP pour l'instruction : il s'agit au stade de l'enquête des membres de la police judiciaire, des magistrats du Parquet sans oublier toutes les personnes requises ; il s'agit lors de l'instruction des magistrats instructeurs chargés du dossier et du personnel du greffe. On peut même aller jusqu'aux magistrats de la Chambre de l'instruction et de la Chambre criminelle.

56 PY, Bruno. Secret professionnel. Dalloz : Encyclopédie ; Droit pénal et Procédure pénale. § 23.

57 Repris depuis à l'article 5 du décret n° 2005-790 du 12 juillet 2005 et dans le décret n° 2007-932 du 15 mai 2007 relatifs aux règles déontologiques de la profession d'avocat

En quelques mots, l'avocat bénéficie, après maintes difficultés juridiques soulevées par cette question, d'un droit à la libre défense des intérêts de son client. C'est pourquoi le secret de l'enquête et de l'instruction ne lui est pas opposable. A tout le moins, on peut opérer une nuance et non des moindres : si l'avocat peut communiquer des informations sur le déroulement de la procédure, autrement dit, s'il n'est pas tenu par le secret substantiel de l'enquête et de l'instruction, il ne peut en revanche communiquer des pièces procédurales et reste tenu par le secret matériel de l'enquête et de l'instruction[58].

Mais qu'en est-il des personnes étrangères à la procédure comme les journalistes[59] ? Au vu du critère précité, les journalistes ne concourent pas à l'élaboration de la procédure. Ils ne sont donc pas soumis au secret de l'enquête et de l'instruction d'autant que la raison d'être de leur métier repose sur la liberté d'information, la liberté d'expression (faisant référence à la liberté d'opinion et la liberté de communication) en un mot, la raison d'être de la liberté de la presse.[60]

La troisième et dernière question nous invite à se demander comment dès lors garantir la protection du secret de l'enquête et de l'instruction ? Plusieurs solutions sont envisageables.

- La première solution, la plus répandue, consiste à sanctionner directement l'auteur de la révélation, même si tout dépend du type de secret en cause.

Sur la base de la protection du secret « substantiel », c'est l'article 226-13 du Code pénal tel que visé dans l'article 11 du Code de procédure pénale qui incrimine à cet effet la violation du secret professionnel par la révélation d'une information à caractère secret par une personne qui en est le dépositaire en raison de son état, sa

---

[58] CEDH. 15 décembre 2011. Mor / France. n° 28198/09. CEDH. Grande chambre. 23 avril 2015. Morice / France. n° 29369/10.

[59] STEFANI, Gaston. LEVASSEUR, Georges. BOULOC, Bernard. Procédure pénale. 26e éd. Paris : Dalloz, 2017. Précis. § 645.

[60] Concrètement, un journaliste peut publier une information sur le contenu d'un dossier pénal en cours. V. CC. 2 mars 2018. QPC. n° 2017-693. Commentaire. www.conseilconstitutionnel.fr, p. 3.
Nous laisserons volontairement de côté le débat sur la protection du secret des sources. Loi n° 2010-1 du 4 janvier 2010 relative à la protection des sources.

profession ou sa fonction.[61]

Dans le même registre, au titre des entraves à l'exercice de la Justice, il ne faut oublier l'article 434-7-2 du Code pénal qui sanctionne toute personne qui, du fait de ses fonctions, a connaissance d'informations issues de l'enquête ou de l'instruction et qui va délibérément les révéler à des personnes impliquées dans la réalisation de l'infraction, et ce, afin d'entraver le déroulement des investigations ou la manifestation de la vérité.

Et pourquoi pas l'article 35 ter de la loi sur la presse de 1881 interdisant aux journalistes de diffuser l'image d'une personne menottée, entravée ou privée de liberté sans son accord ?

Sur la base de la protection du secret « matériel » cette fois, c'est de l'article 114-1 du Code de procédure pénale dont il s'agit sanctionnant toute partie qui diffuse auprès de tiers toute reproduction des pièces ou des actes de procédure (d'instruction) lui ayant été remis.[62]

On peut y ajouter le fameux article 38 de la loi sur la presse de 1881 interdisant aux journalistes de publier des actes de procédure criminelle ou correctionnelle avant qu'ils ne soient lus en audience publique.

- La seconde solution, moins courue, consiste cette fois à s'en prendre à l'objet de la révélation c'est-à-dire à l'acte lui-même. Longtemps ignorée cette solution semble l'emporter depuis peu… et pourtant…

Sur l'existence d'un éventuel recours, toute la question, pour ne pas dire tout l'enjeu, est de savoir si un recours peut être formulé pour dénoncer une investigation procédurale dont le déroulement affecterait le secret de l'enquête et de l'instruction ? Mais comment une investigation procédurale qui est l'outil, le moyen employé pour l'obtention de la vérité, pire qui est la raison d'être de la recherche de la vérité peut-elle parallèlement affecter le secret qui tend justement à en garantir le bon déroulement ? Et bien tel est le cas lorsque

[61] Un an d'emprisonnement et 15 000 € d'amende encourus sachant que cet article endure des exceptions fondées sur l'ordre ou l'autorisation de la loi. V. art.226-14 du Code pénal.

[62] Sachant que cette incrimination ne s'applique qu'au stade de l'instruction et non au stade de l'enquête en dépit de la loi Urvoas du 3 juin 2016 instaurant le droit à la communication général du dossier pénal. V. INSCHAUSPE, Dominique. Secret de l'instruction. *op.cit.* § 4.

l'investigation procédurale risque d'être exploitée dans le cadre d'une investigation journalistique, le risque étant que la vérité judiciaire cède la place à la vérité médiatique ! Un tel cas de figure se rencontre lorsque la mesure probatoire est diligentée en présence d'un tiers qui pourra en rendre compte notamment lorsque ce tiers n'est autre qu'un journaliste accompagné d'un *cameraman* voire d'un ingénieur du son.

Sur la nature du recours, comme vous le savez, le recours permettant de dénoncer l'irrégularité d'un acte procédural est le recours en nullité. Si l'objet même du recours est l'acte lui-même, les effets juridiques du recours permettent d'annuler, certes l'acte litigieux, mais l'impact tant redouté, c'est que l'acte présentement annulé soit également le support nécessaire à des actes probatoires subséquents, ce qui conduit par voie de conséquence à l'annulation de la procédure ultérieure. On se situe alors à un « point » particulièrement sensible ou, d'un côté, il convient de protéger le secret de l'enquête et de l'instruction indispensable à l'obtention de la vérité dans des conditions sereines et, de l'autre, où il est nécessaire de préserver le droit à l'information, à la communication et à l'expression des journalistes. Tout l'enjeu est de préserver ce point d'équilibre pour qu'il ne devienne pas un point de rupture.

On se demande alors si les investigations procédurales d'un côté et les investigations journalistiques de l'autre ne seraient pas antinomiques les unes des autres… illustrant en quelque sorte un duel fratricide entre le secret de l'enquête et de l'instruction défendu par les unes et la liberté de la presse soutenue par les autres.

En ces périodes particulièrement chargées sur le plan sportif notamment avec le tournoi de Rolland Garros touchant à sa fin, je vais me permettre une image peu juridique mais au combien explicite : celle d'un match de tennis opposant le secret de l'enquête et de l'instruction *versus* la liberté de la presse. A cet égard, un retour sur le match opposant secret de l'enquête et de l'instruction *versus* liberté de la presse s'impose **(I)** d'autant qu'il nécessite aujourd'hui une importante mise à jour **(II).** S'il a longtemps été remporté par la liberté de la presse, il semblerait qu'aujourd'hui le secret de l'enquête et de l'instruction prenne le relais.

I) Retour sur le match opposant secret de l'enquête et de l'instruction *versus* liberté de la presse

On assiste dans ce domaine à une mutation sans précédent. Pendant des années, pour ne pas dire pendant des décennies, le législateur, comme la jurisprudence, ont fait preuve d'un immobilisme particulièrement favorable à la liberté de la presse puisque la solution privilégiée était l'absence de cause de nullité même en cas de violation du secret de l'enquête et de l'instruction **(A).** Or, un revirement s'est opéré depuis quelques temps plaidant en faveur de l'existence d'une cause de nullité, oui mais d'une nullité à grief prouvé **(B).**

A) L'absence de cause de nullité ou un match longtemps remporté par la liberté de la presse

Sous l'empire du Code d'instruction criminelle, à une époque où le secret de l'enquête et de l'instruction n'était pas encore gravé dans le marbre, à une époque où un tel secret existait, s'imposait même en l'absence de texte, lorsqu'un journaliste assistait au déroulement d'une mesure d'investigation, aucune nullité[63] ne pouvait en découler.[64] D'ailleurs, lors des travaux préparatoires qui allaient muer le Code d'instruction criminelle en Code de procédure pénale, les députés défendirent l'idée que « *le secret de l'instruction ne pouvait pas nuire à la liberté de la presse* ».[65]

Sous l'égide du Code de procédure pénale, sans surprise, cette position jurisprudentielle est maintenue. On peut noter un arrêt de la chambre criminelle du. 24 avril 1984 rappelant que « *en l'état de la législation, la violation du secret de l'instruction ne peut être sanctionné par aucune nullité* ».[66] Les juristes 2.0 du XXIème que

---

[63] LEROY, Jacques. Procédure pénale. 5ème éd. Paris : LGDJ, 2017. Manuel. § 614.

[64] Cass. Crim. 22 décembre 1948. Bull. Crim. n° 295.

[65]JOAN. 20 juin 1957. pp. 2798 et 2812. Cité par PRADEL, Jean. Une perquisition effectuée en la présence, même autorisée, d'un journaliste est-elle nulle ? JCP. EG. 18 mars 2019. p. 487.

[66] Ici, c'est plus l'affirmation que les faits originels qui nous préoccupent puisque l'intervention d'un journaliste n'était pas en cause, le juge d'instruction lui-même ayant entendu un agent de la répression des fraudes comme témoin avant de lui révéler des informations. V. Cass. Crim. 24 avril 1984. CHAMBON. Dalloz. 1986. p. 214.

nous sommes peuvent être surpris par une telle position tant législative que jurisprudentielle. Mais, pour ce qui nous concerne, quand bien même les investigations procédurales eurent t'elles été dévoilées par quelques investigations journalistiques que ce soient, ce qui importe c'est de maintenir coûte que coûte la validité de la procédure, de privilégier l'efficacité procédurale en somme.

Si à cette hauteur du match, la liberté de la presse remporte le premier set face à un secret de l'enquête et de l'instruction qui ne décroche aucun jeu, une évolution fulgurante va se dessiner à la fin du XXème siècle.

B) L'existence d'une cause de nullité : une nullité à grief prouvé ou un match désormais remporté par le secret de l'enquête et de l'instruction

Au milieu des années 1990, la chambre criminelle de la Cour de cassation va amorcer une évolution progressive.

Tout commence par un arrêt du 19 juin 1995[67] très rapidement suivi par un autre du 25 juin 1996,[68] le premier étant à l'origine du second.

Sur les faits, l'affaire impliquait deux prévenus X et Y, des policiers exécutent des investigations sur commission rogatoire et donnent leur accord à un journaliste pour que celui-ci filme le déroulement des opérations afin de réaliser un reportage devant être commercialisé par la suite. Il faut savoir que la présence du journaliste n'est pas dissimulée aux prévenus notamment pendant leur interpellation, que leurs avocats respectifs les assistant pendant la garde à vue n'ont formulé aucune observation à ce sujet et que l'un d'eux, Y, a même demandé à visionner le film pour conforter ses déclarations. Or, l'autre prévenu, le Sieur X, va soulever la nullité des actes de procédure concernés, estimant qu'il y a une violation du secret de l'enquête et de l'instruction portant atteinte à ses intérêts.

La Chambre d'instruction, destinataire du recours, applique la

---

[67] Cass. Crim. 19 juin 1995. n° 94-85.915. JurisData. n° 1995-002148.

[68] Cass. Crim. 25 janvier 1996. n° 95-85.560. JurisData. n° 1996-001138, MARON, Albert. Droit pénal. 1996. Commentaire. 200, De Larosières de Champfeu, H. Droit pénal. 1996. Chronique. 39, LESCLOUS et MARSAT. Droit pénal. 1996. Chronique. 43, PRADEL, Jean. Droit pénal. 1996. Observations. 258.

jurisprudence dominante d'alors, celle selon laquelle la violation du secret de l'instruction ne saurait être sanctionné par la moindre nullité.

Mais elle n'est pas suivie par la chambre criminelle de la Cour de cassation qui, saisie par pourvoi, estime que la juridiction n'a pas répondu à l'un des arguments du requérant faisant valoir que l'atteinte à ses intérêts en l'espèce n'est « *(...) pas postérieure mais concomitante aux actes de procédure* ».

La cassation avec renvoi prononcée[69] conduit la Chambre d'instruction désignée à s'appuyer sur les détails factuels ci-dessus énoncés pour en déduire que « *(...) l'irrégularité résultant de la présence d'un journaliste n'a pas en l'espèce porté atteinte aux droits des demandeurs même si elle est par la suite passible de poursuites pénales* ».

Le plus intéressant est à venir puisque la chambre criminelle, de nouveau saisie par pourvoi, va estimer que certes la Chambre d'instruction a bien justifié sa décision cette fois, car en l'espèce, la violation du secret de l'enquête et de l'instruction n'est pas différée, elle est bien simultanée à l'accomplissement d'un acte procédural. A la chambre criminelle de poursuivre en précisant, à propos de la violation du secret de l'enquête et de l'instruction, que celle-ci « *(...) ne peut conduire à son annulation que s'il en est résulté une atteinte aux intérêts d'une partie* ».

Même cause, mêmes effets, la Haute juridiction va rester fidèle à cette optique l'année suivante dans un arrêt du 3 avril 1997[70] à propos d'un reportage télévisé retranscrivant une interpellation et des investigations filmées par un journaliste.

Même si l'annulation de la procédure ne se justifie pas en l'espèce, une lecture *a contrario* permet d'en déduire que cette annulation s'avère possible. Dans quel cas de figure ? Réponse : lorsque le requérant parvient à établir l'atteinte portée à ses propres intérêts autrement dit un grief du fait de la violation du secret de l'enquête et de l'instruction concomitante à réalisation d'un acte de procédure sous l'objectif d'une caméra.

---

[69] INSCHAUSPE, Dominique. Secret de l'instruction. *op. cit.* § 55.

[70] BUISSON, Jacques. Procédures 1997. Commentaire. 243.

En raisonnant ainsi, la Cour de cassation réalise une avancée majeure. Si jusqu'à présent la violation de secret de l'enquête et de l'instruction n'était sanctionnée par aucune nullité, on comprend désormais qu'un recours en nullité est ouvert. Mais pas à n'importe quelle condition… sous réserve que l'auteur du recours parvienne à démontrer que la présence d'un journaliste non contente de transgresser le secret de l'enquête et de l'instruction porte également atteinte aux droits de la partie concernée.[71]

On retrouve ici une conception classique propre au domaine des voies de recours en général et des recours en nullité en particulier. A l'instar de l'adage selon lequel « *pas d'intérêt, pas d'action* » : « *pas de grief, pas nullité* ».[72] Dans ce domaine, le législateur est donc amené à exiger la preuve d'un grief afin de limiter dans la mesure du possible les démarches dilatoires risquant de freiner le cours de la procédure et par la même l'efficacité procédurale tant recherchée. La jurisprudence est contrainte d'obéir à cette logique. Dès lors, l'admission d'un recours en nullité fondé sur la violation du secret de l'enquête et de l'instruction est subordonnée à la démonstration d'un grief. C'est bien d'une nullité à grief prouvé dont il s'agit.

À cette hauteur de la démonstration, dans le match opposant les investigations procédurales face aux investigations journalistiques force est de constater que, cette fois, c'est le secret de l'enquête et de l'instruction qui semble remporter le deuxième set face à la liberté de la presse. Mais cette avancée sera-t-elle suffisante pour remporter la partie ? La liberté de la presse peut encore espérer gagner quel que jeu sachant que dans les espèces précitées, si la Cour de cassation admet la possibilité d'annuler un acte accompli en violation du sacro-saint principe précité, cette annulation n'est pas effective en pratique faute pour le requérant de rapporter la preuve du grief exigée. C'est sans compter sur l'évolution[73] qui va s'amorcer en ce changement de siècle et de millénaire.

---

[71] PRADEL, Jean. Une perquisition effectuée en la présence, même autorisée, d'un journaliste est-elle nulle *? op. cit.*, p. 487.
[72] Art. 802 du CPP.
[73] PRADEL, Jean. Procédure pénale. 19e éd.. Paris : Cujas, 2017. Manuels. § 582.

II) Mise à jour sur le match opposant secret de l'enquête et de l'instruction *versus* liberté de la presse

Comme pour marquer un tournant jurisprudentiel majeur, le passage du XXème au XXIème va être propice à la chambre criminelle de la Cour de cassation pour rappeler que la présence d'un tiers, en l'occurrence d'un journaliste, lors de la mesure d'investigation diligentée est bien une cause de nullité de la procédure… la Haute instance va même jusqu'à admettre qu'il s'agit d'une nullité à grief présumé désormais **(A)** voire même une nullité « sans grief » réaffirmée tellement l'atteinte aux droits de la défense est évidente si l'on en croit la dernière prise de position jurisprudentielle en date **(B).**

A) Une nullité à grief présumé

Un arrêt remarqué du 10 janvier 2017[74] nous conduit à nous interroger sur la régularité d'une mesure d'investigation se déroulant en présence d'un tiers même autorisé. Il s'agit en l'espèce d'une perquisition effectuée au domicile d'une personne en garde à vue soupçonnée d'escroquerie, et ce, en présence d'un journaliste qui filme l'intégralité de la mesure et qui en profite pour interviewer le responsable du service des enquêteurs. Le reportage porte sur les « arnaques » et sera par la suite diffusé sur TF1.

Saisie d'un recours en nullité (précisément pour violation du secret de l'enquête, atteinte à la présomption d'innocence et atteinte à la vie privée), la Chambre d'instruction retient deux points :

Le premier, c'est que dans le cadre de la procédure de garde à vue intéressant son client, l'avocat ne formule aucune observation particulière comme l'y invite 63-4 du Code de procédure pénale mais il attend l'interrogatoire de première comparution et la mise en examen de son client pour réagir.

La seconde, c'est que dans le reportage, le nom du mis en cause apparaît sur un bordereau de remise de chèque mais seul un procédé

[74] Cass. Crim. 10 janvier 2017. n° 16-84.740, THIERRY, Jean-Baptiste. Nullité de la perquisition filmée par un journaliste. AJ. Pénal. Mars 2017. p. 140, CORDIER, François. Violation du secret de l'enquête ou de l'instruction et validité de l'acte accompli : la rigueur accrue d ela chambre criminelle. RSC. 2017. n° 2, p. 334, PRADEL, Jean. Procédure pénale : juillet 2016 – juillet 2017. Dalloz. 2017. Panorama. p. 1676.

technique grossissant permet de le déchiffrer de sorte qu'à l'œil nu aucune image, aucun détail ne permettait d'identifier l'intéressé.

En fait, faisant application des jurisprudences précitées, la Chambre d'instruction refuse de faire droit à la nullité faute de grief[75].

Or, la Cour de cassation au visa de l'article 11 du Code de procédure pénale principalement et de l'article 56 du même Code notamment va affirmer dans un premier chapeau que « *(...) la violation du secret de l'enquête ou de l'instruction concomitante à l'accomplissement d'une perquisition, portant nécessairement atteinte aux intérêts de la personne qu'elle concerne(...)* », la formation d'instruction a méconnu le texte susvisé dans la mesure où le journaliste, bien que muni d'une autorisation, a filmé l'acte de perquisition au domicile du gardé à vue y compris la scène de saisie de documents utiles à la manifestation de la vérité visibles à l'image et aussitôt placés sous scellés. Elle va également rappeler dans un autre chapeau que lors d'une perquisition seul l'OPJ a le droit de prendre connaissance des papiers, documents et autres données trouvés sur place avant de procéder à leur saisie et que cette exigence est prescrite à peine de nullité.

L'apport de cet arrêt est déterminant à plusieurs titres,

D'abord, si on s'arrête sur l'adverbe « *nécessairement* », on remarque que, désormais, non contente d'entraîner la nullité de l'acte irrégulier voire de la procédure subséquente, la violation du secret de l'enquête et de l'instruction ne requiert plus la démonstration d'un grief. En effet, une telle violation porte forcément atteinte aux intérêts de la partie qui s'en prévaut. Il s'agit donc d'un grief présumé.

Ensuite, si on s'arrête sur l'adjectif « *concomitante* », il sied d'effectuer une nuance temporelle. Lorsque la révélation est contemporaine de la réalisation de l'acte, la nullité est encourue de sorte que la violation du secret impacte la régularité de la procédure[76] (par exemple, présence du journaliste au cours de la mesure d'investigation). Mais, lorsque la révélation est postérieure à la réalisation de l'acte, la nullité n'est pas encourue de sorte que

---

[75] CHAVENT-LECLERE, Anne-Sophie. Nullité sans grief de la perquisition filmée par un journaliste. Procédures. Mars 2017. Commentaire. n° 48.

[76] Cass. Crim. 11 juillet 2017. n° 17-80.313, MARON, Albert. HAAS, Marion. Galipettes de fouteux et loyauté. Droit pénal. Octobre 2017. Commentaire. 154.

l'atteinte au secret n'interfère pas sur la régularité de la procédure[77] (par exemple, la diffusion par le journaliste d'un procès-verbal d'audition dans la presse) !

Pour ce qui nous concerne, à ce stade du match, le secret de l'enquête et de l'instruction remporte le troisième et dernier set face à la liberté de la presse qui s'incline avec un bémol cependant.

Comme il s'agit d'une cassation avec renvoi (de l'arrêt de la Chambre d'instruction de la Cour d'appel de Paris) qui conduit à la désignation d'une nouvelle formation (Chambre d'instruction de la Cour d'appel de Versailles), cette dernière formation va conclure un peu vite que la garde à vue tout comme la perquisition ne sont pas entachées de nullité.

Cette prise de position donne l'occasion à la Cour de cassation une nouvelle fois saisie de rappeler dans un arrêt du 10 janvier 2018[78] qu'une éventuelle atteinte aux intérêts de la partie requérante s'apprécie *in concreto,* reprochant ainsi à cette instance de ne pas avoir visionné le reportage litigieux pour resituer dans leur contexte les propos du Commissaire divisionnaire suspecté de partialité et sans s'assurer que le mis en cause n'apparaissait pas menotté.[79]

S'il semblait que, l'espace d'un instant, la Cour de cassation revienne sur l'exigence d'un grief, le doute va être rapidement dissipé.

B) Une nullité « sans grief » réaffirmée

Cette réaffirmation va se jouer en trois étapes et marquer la fin de la partie.

Première étape : à la suite de cet arrêt retentissant du début de l'année 2017, le Ministre de la Justice va adresser une dépêche le 27 avril 2017 aux Procureurs généraux et Procureurs de la République ainsi qu'aux Chefs de Cours et Présidents de Tribunaux[80] leur prescrivant la consigne suivante :

« *Le sens de cette décision justifie qu'à l'avenir aucune personne,*

---

[77] CC. 2 mars 2018. QPC. n° 2017-693. Commentaire : www.conseilconstitutionnel.fr p. 6.

[78] Cass. Crim. 10 janvier 2018. n° 17-84.896. JurisData n° 2018-000062.

[79] INSCHAUSPE, Dominique. Secret de l'instruction. *op. cit.* § 56.

[80] Dépêche. CRIM-PJ. n° 2017-0063-A8.

autres que celles concourant à la procédure au sens de l'article 11 du Code de procédure pénale, et en particulier aucun journaliste, ne puisse assister à l'accomplissement d'une perquisition - et a fortiori ne puisse capter des images de son déroulement – nonobstant l'accord de la personne concernée et l'autorisation délivrée par une autorité publique ».

En d'autres termes, le Garde des Sceaux invite les magistrats à la plus grande prudence de peur que, cette tendance à la nullité se cantonnant jusqu'à présent au fait de filmer des perquisitions n'affecte d'autres actes d'investigation (comme l'interrogatoire de garde à vue, une confrontation ou encore une reconstitution…).

Deuxième étape : Cette dépêche va faire l'objet d'un recours pour excès de pouvoir et, par la même occasion d'une question prioritaire de constitutionnalité (QPC) devant le Conseil d'Etat de la part de l'Association de la presse judiciaire.

Par décision du 27 décembre 2017, le Conseil d'Etat transmet ladite QPC au Conseil constitutionnel[81] arguant que les articles 11 et 56 du Code de procédure pénale tels qu'interprétés par la Cour de cassation en 2017 « *(...) ont pour effet d'interdire de façon absolue à tout tiers, et donc à tout journaliste, d'assister à un acte d'enquête tel que la perquisition (...)* ».

Dès lors, le Conseil constitutionnel se devait d'apprécier dans quelle mesure l'article 11 du Code de procédure pénale protégeant le secret de l'enquête et de l'instruction ne serait pas contraire à un autre article 11 celui de la Déclaration des Droits de l'Homme et du Citoyen (DDHC) garantissant la liberté d'expression et de communication.

Dans sa décision du 2 mars 2018, au Haut Conseil d'en conclure qu'en instaurant l'article 11 du Code de procédure pénale, le législateur vise comme objectif la préservation du bon déroulement de l'enquête et de l'instruction et les intérêts du mis en cause au nom de la protection de la vie privée et de la présomption d'innocence. Des tempéraments sont d'ailleurs prévus dans l'article 11 lui-même puisque le secret de l'enquête et de l'instruction n'empêche pas les journalistes de relater dans un sujet les étapes d'une procédure en cours, pas plus qu'il n'empêche les fenêtres de publicité du Parquet. En conclusion, l'atteinte aux libertés précitées est nécessaire, adaptée

---

[81] CC. 2 mars 2018. QPC. n° 2017-693. Commentaire : www.conseilconstitutionnel.fr p. 10.

et proportionnée aux objectifs poursuivis.[82] L'article 11 est donc conforme à la Constitution.

Troisième étape : en ce début d'année 2019, la Cour de cassation rend un nouvel arrêt le 9 janvier 2019[83] confirmant l'évolution significative amorcée précédemment. Cette fois, les faits reposent sur une plainte déposée par la SNCF pour des dégradations volontaires par graffitis et autres gravures sur des équipements portant la signature OREAK laquelle permet de remonter jusqu'au mis en cause… c'est alors qu'une perquisition a lieu à son domicile en présence de journalistes...

Le mis en cause forme un recours en nullité pour dénoncer l'irrégularité de ladite perquisition mais la Chambre d'instruction n'y fait pas droit, estimant que la présence des seuls journalistes n'est pas une cause de nullité… à moins que cette présence perturbe le cours des opérations et conduise les enquêteurs à ne pas respecter les règles procédurales inhérentes à la mesure probatoire diligentée.

La chambre criminelle censure la Chambre d'instruction pour n'avoir pas fait droit au recours en nullité du requérant sachant que les journalistes, bien qu'autorisés par les enquêteurs, en filmant la mesure de perquisition, ont pris connaissance de documents utiles à la manifestation de la vérité et, en tant que tels, immédiatement saisis et placés sous scellés. Pour ce faire, elle procède comme en 2017 puisque statuant notamment au visa des articles 11 et 56 du Code de procédure pénale, elle rappelle sa position en la matière dans des chapeaux consécutifs. Il en ressort que :

D'une part, la présence d'un tiers au cours d'un acte probatoire, quand bien même eut-il obtenu l'autorisation d'une autorité publique, est constitutive d'une violation du secret de l'enquête ou de l'instruction concomitante à l'accomplissement de l'acte procédural (perquisition) laquelle porte « *(...) nécessairement atteinte aux intérêts de la personne qu'elle concerne (...)* ». La seule présence semble suffire à caractériser l'irrégularité… peu importe que la mesure d'investigation soit filmée ou enregistrée voire ultérieurement diffusée dans le cadre d'un reportage en vue de l'information du public, ces

[82] CC. 2 mars 2018. QPC. n° 2017-693. Dalloz. Actualité. 8 mars 2018. p. 462.

[83] Cass, Crim. 9 janvier 2019. n° 17-84.026, DEJEAN de la BATIE, Alice. Le secret de l'instruction résiste encore et toujours à l'information du public. AJ. Pénal. Mars 2019. p. 144, CHAVENT-LECLERE, Anne-Sophie. La nullité de la perquisition du fait de la présence de journalistes. Procédures. Mars 2019. Commentaire. n° 94.

options ne sont même pas évoquées.

D'autre part, il est rappelé qu'à peine de la nullité de la procédure, l'OPJ a seul le droit, lors d'une perquisition, de prendre connaissance des papiers, documents et autres données trouvés sur place avant de procéder à leur saisie. Puisque la violation du secret de l'enquête et de l'instruction porte nécessairement atteinte aux intérêts de la personne concernée, il s'agit bien d'une nullité à grief présumé.[84] On peut même aller jusqu'à admettre une nullité « sans grief » à démontrer tellement l'atteinte à la présomption d'innocence est évidente.

Ces positions jurisprudentielles avec un S marquent définitivement la fin de la partie. Dans le match opposant investigations procédurales et investigations journalistiques, c'est bien le secret de l'enquête et de l'instruction qui l'emporte face à la liberté de la presse désormais.

Conclusion

Pour conclure, force est de constater que la Cour de cassation, relayée par le Conseil constitutionnel, s'est montrée de plus en plus sévère à l'égard des journalistes depuis ces dernières années… Certes, la plupart de ces jurisprudences, pour ainsi dire toutes, se prononcent sur le cas de journalistes assistant à une mesure d'investigation en particulier à savoir la perquisition mais il y a fort à parier que la solution soit identique pour les autres procédés probatoires. Cela tombe sous le sens et justifie la dépêche ministérielle d'avril 2017.

La Cour de cassation entend ainsi « chasser » en quelque sorte les journalistes de la phase préparatoire du procès. L'avenir nous dira si ces récentes prises de positions marquent seulement la fin de la partie ou si, au contraire, elles laissent craindre que la guerre soit déclarée.

Dans un souci d'apaisement et de recherche d'équilibre entre, ce qu'il convient de faire au nom des investigations procédurales et ce qu'il est permis de faire au titre des investigations journalistiques, je vais clore cette étude par une citation me permettant de rendre hommage à l'un de mes Maîtres, le Professeur Jean Pradel qui, à l'occasion du commentaire de cette dernière décision de 2019 faisait remarquer que « *La phase préparatoire du procès doit être un monde*

---

[84] PRADEL, Jean. Une perquisition effectuée en la présence, même autorisée, d'un journaliste est-elle nulle *? op. cit.*. p. 488.

fermé, claqueuré, sauf évidemment aux avocats. Les journalistes quant à eux joueront leur rôle pleinement et utilement au cours du procès public ».

Le recel de violation du secret de l'enquête ou de l'instruction

Fabienne GHELFI

1- Le recel est traditionnellement défini comme une atteinte aux biens. Il ne devrait donc pas constituer une entrave à la liberté d'expression et d'information. Pourtant, depuis plusieurs années, les magistrats n'hésitent pas à condamner sur la base de cette infraction des journalistes ayant publié des documents relevant du secret de l'enquête ou de l'instruction.

2- Les conditions de reconnaissance de cette infraction autorisent ces condamnations. En effet, le recel revêt deux formes définies à l'article 321-1 du Code pénal[85] : le recel-détention et le erecel-profit. Il s'agit d'une infraction autonome, mais également une infraction de conséquence. Elle ne peut exister sans un rattachement avec une autre infraction que l'on qualifie d'infraction d'origine, de préalable ou de primitive. Un crime ou un délit a donc été préalablement réalisé. Cependant, si l'infraction est placée dans le Code pénal dans le titre II relatif aux atteintes aux biens, la définition assez large du recel à l'article 321-1 a permis à la jurisprudence de protéger les biens, mais l'a également autorisée à sanctionner les atteintes à une bonne administration de la justice. En effet, par le recel, et dans une volonté répressive, les magistrats ont condamné des journalistes qui ne sont pas soumis au secret professionnel, mais qui ont profité d'une violation d'un secret de l'enquête ou de l'instruction pour divulguer au public certaines informations (I).

3- Le choix de qualifier les faits reprochés aux journalistes de recel n'est pas anodin. Outre une condamnation, il permet de ne pas appliquer les règles liées à la loi sur la liberté de la presse, souvent protectrices des droits des journalistes. Il est donc un frein à l'exercice

---

[85] Article 321-1 : Le recel est le fait de dissimuler, de détenir ou de transmettre une chose, ou de faire office d'intermédiaire afin de la transmettre, en sachant que cette chose provient d'un crime ou d'un délit.
Constitue également un recel le fait, en connaissance de cause, de bénéficier, par tout moyen, du produit d'un crime ou d'un délit.
Le recel est puni de cinq ans d'emprisonnement et de 375 000 euros d'amende.

de la liberté d'expression ; une entrave évidemment contestée et constable (II).

I) Le recel, instrument d'une volonté répressive

4- Le recel est la suite logique d'un crime ou d'un délit. La condition préalable liée à cette infraction d'origine est analysée de manière très souple par la jurisprudence. La condamnation de l'auteur originel n'est pas nécessaire à la poursuite et à la sanction du receleur. Il n'est pas utile, non plus, de connaître son identité. Une solution inverse réduirait considérablement le champ d'application du recel. Mais quand est-il lorsque l'infraction originaire suppose une qualité particulière de son auteur ? C'est le cas pour la violation du secret de l'enquête et de l'instruction qui suppose une personne dépositaire de ce secret. Les magistrats n'exigent pas l'identité de la personne qui a violé le secret, facilitant ainsi la reconnaissance de l'existence de l'infraction d'origine (A). S'agissant des éléments constitutifs du recel, les magistrats font également preuve d'une certaine souplesse (B).

A) La reconnaissance facilitée de l'existence de l'infraction d'origine

5- Le cadre infractionnel est classique : un journaliste publie une photo ou un document qui, parce qu'il est secret, n'aurait pas dû être divulgué. Pour condamner ce journaliste, le magistrat ne peut se contenter d'affirmer que la provenance des documents est suspecte. Pour autant, il n'est pas nécessaire de connaître les conditions de la réalisation de l'infraction d'origine, qu'est la violation du secret de l'enquête ou de l'instruction, ce qui semble logique. Les exigences de la jurisprudence sont centrées simplement sur la certitude d'une violation du secret par une personne qui en été le dépositaire.

6- Pourtant, à l'origine, les magistrats semblaient avoir adopté un raisonnement peu rigoureux s'agissant de l'existence d'une violation du secret de l'enquête ou de l'instruction. Trois affaires permettent d'étayer cette affirmation :

-La première a fait l'objet d'un arrêt de la chambre criminelle en date du 13 mai 1991[86]. Le rédacteur en chef adjoint de Paris-Match et deux journalistes avaient permis la publication dans deux journaux (Paris-Match et Photo) de photos de victimes d'assassinats dont celui de Jacques Mesrine. Poursuivis pour recel de vol, ils avaient été relaxés par le tribunal correctionnel, faute de pouvoir établir avec certitude la réalité du vol des clichés. La Cour d'appel de Paris a changé la qualification de l'infraction de rattachement et les condamna pour recel de violation du secret de l'enquête et de l'instruction. Les photos avaient été prises par les services de l'identité judiciaire et étaient protégées par le secret. La cour d'appel en déduit que la communication de ces documents n'avait pu se faire qu'en violation de l'article 11 du Code de procédure pénale[87]. En publiant les photos, les journalistes commettaient donc un recel de violation du secret de l'enquête et de l'instruction. La cour a précisé également qu'aucun des prévenus ne pouvait ignorer que les clichés provenaient d'enquêtes judiciaires. La chambre criminelle approuve la décision. L'analyse est simple, mais peu rigoriste : les documents sont protégés par le secret, ils ont donc nécessairement été transmis aux journalistes par une personne soumise au secret ! Même si tout porte à croire que cela est possible, il n'y a aucune certitude.

-Même si l'arrêt de la chambre criminelle du 3 avril 1995[88] concernait un recel de violation du secret fiscal, il commande de s'y arrêter. Le Canard enchaîné avait publié des avis d'imposition de Jacques Calvet, alors PDG de Peugeot, lesquels révélaient une augmentation de salaire de 46 % sur deux ans, alors que l'entreprise

---

[86] Pourvoi n° 90-83.520, Bull. crim. n° 200, Gaz. Pal. 1991. 2. somm. 481, RSC 1992. 312, obs. J.-P. Delmas Saint-Hilaire.

[87] Art 11 CPP : Sauf dans le cas où la loi en dispose autrement et sans préjudice des droits de la défense, la procédure au cours de l'enquête et de l'instruction est secrète. Toute personne qui concourt à cette procédure est tenue au secret professionnel dans les conditions et sous les peines des articles 226-13 et 226-14 du code pénal.
Toutefois, afin d'éviter la propagation d'informations parcellaires ou inexactes ou pour mettre fin à un trouble à l'ordre public, le procureur de la République peut, d'office et à la demande de la juridiction d'instruction ou des parties, rendre publics des éléments objectifs tirés de la procédure ne comportant aucune appréciation sur le bien-fondé des charges retenues contre les personnes mises en cause.

[88] Pourvoi n° 93-81.569, Bull. crim. n° 142, D. 1995, somm. 320, obs. J. Pradel, JCP 1995. II. 22429, note E. Derieux, Gaz. Pal. 1995. 1. 264, note D. Périer-Daville, RSC 1995. 599, obs. J. Françillon.

était en difficulté. L'auteur de l'article, ainsi que le directeur de la publication, avaient été condamnés pour recel de violation du secret. Les journalistes espéraient voir l'arrêt de la Cour d'appel de Paris cassé. L'avocate des journalistes avait invité les magistrats de la cour, à « censurer » l'arrêt de la cour d'appel » au nom de la liberté de la presse. « La loi ne peut être appliquée de façon « tentaculaire », selon elle, mais être interprétée avec « rigueur » et « précaution » quand il s'agit de journalistes. Le secret professionnel, a-t-elle rappelé, s'applique « aux agents du fisc chargés d'en calculer l'assiette, d'en assurer le contrôle et le recouvrement ; non aux « techniciens de surface » ou aux « informaticiens » du centre des impôts, susceptibles d'avoir divulgué les documents »[89]. Cependant, la chambre criminelle a confirmé l'arrêt de la cour d'appel qui avait conclu que la divulgation des documents litigieux ne pouvait être imputée qu'à un fonctionnaire connaissant le service. Elle rejeta donc le pourvoi qui avait mis l'accent sur le caractère hypothétique d'une telle déduction.

-L'arrêt de la chambre criminelle du 19 juin 2001[90] est encore plus prégnant ; arrêt célèbre par le nom qui lui est attribué : « arrêt des Ecoutes de l'Elysée » et par un attendu pour le moins contesté. Dans leur livre, intitulé « les Oreilles du Président »[91], publié en 1996, deux journalistes avaient reproduit des passages des procès-verbaux et des fac-similés de transcriptions d'écoutes téléphoniques appartenant au dossier d'instruction couvert par le secret de l'article 11 du Code de procédure pénale. Ils ont été condamnés pour recel de violation du secret de l'instruction. Les conditions dans lesquelles les journalistes s'étaient fait remettre les pièces restaient mystérieuses. Forts de leur

---

[89] https://www.liberation.fr/france-archive/1995/03/28/la-publication-par-le-canard-enchaine-du-salaire-de-calvet-jugee-en-cassation_125642.

[90] Pourvoi n° 99-85.188, Bull. crim. n° 149, D. 2001. 2538, note B. Beignier et B. de Lamy, D. 2002, comm. 1463, obs. J. Pradel, RSC 2002. 96, obs. B. Bouloc, RSC 2002. 119, obs. J. Françillon, RSC 2002. 592, obs. J.-P. Delmas Saint-Hilaire, JCP 2002. II. 10064, concl. D. Commaret, note A. Lepage.

[91] L'affaire des écoutes de l'Élysée est une affaire française d'écoutes téléphoniques illégales qui s'est déroulée de 1983 à 1986 sous le premier septennat de François Mitterrand. Elle s'est terminée par le jugement du 9 novembre 2005 du tribunal correctionnel de Paris, avec la condamnation de sept anciens collaborateurs du Président de la république. Ce dernier, décédé en 1996, n'a pas été jugé. Dans ses attendus, le tribunal désigne Mitterrand comme « l'inspirateur et le décideur de l'essentiel » pour des raisons tenant en particulier à sa vie privée, sa fille naturelle Mazarine Pingeot et la gravité de son état de santé.

droit, ils n'avaient pas révélé leur source. Pour justifier leur condamnation, la cour d'appel, approuvée par la chambre criminelle, a simplement précisé que, parce que rien ne permettait de croire qu'il s'agissait d'une divulgation accidentelle, son auteur ne pouvait être qu'un professionnel soumis au secret. Il s'agit là d'un joli raccourci ! Ce que la cour affiche en certitude, n'est en réalité qu'une présomption.

7- Il y a eu, à partir de 2012, un vent de rigueur de la part de la chambre criminelle de la Cour de cassation. Certainement sensible aux reproches qui lui ont été adressés, elle a durci les conditions de reconnaissance de l'infraction originaire, c'est-à-dire l'infraction de violation du secret de l'enquête et de l'instruction. Certains ont même vu, dans cette nouvelle jurisprudence, une volonté des magistrats de subordonner la condamnation pour recel, à la connaissance de l'identité du dépositaire du secret.

-Le premier arrêt de cette nouvelle vague date du 6 mars 2012[92]. Bien que les prévenus soient des journalistes, les faits sont relatifs, non pas un recel de violation du secret de l'enquête ou de l'instruction, mais un recel de violation d'un secret médical. Cependant, il est indispensable de l'évoquer pour saisir ce pseudo revirement. Le prévenu était un journaliste du journal l'Equipe, lequel avait publié dans le quotidien un article faisant état de résultats du bilan sanguin d'un athlète international. Les juges du fond le déclarent coupable de recel de violation du secret professionnel au motif que « le bilan sanguin d'une personne, qui ne peut être fait que par des professionnels de santé, constitue une donnée à caractère médical protégée par le secret professionnel ; ... la divulgation de ces informations en l'absence de consentement caractérise la violation du secret professionnel ». Donc « l'utilisation, dans le cadre d'un article de presse, d'un document comportant ces informations confidentielles et provenant de ce délit, caractérise l'infraction de recel ». En réalité, les juges du fond n'ont fait qu'appliquer la jurisprudence antérieure de la chambre criminelle : le bilan ne peut être fait que par un professionnel ; il y a eu, de ce fait, violation du secret professionnel.

---

[92] Pourvoi n° 11-80.801, Com. com. élect n° 6, juin 2012, comm. 68, A. Lepage ; Dr. pén. n° 5, mai 2012, comm. 68, M. Véron ; D. act., 20 mars 2012, comm. S. Lavric.

Cette présomption est contestée par la défense qui n'a pas manqué de soulever l'existence possible d'autres sources ; l'existence du délit de violation du secret médical ne pouvait donc être établie avec certitude. La chambre criminelle casse l'arrêt de la Cour d'appel de Versailles car, en se prononçant ainsi, « sans caractériser la révélation d'une information à caractère secret par une personne qui en aurait été dépositaire », elle n'a pas justifié sa décision. Cet attendu est essentiel, puisqu'il sera repris dans les arrêts postérieurs. Une partie de la doctrine[93] a déduit de cette formule, qu'il est désormais exigé que l'identité de la personne qui a violé le secret soit connue ! Si la chambre criminelle affiche plus de rigueur, elle n'a pas pour autant exigé une identification du violeur de secret. Elle exige uniquement la certitude que la violation du secret a été faite, sans contredit, par une personne soumise au secret. Le degré d'exigence n'est pas le même.

-Ayant certainement eu écho de cette interprétation, la chambre criminelle a dissipé le doute dans un arrêt du 9 juin 2015[94]. Un journaliste était poursuivi pour recel de violation du secret de l'instruction pour avoir publié, dans le journal le Parisien, un portrait-robot d'un homme présenté comme étant le suspect de plusieurs viols avec arme. Estimant que la diffusion, avant arrestation, d'un portrait-robot périmé eu égard à l'avancée de l'enquête, avait nui aux investigations, le commissaire chargé du dossier avait porté plainte contre le journaliste et deux des victimes s'étaient portées partie civile. Un officier de police judiciaire avait fait ce portrait-robot sur commission rogatoire d'un juge d'instruction. Condamné par les juges du fond, le journaliste invoque dans son pourvoi le fait que « la ou les personnes ayant pu communiquer le portrait-robot n'ont pas été identifiées ». La chambre criminelle répond sans ambages que « l'identification de l'auteur de la violation du secret professionnel n'est pas nécessaire ». Elle ajoute que « seule est exigée la démonstration qu'il fait partie des dépositaires de ce secret », ce qu'avaient fait les juges du fond en précisant que « seules les conditions de confidentialité dans lesquelles le portrait-robot avait été

---

[93] A. Lepage, sous Crim. 9 juin 2015, note 10 ; contra : Fourment et Piot sous Crim 9 juin 2015, note 10.

[94] Pourvoi n° 14-80.713, Bull. crim. n° 142 ; JCP G 2015, 950, note F. Fourment et P. Piot ; JCP G 2015, Presse et médias, doct. 1191, B. Beignier ; Comm. com. électr. n° 9, sept. 2015, comm. 70, A. Lepage ; Dr. pén. 2015, comm. 122, P. Conte.

diffusé aux services de police, excluent qu'il ait pu être transmis au journaliste par une personne n'étant pas tenue au secret professionnel ». La chambre criminelle exclut donc toute présomption qui ne permet d'établir qu'indirectement l'objet à prouver. L'analyse des faits doit démontrer que l'auteur de la violation du secret était nécessairement un dépositaire du secret. Les juges doivent établir que « le document était cantonné dans un cercle de personnes tenues au secret professionnel »[95].

-Ce qui n'a pas été le cas, dans une affaire jugée par la Cour de cassation le 11 mai 2016[96]. Cet arrêt, analysé par certains comme étant un retour en arrière, fait suite à un pourvoi exercé par un footballeur très connu pour ses performances sportives footballistiques et pour celles dans le domaine prostitutionnel, puisqu'il avait été poursuivi pour avoir eu une relation avec Mme Z, prostituée mineure à l'époque des faits[97]. Trois journalistes avaient été poursuivis pour recel de violation du secret de l'enquête et de l'instruction. Les deux premiers avaient publié un ouvrage intitulé : « la face cachée de Franck X », dans lequel était annexé le contenu de procès-verbaux de police le concernant (des rapports et auditions), des retranscriptions téléphoniques, ainsi que le contenu de son interrogatoire de première comparution. Il était reproché au troisième journaliste d'avoir publié dans un article du quotidien France-Soir des extraits de ces documents. La chambre de l'instruction de la Cour d'appel de Paris avait confirmé l'ordonnance de non-lieu. En effet, « l'information n'avait pas permis d'établir que la divulgation de ces informations avait été effectuée par une personne astreinte au secret professionnel ». Pour la chambre criminelle, elle a justifié sa décision. Cette décision ne révèle aucun retour en arrière. Les prévenus n'ont pas été condamnés parce que l'identité de celui qui a violé le secret n'est pas connue, mais parce qu'il n'y avait aucune certitude sur une révélation par une personne dépositaire du secret. Les prévenus affirmaient tous que l'origine des informations était légale.

---

[95] A. Lepage, préc. note 10.

[96] Pourvoi n° 15-82.365, Comm. com. électr. n° 9, sept. 2016, comm. 73, A. Lepage ; D. 2016, p. 2267, note L. François ; Gaz. Pal. 28 oct. 2016, p. 36, obs. F. Fourment ; D. act., 01 juin 2016, comm. S. Lavric.

[97] Il avait été relaxé, les magistrats ayant admis son erreur sur l'âge de la prostituée.

-Dans une décision du 12 octobre 2016[98], le raisonnement des magistrats du tribunal correctionnel de Paris allait dans ce sens. Un journaliste et un retraité de la DGSE avaient publié sur Twitter et Facebook une fiche de « diffusion nationale urgente » et une fiche « Canonge Web » relatifs aux suspects des attentats terroristes contre Charlie Hebdo. Ils ont été condamnés pour recel de violation du secret de l'enquête car les documents étaient accessibles aux seuls services de police et de justice. Le tribunal rejeta le moyen de défense des prévenus basés sur l'absence d'identification de l'auteur de la violation du secret. Certains policiers estiment dangereux de publier ce type de fiches, qui ne sont pas des avis de recherche. « C'est honteux ce qu'il a fait, ça complique forcément le travail des enquêteurs ! S'ils se savent recherchés, ces individus vont se cacher, changer de tête. Ils vont tout faire pour ne pas être reconnus »[99], souligne une source policière. Jean-Paul Ney estime de son côté qu'une personne traquée aura plus de mal à passer à l'action. Il s'aventure même à dire que si les autorités avaient diffusé plus tôt, en janvier 2015, la photo d'Amedy Coulibaly, ce dernier ne serait probablement pas passé à l'acte dans l'Hyper Cacher de la porte de Vincennes. En l'espèce, il avait divulgué l'identité des frères Kouachi, qui ont attaqué *Charlie Hebdo* le 7 janvier 2015, alors que les forces de l'ordre étaient lancées sur leurs traces. Il l'a fait, assure-t-il, parce que les forces de l'ordre « ne savaient pas où ils étaient » et qu'elles paniquaient. Là aussi, se justifie-t-il, ses sources lui ont demandé de le faire. « Il fallait que des gens puissent les reconnaître. ». A l'époque, le procureur de Paris, François Molins, avait déploré ces fuites, qui avaient ruiné « tout espoir de surprise »[100] dans la traque des frères Kouachi.

-Ce journaliste était motivé par le souci d'aider la police à capturer des terroristes. Les motivations ne sont pas toujours aussi nobles. Tel était le cas dans la terrible affaire de la tuerie de Chevaline. Le 5 septembre 2012, trois ressortissants britanniques qui circulaient à bord d'un véhicule sur une route forestière et un cycliste ont été tués par

[98] N° 15030000243, JurisData 2016-021295.

[99]https://www.20minutes.fr/societe/2065591-20170511-jean-paul-ney-journaliste-diffuse-fiches-police-continuera-faire.

[100]http://www.leparisien.fr/faits-divers/charlie-hebdo-ney-et-martinet-condamnes-pour-avoir-diffuse-l-identite-des-freres-kouachi-12-10-2016-6198621.php.

des tirs d'arme à feu dont l'auteur est encore recherché. Trois photographies de la scène du crime, montrant notamment le cadavre du cycliste ont été diffusées sur la chaîne « BMF TV » et sur son site internet en février 2014. Des poursuites ont été engagées contre le directeur de BMF et contre le journaliste qui a présenté à l'antenne les photos. Le tribunal correctionnel les condamna pour recel de violation du secret de l'instruction, mais la cour d'appel infirme le jugement et les relaxe ; décision confirmée par la chambre criminelle, le 1 mars 2017[101]. La relaxe est motivée, non pas par l'absence d'identification des dépositaires du secret, mais par le fait que la preuve n'était pas apportée que les documents avaient nécessairement été divulgués par des personnes soumises au secret de l'instruction. En effet, les photographies litigieuses provenaient bien d'un dossier d'instruction, mais elles figuraient également dans un DVD de travail communiqué à différents services d'enquête. De plus, les enquêteurs français ont travaillé avec leurs homologues britanniques qui avaient accès au dossier. Une équipe commune d'enquête avait, en effet, été créée et le protocole d'accord précisait que les enquêteurs britanniques étaient soumis au secret de l'information dans les mêmes conditions que les enquêteurs français. Cependant, cet accord n'était prévu que pour une durée d'un an. Au vu de tous ces éléments, il n'était pas possible d'affirmer que les clichés ont été divulgués par une personne astreinte au secret de l'instruction.

8- Même si la chambre criminelle se montre plus rigoureuse concernant la reconnaissance de la présence de l'infraction d'origine, elle n'exige toujours pas la connaissance de l'identité des auteurs de l'infraction d'origine. Comment trouver un équilibre entre le droit d'informer le public et le respect du secret de l'enquête et de l'instruction ? Ils sont exclusifs l'un de l'autre. Exiger la connaissance de l'identité de celui qui a divulgué l'information, c'est assurer la mort de ce secret. Mais condamner les journalistes pour recel, c'est ériger un obstacle à la liberté d'informer et c'est réduire à néant, ici, le droit au secret des sources.

Cependant, les condamnations pour recel ne sont pas nombreuses, au regard du nombre théorique de recels existants. Pourtant, les éléments constitutifs du recel sont facilement reconnus.

---

[101]Pourvoi n° 16-81378.

B) Des éléments constitutifs établis « sans peine »

9- La preuve de la constitution des éléments de l'infraction ne pose aucune difficulté aux magistrats pour entrer en voie de condamnation. Le recel est une infraction qui recouvre un panel large d'agissements, à tel point que certains auteurs le nomment, l'infraction « fourre-tout »[102].

10 – La preuve de l'existence de l'élément matériel semble ne poser aucune difficulté, du moins en apparence. Dans la majorité des cas jugés, le reproche fait aux journalistes est ciblé. Il ne leur est pas reproché de détenir les documents litigieux, mais de les publier. En toute logique, s'ils ne font que les détenir sans les publier, il n'y a pas de plainte. De plus, ce qui est répréhensible aux yeux des magistrats, c'est le fait de porter à la connaissance du public des informations soumises au secret. La justice a besoin du secret de l'instruction pour les raisons évoquées par ma collègue. La médiatisation peut perturber le bon fonctionnement de la justice. Elle peut porter atteinte à la présomption d'innocence, à l'avancée de l'enquête, à la vie privée. De plus, le secret de l'instruction est un « garde-fou », qui doit faire face à une presse utilisatrice d'Internet. Les informations se diffusent à un rythme devenu incontrôlable. Pour exemple, dans l'affaire Charlie Hebdo, selon les magistrats, la publication de l'identité des frères Kouachi a pu avoir pour effet de les obliger à prendre des dispositions pour échapper aux services de police[103]. Dans l'affaire du violeur en série[104], la publication du portrait-robot du suspect avait entravé le déroulement normal des investigations, contraignant le magistrat instructeur et les services de police à mettre en œuvre le lendemain, la procédure d'appel à témoin.

Pour toutes ces raisons, le recel est constitué par la publication des documents ou photographies. Il n'est pas précisé que la publication prouve la détention. Les journalistes sont condamnés pour publication. Cependant, dans les décisions précitées, seul l'article 321 est visé, sans aucune référence à l'alinéa. Le fait de publier des documents relève-t-il du recel-détention ou du recel-profit ? Pour certains, la publication relève du recel-profit. Mais affirmer que la

---

102 Cf P. Maistre du Chambon, Rép. pén. Dalloz, Le recel, n° 10.
103 TGI Paris, 12 oct. 2016, préc. note 14.
104 Crim. 9 juin 2015, préc. note 10.

publication s'inscrit dans le champ d'application de l'alinéa 1 n'est pas absurde. Le terme de détention permet de sanctionner toute forme d'emploi de la chose. L'analyse des arrêts montre que les magistrats ne s'embarrassent pas de précisions. Parfois, la détention et la publication ont été visées[105] . Seul un arrêt en date du 12 juin 2007[106] a été limpide sur ce point. Le journaliste qui avait porté à l'écran, lors d'un reportage, des documents ayant déjà été publiés par un quotidien, a été condamné pour un recel-profit.

Cependant, dans les deux dernières décisions de la chambre criminelle, il est fait référence à la détention de documents litigieux. Dans la décision du 11 mai 2016, la chambre criminelle précise : « Attendu que, pour confirmer l'ordonnance de non-lieu entreprise, l'arrêt retient que l'information n'a pas permis d'établir que la divulgation de ces informations avait été effectuée par une personne astreinte au secret professionnel ni que les journalistes mis en cause avaient matériellement détenu les documents litigieux, couverts par le secret de l'enquête ou de l'instruction »[107]. Dans l'arrêt du 01 mars 2017[108], elle confirme la décision de la cour d'appel qui avait relaxé les journalistes au motif que les investigations n'avaient pas permis de déterminer dans quelles circonstances les prévenus étaient entrés en possession des photographies litigieuses. Le but est peut-être de faire la distinction avec l'article 38 de la loi de 1881 qui sanctionne uniquement la publication.

Il convient de préciser que, et le lien est fait avec l'objet du recel, que l'infraction retenue est recel de violation du secret de l'enquête ou de l'instruction et non recel de choses provenant d'une violation du secret de l'instruction. Cela permet d'éviter le débat sur l'admission ou non du recel d'information, bien que souvent la chambre criminelle parle de photographies ou documents. Il lui arrive pourtant de brouiller les pistes, comme dans l'arrêt du 11 mai 2016[109] où elle confirme l'arrêt de la chambre de l'instruction qui a relaxé les journalistes car la preuve n'était pas faite de la « divulgation

---

[105] Crim 19 juin 2001, préc. note 6.
[106] Infra note 45.
[107] Préc. note 12.
[108] Préc. note 17.
[109] *Supra* note 12.

d'informations » avait été faite par une personne astreinte au secret, ni celle que les journalistes avaient matériellement détenu les documents litigieux.

11- S'agissant de l'élément moral, la chambre criminelle, fidèle à sa jurisprudence sur le recel, ne paraît pas très exigeante.

L'intention constitutive du recel implique la volonté de dissimuler, de détenir, de transmettre, de faire office d'intermédiaire pour transmettre ou encore de bénéficier d'un bien tout en sachant que ce bien provient d'un crime ou d'un délit. Elle suppose donc à la fois la volonté d'accomplir l'acte constitutif du recel et la connaissance de l'origine frauduleuse du bien recélé. Cependant, la jurisprudence déduit le premier du second. De plus, à l'égard des professionnels, elle affiche une particulière sévérité. Ils ne peuvent avoir de doute sur l'origine de la chose qu'ils ont reçue. La mauvaise foi se déduit donc de la seule qualité de professionnel. Le raisonnement adopté par les magistrats à l'égard des journalistes est identique. Dès lors que l'existence de l'infraction d'origine est relevée, il en est déduit que les journalistes en ont connaissance. Le taux de divulgation des documents par des personnes non soumises au secret est infime, mais il existe. Il n'est pas alors surprenant de lire dans les commentaires l'existence d'une véritable atteinte à la présomption d'innocence[110].

12- Les exigences de la chambre criminelle relatives à l'existence de l'infraction d'origine ou aux éléments constitutifs du recel sont assez faibles. Sa jurisprudence relative au recel de violation du secret de l'enquête ou de l'instruction le démontre. La rédaction de l'article 321-1 du Code pénal permet d'appréhender un nombre très important d'actes. La jurisprudence, peu rigoureuse, l'autorise également. Ceux ayant espéré une rigueur des magistrats, lorsque l'infraction originaire est réservée à certaines personnes, ont été déçus. Cette particularité n'a rien changé. La connaissance de l'identité de la personne soumise au secret n'est toujours pas exigée ; le but étant certainement de restreindre le droit d'informer, pour limiter ce que la

---

[110] J. Francillon, Recel de documents provenant d'une violation du secret de l'instruction ou du secret professionnel : le glissement de la sanction de certains abus de la liberté d'expression vers le droit commun ? RSC 2002 p. 119.

chambre criminelle de la Cour de cassation considère comme des abus.

II) Le recel, frein contesté à l'exercice de la liberté d'expression

Deux constats s'imposent à l'esprit en analysant la jurisprudence.

Premièrement, il est surprenant que ce soit le recel, infraction de droit commun qui est utilisée, alors qu'il s'agit d'infractions réalisées par des journalistes et qu'une infraction décrite dans la loi de 1881 sur la liberté de la presse prévoit la sanction d'agissements similaires. Le but est certainement de contourner le droit de la presse et ses garanties par le choix du recel (A).

Deuxièmement, les journalistes ont tous tenté d'échapper à la condamnation en invoquant la violation de l'article 10 de la Conv. EDH, mais en vain (B).

A) Un contournement injustifié du droit de la presse

Si l'infraction de recel permet de sanctionner ceux qui publient des documents issus d'une violation du secret de l'enquête ou de l'instruction, une autre infraction, moins connue, fausse jumelle du recel, permet également de le faire. Il s'agit de l'infraction décrite à l'alinéa 1 de l'article 38 de la loi de 1881. Pourtant, les journalistes sont majoritairement poursuivis sur la base de l'article 321-1 du Code pénal. Ils tentent souvent « de se soustraire aux rigueurs de l'incrimination de recel pour se placer dans le giron de la loi du 29 juillet 1881 »[111].

L'alinéa 1er de l'article 38 de la loi du 29 juillet 1881 sur la liberté de la presse prévoit une sanction de 3750 euros d'amende à l'encontre de ceux qui ont publié des actes d'accusation et tous autres actes de procédure criminelle ou correctionnelle avant qu'ils aient été lus en audience publique. Des explications peuvent être avancées pour expliquer le recours à l'article 321-1 du Code pénal au lieu de l'article 38 de la loi de 1881. Il y a des raisons techniques et d'autres, plus pragmatiques.

---

[111] A. Lepage, com de Crim. 9 juin 2015, Liberté d'expression- Recel et droit de la presse, Comm. com. électr. n° 9, sept. 2015, comm. 70.

Deux raisons de pure technique juridique doivent être précisées.

- La première est relative à la mise en mouvement de l'action publique : elle est réservée au Ministère public s'agissant des poursuites sur la base de l'article 38[112]. S'il y a une passivité du Ministère public, qui parfois ne souhaite pas donner l'image d'un censeur, la partie civile ne pourra se constituer partie civile uniquement sur le chef du recel ;

- La deuxième raison est liée au délai de prescription qui est court en droit de la presse, puisque, sauf exceptions, il est de trois mois à compter du jour de commission de l'infraction, indique l'alinéa 1er de l'article 65 de la loi de 1881[113]. Cette durée abrégée de prescription s'explique par la volonté de garantir la liberté d'expression. Par conséquent, il faut agir très vite et si la prescription est acquise, il convient de basculer sur l'article 321-1 du Code pénal pour pouvoir sanctionner les journalistes.

Les raisons invoquées ne sont peut-être pas les plus convaincantes. Il en existe certainement d'autres, mais qui relèvent uniquement de supputations qui pourraient faire l'objet de débats aujourd'hui.

- Suite à certains abus, il y aurait une volonté de sanctionner les journalistes à une peine plus sévère que celle prévue par l'article 38, qui est de 3 750 euros. Les peines prononcées sont rarement des peines d'emprisonnement, même avec sursis. Ce sont souvent uniquement des peines d'amende qui sont infligées aux journalistes, peines tournant autour de 3 000 euros. Cependant, il y a tout de même et toujours la menace d'être condamné à une peine d'emprisonnement et à une peine d'amende plus élevée ;

- La volonté d'épargner le directeur de publication, qui, en vertu de la responsabilité en cascades, doit être condamné (article 42

[112] Article 47 L. 29 juill. 1881.

[113] L'action publique et l'action civile résultant des crimes, délits et contraventions prévus par la présente loi se prescriront après trois mois révolus, à compter du jour où ils auront été commis ou du jour du dernier acte d'instruction ou de poursuite s'il en a été fait.

L. 1881) ; l'analyse des décisions de justice révèle que, majoritairement, les journalistes-auteurs sont poursuivis. Mais ils arrivent que le directeur et les journalistes soient condamnés ;

- Le désir de mettre l'accent sur le fait qu'il y a, à la base, une fuite condamnable, même si l'auteur n'est pas condamné. Sont répréhensibles des publications de documents procurés grâce à un acte délictueux.

Le régime protecteur de la loi sur la liberté de la presse incite donc les journalistes à vouloir se soustraire à une poursuite pour recel. Dans les affaires jugées par la Cour de cassation en 1995, 2007, 2015 et 2016, par exemple, ils ont prétendu, pour leur défense, que les poursuites auraient dû être engagées sur le fondement de l'article 38 de cette loi. Dans l'affaire de la publication du portrait-robot du viol de 2015[114], ils ont demandé aux juges une requalification et, par conséquent, de constater la prescription.

Les journalistes n'ont jamais obtenu satisfaction. La chambre criminelle a répondu que l'article 38 « n'emporte pas l'impossibilité de poursuive l'auteur de la publication pour recel... »[115] ou que les faits entrent dans les prévisions de l'article 321-1 du Code pénal, « qui n'est pas incompatible avec les dispositions de l'article 38 de la loi du 29 juillet 1881 »[116].

Une interrogation s'impose sur l'existence d'un concours de qualifications.

-Si l'on part du principe que c'est la détention des documents litigieux qui est sanctionnée par le recel, il n'y a pas de concours car l'article 38, lui, sanctionne uniquement la publication. S'il est possible de l'admettre juridiquement, on ne peut que crier à l'hypocrisie. La doctrine est assez unanime sur ce point. Le fait juridique le plus saillant est la publication. Si le journaliste gardait les documents chez

---

[114] Préc. note 10.

[115] Crim. 12 juin 2007, Pourvoi nº 06-87.361 , Bull. crim. nº 157, JCP G 2007. I. 210, obs. Dreyer, JCP G 2007 ; II. 10159, comm. F. Fourment, C. Michalski et P. Piot, AJ pénal 2007. 439 , obs. Royer, Dr. pénal 2007. Comm. 143, obs. M. Véron, RSC 2008. 95, obs. Francillon).

[116] Crim 9 juin 2015, préc. note 10.

lui, la justice serait indifférente. C'est la publication qui pourrait porter atteinte à différents droits, comme celui de la présomption d'innocence. C'est d'ailleurs sur le respect de ce principe que la chambre criminelle se base, pour affirmer qu'il n'y a pas violation de l'article 10 Conv EDH.

-C'est pour cette raison que l'on peut affirmer la présence d'un concours idéal de qualifications. Mais il ne peut y avoir deux déclarations que si les valeurs protégées sont différentes. En l'occurrence, ce n'est pas le cas. Il est difficile de voir une différence. Dans certains arrêts[117] faisant application de l'article 38 de la loi de 1881, la chambre criminelle a invoqué la protection de la présomption d'innocence de la personne mise en cause, tout comme elle l'a fait lorsque l'article 321-1 du Code pénal été appliqué[118]. C'est la même valeur qui est protégée, ainsi que la protection de la bonne administration de la justice. On pourrait objecter que le recel est une infraction très large et que la valeur sociale protégée n'est pas la même. Mais c'est oublier que le recel est une infraction de conséquence, donc la valeur protégée est celle de l'infraction d'origine qui est, en l'occurrence, la violation du secret de l'enquête ou de l'instruction. L'élément moral des prévenus est identique : ils ont la volonté d'informer le public en sachant que cela leur est interdit.

Dans cette hypothèse, deux règles peuvent s'appliquer : choisir soit l'infraction qui contient la plus haute expression pénale, soit l'infraction spéciale. Les magistrats ont opté pour l'infraction qui a la peine la plus élevée, c'est-à-dire le recel, la peine étant de 5 ans de prison et de 375 000 euros d'amende (peine aggravée lorsqu'elle est commise de façon habituelle ou lors l'auteur a utilisé les facilités que lui procure l'exercice de son activité professionnelle : 10 ans et 750 000 euros d'amende). Ce choix est fort contestable. L'article 38 de la loi sur la presse devrait être appliqué, en vertu la règle *specialia generalibus derogant*. L'article 38 se trouve dans la loi sur la liberté de la presse qui prévoit un régime spécifique et des garanties pour les journalistes. Il est certain qu'il peut s'appliquer alors même que

---

[117] Crim. 22 juin 1999, pourvoi n° 98-84.197 ; Crim. 28 janv. 2014, pourvoi n° 12-88.430, AJ pénal 2014 p. 305.
[118] Crim. 12 juin 2007, préc. note 31.

l'origine des documents publiés est légale (par une partie par exemple). Le recel lui s'applique sachant que l'origine est délictueuse. C'est ce qu'avait mis en avant la Cour d'appel de Paris dans l'affaire de la publication prématurée du portrait-robot du violeur : « que, toutefois, l'article 38 de la loi sur la presse ne réprime que la publication d'actes de procédure sans aucunement viser les conditions frauduleuses dans lesquelles un document issu d'une procédure a pu être obtenu, ne permet pas d'exclure nécessairement du champ d'incrimination de l'article 321-1 du code pénal le journaliste parvenu à se rendre détenteur d'une pièce de procédure, obtenue par des moyens délictueux »[119], faisant ainsi du recel l'infraction spéciale. L'argument est fragile, car l'autre qualification relève d'un droit de la presse qui devrait être exclusif. De plus, l'article 38 offre des garanties que ne propose pas le recel. Selon un auteur, le délit de recel est trop général et « ne permet pas de prendre en compte les spécificités de la liberté de la presse et de déterminer avec suffisamment de précision les limites assignées à cette liberté, les autres qualités exigées de loi-accessibilité et sa prévisibilité- faisant également défaut »[120].

Il est vrai que l'application de l'article 38 n'est pas facile, au regard d'une prescription de l'action publique abrégée et d'une mise en mouvement de l'action réservée. Mais telle a été la volonté du législateur qui a prévu un régime spécifique pour protéger la liberté d'expression. En poursuivant les journalistes sur la base du recel et en les condamnant souvent, les magistrats contournent le droit de la presse en leur appliquant le droit commun, ce qui est tout à fait contestable. S'agissant de l'infraction d'apologie du terrorisme, le législateur a eu le mérite d'être limpide en sortant l'infraction de la loi de 1881 pour la placer dans le Code pénal. Ce n'est pas le cas pour la publication de documents issus d'une violation du secret de l'enquête ou de l'instruction.

De plus, peut-on affirmer que le principe de prévisibilité est préservé, alors que certains procureurs poursuivent les journalistes sur la base du recel, alors que d'autres le font encore parfois sur celle de l'article 38 de la loi de 1881.

---

[119] Cf. Crim. 9 juin 2015, préc. note 10.
[120] J. Francillon, Crim. 19 juin 2001, RSC 2002, obs. p. 119.

En outre, si c'est la détention d'origine frauduleuse des documents qui fait la différence entre les deux, se présente alors un paradoxe. Pour la détention, les prévenus encourent 5 ans d'emprisonnement et 375 000 euros d'amende, alors que pour la publication, qui est le fait le plus dommageable, ils encourent 3750 euros en application de l'article 38 de la loi de 1881. Une incohérence peut donc être souligner. De même, le respect du principe de proportionnalité de la peine par rapport à l'acte commis est douteux. L'application de l'article 321-1 est très discutable, d'autant plus que les journalistes ne peuvent invoquer l'immunité prévue à l'article 35 de la loi de 1881.

Il est précisé à l'article 35 in fine de la loi du 10 juillet 1881 que « Le prévenu peut produire pour les nécessités de sa défense, sans que cette production puisse donner lieu à des poursuites pour recel, des éléments provenant d'une violation du secret de l'enquête ou de l'instruction ou de tout autre secret professionnel s'ils sont de nature à établir sa bonne foi ou la vérité des faits diffamatoires. ». Cette immunité ne vise que l'hypothèse d'une poursuite pour diffamation. Dans son pourvoi, le journalise poursuivi pour avoir publié un portrait-robot, a tenté de faire reconnaître que cette disposition autorise, d'une manière générale les journalistes à détenir, dans le cadre de leur mission d'information, des pièces tirées d'un dossier d'instruction en cours. Cependant, la chambre criminelle a adopté justement ici une interprétation stricte en affirmant que cette immunité a pour seul effet de faire obstacle à la poursuite, du chef de recel, contre une personne qui produit des éléments pour les besoins de sa défense dans l'action en diffamation dirigée contre elle[121]. L'immunité n'est pas générale.

En conclusion, dans un but répressif, pour protéger le secret de l'enquête et de l'instruction, les magistrats ont préféré se fonder sur le droit commun, au mépris du droit spécifique de la presse. Pour leur défense, les journalistes ont tous mis en avant la violation de l'article 10 de la Convention EDH.

[121] Crim 9 juin 2015, préc. note 10.

B) Une violation revendiquée de l'article 10 de la Convention EDH

Au nom de la liberté d'expression, les journalistes peuvent-ils éviter une condamnation pour recel après avoir publié des documents secrets ? Les juridictions françaises ne l'ont pas considéré. Cependant, la CEDH a estimé le contraire en admettant la violation de l'article 10 de la Conv. EDH. Mais si la Cour européenne a soufflé un vent d'espoir aux journalistes pendant quelques années, elle a, récemment, validé la condamnation d'un journaliste suisse. De toute évidence, bien qu'elle soit souhaitée par certains, les journalistes ne sont pas prêts à bénéficier d'une immunité en cas de recel.

Les journalistes du Canard Enchaîné condamnés en 1995 pour recel dans l'affaire de la publication des avis d'imposition du PDG de Peugeot[122] avaient eu la bonne idée d'introduire une requête devant la CEDH en prétendant que leur condamnation a entraîné la violation de l'article 10 de la CEDH relatif donc à la liberté d'expression[123].

Saisie, la Cour EDH va apporter, dans sa décision du 21 janvier 1999 (Fressoz et Roire c/France)[124] sur la publication des avis d'imposition une appréciation différente de celle de la chambre criminelle. L'ingérence dans l'exercice de la liberté d'expression enfreint l'article 10, sauf si elle respecte cette fameuse trilogie :

---

[122] Crim 3 avr. 1995, *supra* note 4.

[123] 1. Toute personne a droit à la liberté d'expression. Ce droit comprend la liberté d'opinion et la liberté de recevoir ou de communiquer des informations ou des idées sans qu'il puisse y avoir ingérence d'autorités publiques et sans considération de frontière. Le présent article n'empêche pas les États de soumettre les entreprises de radiodiffusion, de cinéma ou de télévision à un régime d'autorisations.
2. L'exercice de ces libertés comportant des devoirs et des responsabilités peut être soumis à certaines formalités, conditions, restrictions ou sanctions prévues par la loi, qui constituent des mesures nécessaires, dans une société démocratique, à la sécurité nationale, à l'intégrité territoriale ou à la sûreté publique, à la défense de l'ordre et à la prévention du crime, à la protection de la santé ou de la morale, à la protection de la réputation ou des droits d'autrui, pour empêcher la divulgation d'informations confidentielles ou pour garantir l'autorité et l'impartialité du pouvoir judiciaire.

[124] Req n° 29183/95, D. 1999. 272, obs. N. Fricero ; RSC 1999. 631, obs. F. Massias ; RTD civ. 1999. 359, obs. J. Hauser ; *ibid.* 909, obs. J.-P. Marguénaud ; RTD com. 1999. 783, obs. F. Deboissy ; JCP 1999. II. 10120, note E. Derieux.

« prévue par la loi » ; répondre à un but légitime (au regard du § 2) et nécessaire dans une société démocratique.

-La première condition est remplie puisque l'ingérence est prévue à l'article 460 du Code pénal qui est l'ancien article relatif au recel et à l'article L. 103 du Livre des procédures fiscales relatif à la violation du secret fiscal ;

-La deuxième également ne fait pas défaut. La Cour ne voit aucune raison d'adopter le point de vue des requérants estimant que l'ingérence avait pour but de protéger la réputation et les droits d'autrui et d'empêcher la divulgation d'informations confidentielles ;

-Par contre, la troisième condition liée à la nécessité de l'ingérence faisait défaut selon la Cour européenne. En effet, elle n'a pas trouvé convaincante la thèse du Gouvernement selon laquelle l'information litigieuse ne soulevait pas de question d'intérêt général : « la publication incriminée intervenait dans le cadre d'un conflit social, largement évoqué par la presse, au sein d'une des principales firmes automobiles françaises ». Pour résumer, le PDG avait refusé à ses salariés une augmentation de salaire, mais avait lui-même bénéficié d'un accroissement important de ses revenus. Selon la Cour, l'écrit litigieux apportait donc une contribution à un débat public relatif à une question d'intérêt général. Il n'y avait pas de « besoin social impérieux » susceptible de justifier une restriction à l'exercice de la liberté d'expression. Selon elle, l'objectif de préservation du secret fiscal n'offrait pas une justification pertinente et suffisante à l'ingérence. Les salaires des dirigeants des grandes entreprises, tels que M. Calvet, sont régulièrement publiés dans les revues financières. Dés, lors, précise la CEDH, la protection des informations en tant que confidentielles ne constituait pas un impératif prépondérant. Elle souligne une incohérence : si la divulgation des informations sur le montant des revenus annuels de M. Calvet était licite, il n'est pas logique de condamner les journalistes pour avoir simplement publié le support, à savoir les avis d'imposition. En conclusion, « la condamnation des journalistes ne représentait pas un moyen raisonnablement proportionné à la poursuite des buts légitimes visés compte tenu de l'intérêt de la société démocratique à assurer et à maintenir la liberté de la presse. Il y a donc violation de l'article 10 de la convention ». Si l'analyse *in concreto* effectuée par la CEDH a été saluée, telle n'est pas le cas pour la décision finale. Selon la doctrine majoritaire, on ne peut admettre que les journalistes se procurent, en toute impunité, des informations au mépris des règles relatives au secret. La fin ne justifie pas les moyens.

Forts de cette décision, les journalistes n'ont eu cesse d'invoquer la violation de l'article 10 lorsqu'ils étaient poursuivis pour recel de violation du secret de l'enquête et de l'instruction.

Mais c'était sans connaître l'esprit de résistance de la chambre criminelle de la Cour de cassation, comme en atteste son arrêt du 19 juin 2001 relatif aux « oreilles du Président ». Pour leur défense, les journalistes, sans le dire explicitement, invoquait, en outre, le fait que les informations publiées soulevaient des questions d'intérêt général : « constitue une ingérence dans l'exercice de la liberté d'expression et d'information, que ne justifie aucun des buts légitimes visés par l'article 10, alinéa 2, de la Convention européenne, la déclaration de culpabilité de deux journalistes, du chef de recel de violation d'un secret au demeurant non identifié, pour avoir publié un livre sur l'organisation, pendant de longues années, par les plus hautes autorités de l'Etat, d'écoutes téléphoniques manifestement illicites, dans des conditions portant atteinte à la fois à la vie privée de nombreuses personnes et au respect des libertés démocratiques fondamentales, procédés révélateurs d'un mépris souverain pour les droits et libertés démocratiques des citoyens ; que le fait que ces procédés fassent l'objet d'une information judiciaire en cours ne pouvait justifier à lui seul la condamnation, à raison de la publication de l'ouvrage incriminé, lequel ouvrage ne portait atteinte ni aux droits des mis en examen dans la procédure en cours, ni à la présomption d'innocence dont ils peuvent se prévaloir, ni au bon déroulement des investigations judiciaires ». La chambre criminelle reprit, dans la motivation de son arrêt, l'essentiel de celle de la cour d'appel[125] et ajoutera, pour justifier

---

[125] « pour rejeter le grief pris d'une violation de l'article 10 de la Convention européenne des droits de l'homme, la cour d'appel, par motifs propres et adoptés, relève que la matière essentielle de l'ouvrage litigieux est constituée par le contenu même du dossier de l'information en cours, que le livre reproduit en particulier de nombreux passages d'auditions de personnes entendues par le juge d'instruction, et que ces éléments ont nourri de façon détaillée l'exposé des auteurs sur le fonctionnement du système d'écoutes mis en place à la Présidence de la République ; que les juges précisent que les prévenus se sont trouvés en possession

l'ingérence, trois arguments tirés notamment de l'article 6 de la Conv. EDH relatifs aux exigences du procès équitable : les impératifs de protection des droits d'autrui (au nombre desquels figure la présomption d'innocence) ; la préservation d'informations confidentielles ; la garantie de l'autorité et l'impartialité du pouvoir judiciaire (les fuites peuvent compromettre l'efficacité de l'institution judiciaire).

Cette décision a été mal reçue par les journalistes. En effet, elle constitue « un coup d'arrêt aux tentatives de pression et aux débordements de toute nature du journalisme d'investigation »[126]. Par contre, ceux qui contestent la jurisprudence hégémonique de la CEDH ont en retiré une grande satisfaction. Cependant, bien que la chambre criminelle ait pris le soin de préciser cette notion d'ingérence « nécessaire », sa décision reçut les foudres de la CEDH.

Saisie de cette condamnation, la Cour européenne a, de nouveau, dans une décision du 7 juin 2007[127], condamné la France pour violation de l'article 10 de la Conv. EDH. Comme dans son arrêt Fressoz c/France, elle admet que l'ingérence des autorités nationales était « prévue par la loi » et répondait à « un but légitime », mais, par contre, n'était pas « nécessaire dans une société démocratique ». Plusieurs arguments sont avancés :

-Le thème de l'ouvrage concernait, selon la Cour, un débat qui était d'un intérêt public considérable. Il apportait une contribution à ce qu'il convient d'appeler une affaire d'Etat, qui intéressait l'opinion publique.

-Elle rappelle que l'article 10 § 2 ne laisse guère de place pour les restrictions dans le domaine du discours politique ou des questions

---

d'informations confidentielles sur A... auxquelles ils n'avaient aucun droit d'accès, ce qui heurtait un intérêt légitime de celui-ci ; qu'ils ajoutent que les limites auxquelles est soumise la liberté d'expression sont nécessaires d'autant qu'il n'est pas établi que les contraintes exercées en la cause aient nui de réelle façon à l'information de l'opinion et que la justice se soit trouvée dans une impossibilité de fonctionner dont il aurait fallu informer cette opinion », Crim 19 juin 2001, *supra* note 6.

[126] J. Francillon, préc. note 26.

[127] CEDH, 7 juin 2007, n° 1914/02, Dupuis et a. c/France, D. 2007. 2506, obs. J.-P. Marguénaud ; RSC 2007. 563, obs. J. Francillon.

d'intérêt général. En outre, les limites de la critique acceptable sont plus larges à l'égard d'un homme politique que d'un simple particulier. Il est fondamental de défendre le libre jeu du débat politique. En l'espèce, les propos litigieux visaient G.M., l'un des principaux collaborateurs de François Mitterrand, homme influent et impliqué dans la vie politique ;

-Selon la Cour européenne, l'objectif de préservation du secret de l'instruction n'offrait pas une justification pertinente à l'ingérence. En effet, au moment de la publication du livre, l'affaire des « écoutes de l'Elysée » était déjà de notoriété publique, ainsi que la mise en examen de G. M. De plus, le gouvernement n'établit pas en quoi la divulgation d'informations confidentielles aurait pu avoir une influence négative tant sur le droit à la présomption d'innocence, que sur son jugement et sa condamnation prononcée presque 10 ans après la publication.

-La Cour, après avoir rappelé que les journalistes sont les « chiens de garde » de la démocratie, précise que le caractère modéré des amendes prononcées n'efface pas le caractère dissuasif de la condamnation.

Elle en conclut donc qu'il s'agit d'une ingérence disproportionnée dans le droit à la liberté d'expression, ayant pour conséquence la violation de l'article 10 de la Convention.

Il y avait donc une prééminence européenne pour la liberté d'expression, alors que la France, elle, privilégie la protection du secret. Un auteur a justement analysé cette décision comme étant un « hymne au journalisme d'investigation »[128] et a dénoncé le sacrifice du droit à la présomption d'innocence des hommes politiques.

Mais cette nouvelle condamnation n'a pas intimidé les magistrats français, puisqu'ils ont continué à condamner les journalistes pour recel de violation du secret de l'instruction et de l'enquête, tout en s'obstinant à commettre la même erreur.

---

[128] J.-P. Marguénaud, De l'extrême relativité des « devoirs et responsabilités » des journalistes d'investigation, D. 2007, p. 2506.

-Dans un arrêt du 12 juin 2007[129], on s'est demandé si la chambre criminelle n'avait pas infléchi quelque peu sa jurisprudence. Un journaliste, Frédéric X, lors de son émission « Argent public » sur France 2 a présenté à l'écran des procès-verbaux extraits d'un dossier d'instruction relatif à l'affaire du rachat de la société publique de la Compagnie générale maritime. Son PDG, Jacques S. avait été mis en examen pour abus de biens sociaux et avait déposé plainte avec constitution de partie civile. Le journaliste, condamné par les juges du fond, dénonçait, dans son pourvoi la violation de l'article 10 Conv. EDH ; il s'appuyait sur un argument cohérent : le Canard enchaîné avait déjà publié, deux mois avant l'émission « argent public », les PV litigieux ; ils avaient donc perdu leur caractère secret. L'ingérence dans la liberté d'expression n'était donc pas nécessaire, ni proportionnée au but poursuivi. La chambre criminelle confirme la décision de la cour d'appel qui avait admis que la précédente publication n'enlève pas à la nouvelle son caractère délictueux, puisque l'article 321 -1 du Code pénal atteint tous ceux qui, par un moyen quelconque, bénéficient du produit d'un délit. Pour écarter le grief pris de la violation de l'article 10 Conv EDH, elle adhère également à l'argument selon lequel la poursuite était justifiée par la protection de la présomption d'innocence. La cour d'appel avait également et étrangement ajouté que la présentation des PV ne s'imposait pas dans la mesure où il n'était pas démontré que les extraits constituaient un complément indispensable à la compréhension du reportage diffusé et répondaient à une attente du téléspectateur. La chambre criminelle n'a pas censuré les juges du fond sur ce point, mais ne le reprend pas à son compte. Est-ce à dire que si les documents sont nécessaires à la compréhension du reportage, le recel n'est pas constitué ? La cour d'appel s'est aventurée sur un terrain glissant.

Si la chambre criminelle de la Cour de cassation persiste dans sa volonté de se rebeller face à une Cour européenne très protectrice de la liberté d'expression, elle persiste également à faire une démonstration erronée. Il convient de rappeler les trois conditions permettant de justifier l'ingérence dans l'exercice du droit à la liberté d'expression : prévue par la loi, un but légitime (protection des droits d'autrui, défense de l'ordre, prévention du crime, empêcher la

[129] Préc. note 31.

divulgation d'informations confidentielles...) et nécessité dans une société démocratique. La chambre criminelle affirme que la poursuite du journaliste était justifiée par la protection des droits d'autrui au nombre desquels figure la présomption d'innocence par la préservation d'informations confidentielles. Elle assimile la nécessité de l'ingérence à la légitimité du but poursuivi[130]. Cela ne suffit pas, il faut, de surcroît, que cette ingérence soit nécessaire. De plus, alors que la CEDH fait une analyse *in concreto*, la chambre criminelle semble s'y refuser.

-La même erreur a été réitérée dans l'arrêt du 9 juin 2015. Sur le second moyen, tiré de la violation de l'article 10 CEDH, la chambre criminelle reprend l'argument développé par la cour d'appel pour constater le manquement du journaliste à ses devoirs et responsabilités professionnels : le droit d'informer le public doit être mis en balance avec les exigences de confidentialité de l'enquête portant sur des faits graves et se trouvant dans sa phase délicate d'identification et de l'interpellation de l'auteur présumé. La publication du portrait-robot avait entravé le déroulement normal des investigations. Elle ne fit cas de l'argument avancé par le prévenu, selon lequel la publication avait permis d'informer le public sur une question d'intérêt public et avait même contribué à accélérer l'enquête. La chambre criminelle ajoute que la cour d'appel n'a pas méconnu les dispositions de l'article 10, § 2 « dès lors que la liberté d'expression peut être soumise à des restrictions nécessaires à la protection de la sûreté publique et la prévention des crimes, dans lesquelles s'inscrivent les recherches mises en œuvre pour interpeller une personne dangereuse »[131]. Encore une fois, elle confond la nécessité de l'ingérence avec la légitimité du but. Son analyse est, de plus, quelque peu abstraite.

La résistance des juges français à la Cour européenne a porté ses fruits, puisque, récemment, la Cour de Strasbourg semble avoir infléchi sa jurisprudence sur les restrictions apportées à la liberté d'expression.

---

[130] Cf. F. Fourment, C. Michalski, P. Piot, Condamnation pour recel justifiée et appréciation de la nécessité d'une « ingérence » de l'Etat dans la liberté d'expression, JCP G, n° 39, 26 sept. 2007, II, 10159.

[131] Préc. note 10.

Dans son arrêt du 29 mars 2016 rendu dans l'affaire Bédat c. Suisse[132], la Grande Chambre de la Cour européenne des droits de l'homme a conclu que la condamnation d'un journaliste, Arnaud Bédat, pour avoir publié des documents couverts par le secret de l'instruction ne constitue pas une violation de l'article 10 de la Conv. EDH. L'article publié par M. Bédat dans l'hebdomadaire L'Illustré concernait « M. B. », lequel avait foncé sur des piétons au volant de son automobile. L'incident provoqua le décès de trois personnes et occasionna des blessures à huit personnes. L'article contenait une description personnelle de M. B., un résumé des questions posées par les policiers et le juge d'instruction, ainsi que les réponses de M. B. Il était illustré de plusieurs photographies de lettres que M. B. avait adressées au juge d'instruction. Il est ressorti de l'instruction que l'une des parties civiles à la procédure dirigée contre M. B. avait photocopié le dossier et en aurait « égaré » un exemplaire dans un centre commercial. Un inconnu aurait alors apporté cet exemplaire à la rédaction de l'hebdomadaire ayant publié l'article litigieux. M. Bédat a été reconnu coupable d'avoir publié une série de documents considérés comme étant protégés dans le cadre du secret de l'enquête criminelle et condamné à payer une amende de 4 000 CHF (2 667 euros). M. Bédat a porté plainte devant la Cour, au motif que cette condamnation résultait d'une violation de son droit à la liberté d'expression. Le journaliste n'était pas poursuivi pour recel, mais, pour une infraction similaire[133].

Le 1er juillet 2014, la deuxième section de la Cour a estimé que, par cette condamnation, l'article 10 de la Convention européenne des droits de l'homme était violé.

Bien que la Grande Chambre estime, à l'instar de la chambre, que l'ingérence était prévue par la loi et poursuivait des buts légitimes, à savoir empêcher la divulgation d'informations confidentielles, garantir l'autorité et l'impartialité du pouvoir judiciaire et protéger la

---

[132] N° 56925/08, J.-P. Marguénaud, Le droit à la liberté d'expression du « journaliste responsable » jugulé par la protection du secret de l'instruction, RSC 2016 p. 592.

[133] Art. 293 du Code pénal Suisse, Publication de débats officiels secrets : Celui qui aura livré à la publicité tout ou partie des actes, d'une instruction ou des débats d'une autorité qui sont secrets en vertu de la loi ou d'une décision prise par l'autorité conformément à la loi, sera puni de l'amende.

réputation et les droits d'autrui, la Grande Chambre est parvenue à une autre conclusion quant à la question de savoir si l'amende infligée au journaliste était nécessaire dans une société démocratique. La Grande Chambre rappelle que la protection que l'article 10 offre aux journalistes « est subordonnée à la condition qu'ils agissent de bonne foi de manière à fournir des informations exactes et dignes de crédit dans le respect des principes d'un journalisme responsable. Le concept de journalisme responsable, activité professionnelle protégée par l'article 10 de la Convention, est une notion qui ne couvre pas uniquement le contenu des informations qui sont recueillies et/ou diffusées par des moyens journalistiques (...) le concept de journalisme responsable englobe aussi la licéité du comportement des journalistes et le fait qu'un journaliste a enfreint la loi doit être pris en compte, mais il n'est pas déterminant pour établir s'il a agi de manière responsable ». La Grande Chambre précise qu'elle doit se prononcer sur un conflit entre deux droits également protégés par la Convention ; elle doit donc effectuer une mise en balance des intérêts en jeu.

La Grande Chambre utilise six critères dans le cadre de son exercice de mise en balance :

-La manière dont le requérant est entré en possession des informations litigieuses : bien que M. Bédat ne se soit pas procuré les informations de manière illicite, en tant que journaliste professionnel, il ne pouvait ignorer le caractère confidentiel des informations qu'il s'apprêtait à publier.

-La teneur de l'article litigieux : la Cour n'estime que l'article litigieux sur M. B. « traçait [...] de ce dernier un portrait très négatif, sur un ton presque moqueur ». Il a été adopté pour l'article une « approche sensationnaliste » et l'article formulait une série de questions que les autorités judiciaires étaient appelées à trancher, tant au stade de l'instruction qu'à celui du jugement.

-La contribution de l'article litigieux à un débat d'intérêt général : selon la Cour, le journaliste n'a pas démontré en quoi la publication des procès-verbaux d'audition, des déclarations de la femme et du médecin du prévenu, ainsi que des lettres que le prévenu avait adressées au juge d'instruction et qui portaient sur des questions anodines concernant le quotidien de sa vie en détention, était de nature à nourrir un éventuel débat public sur l'enquête en cours.

-L'influence de l'article litigieux sur la conduite de la procédure pénale : selon la Cour, « force est de constater que la publication d'un article orienté de telle manière, à un moment où l'instruction était encore ouverte, comportait en soi un risque d'influer d'une manière ou d'une autre sur la suite de la procédure, que ce soit le travail du juge d'instruction, les décisions des représentants du prévenu, les positions des parties civiles ou la sérénité de la juridiction appelée à juger la cause, indépendamment de la composition d'une telle juridiction ». La Cour adhère aux conclusions des tribunaux suisses selon lesquelles les procès-verbaux d'interrogatoire et la correspondance du prévenu avaient fait l'objet de débats sur la place publique, hors contexte, au risque d'influencer le processus des décisions du juge d'instruction et, plus tard, de l'autorité de jugement.

-L'atteinte à la vie privée du prévenu : la Cour considère que la procédure pénale diligentée contre M. Bédat s'inscrivait dans le cadre de l'obligation positive de protéger la vie privée du prévenu qui incombait à la Suisse en vertu de l'article 8. Elle précise également que, au moment de la publication de l'article litigieux, le prévenu se trouvait en détention et donc dans une situation de vulnérabilité.

-La proportionnalité de la sanction prononcée : la Cour considère que le recours à la voie pénale, ainsi que la sanction infligée à M. Bédat, n'ont pas constitué une ingérence disproportionnée dans l'exercice de son droit à la liberté d'expression. La sanction punissait la violation du secret d'une instruction pénale et visait à protéger le bon fonctionnement de la justice ainsi que les droits du prévenu à un procès équitable et au respect de sa vie privée. Par conséquent, la Cour indique qu'on ne saurait considérer qu'une telle sanction risque d'avoir un effet dissuasif sur l'exercice de la liberté d'expression de M. Bédat ou de tout autre journaliste souhaitant informer le public au sujet d'une procédure pénale en cours. En conséquence, la Cour ne voit aucune raison valable de substituer son propre avis à celui des juridictions internes. Il s'agit là d'une relecture du critère de proportionnalité. Dans l'arrêt de 2007, elle avait proclamé que la plus petite des sanctions pénales est une sanction disproportionnée car elle peut avoir un effet dissuasif sur l'exercice de la liberté d'expression.

Deux juges ont exprimé une opinion dissidente, à savoir le juge López Guerra et le juge Yudkivska. Ce dernier précisa que « la Cour a toujours considéré que la presse concourait au maintien d'un système judiciaire efficace, ne laissant guère de place pour des restrictions à la liberté d'expression s'agissant de questions telles que l'intérêt public à une bonne administration de la justice... le présent arrêt constitue un abandon regrettable de cette position adoptée de longue date ».

Comme l'a précisé avec justesse un auteur, la grande chambre a caressé « les chiens de garde de la démocratie à rebrousse-poil »[134].

Il faut rapprocher cet arrêt d'une autre décision de la CEDH de la 5e section en date du 1er juin 2017 (Giesbert et a. c/France)[135]. Elle concerne la condamnation civile de journalistes sur le fondement de l'article 38 de la loi de 1881, mais son analyse est pertinente pour notre démonstration. Avaient été publiés dans le magazine Le Point, deux articles relatifs à l'affaire Bettencourt[136]. Dans les publications, étaient reproduits des extraits d'actes de procédure de l'enquête préliminaire (l'audition de témoins, en l'occurrence des personnes ayant travaillé pour Mme Bettencourt). Le Point, le directeur de la publication, M. Giesbert et un journaliste ont été condamnés à des DI. La première chambre civile ne leur donna point raison[137]. Les journalistes ont donc saisi la CEDH. Bien que les requérants ne soient pas poursuivis pour violation du secret de l'instruction, auquel les journalistes français ne sont pas astreints, ni pour recel de violation de ce secret, la Cour estime que les critères dégagés dans l'arrêt Bédat c/Suisse[138] sont applicables mutatis mutandis aux cas d'espèce, dans la mesure où les griefs soulevés par les requérants, condamnés pour publication d'actes de la procédure correctionnelle avant leur lecture en audience publique, soulèvent des questions similaires relatives aux droits concurrents découlant des articles 6 et 10 de la Convention. Reprenant les six critères énoncés dans l'arrêt Brédat, la Cour en conclut à la non-violation de l'article 10 de la Conv. EDH. Cet arrêt est devenu définitif, puisque la demande de renvoi devant la grande chambre a été rejetée le 13 novembre 2017.

Ces deux derniers arrêts de la Cour de Strasbourg ont certainement brisé les espoirs européens des journalistes, à tel point qu'une « trahison européenne »[139] est évoquée. Cette déception est d'autant plus grande que, entre les deux décisions européennes, le Conseil Constitutionnel a rendu une décision défavorable aux journalistes

---

[134] J.-P. Marguénaud, art. préc. note 48.

[135] N° 68974/11, 2395/12 et 76324/13 ; J.-P. Marguénaud, Retombées européennes de l'affaire Bettencourt : la stigmatisation des informations orientées, RSC 2017, p. 628.

[136] Mme Bettencourt avait fait don d'un milliard d'euros à son ami photographe.

[137] Civ. 1, 29 mai 2013 n° 12-19101.

[138] Cf § 24.

[139] J.-P. Marguénaud, art. préc. note 51.

concernant le recel de violation du secret de l'enquête et de l'instruction. Le Conseil a dû apprécier la constitutionnalité de la loi visant à renforcer la liberté, l'indépendance et le pluralisme des médias en date du 14 novembre 2016[140]. Le IV du § 4 prévoyait une immunité pénale pour les journalistes en cas de recel pour violation du secret de l'enquête ou de l'instruction : « La détention, par une personne mentionnée au I du présent article, de documents, d'images ou d'enregistrements sonores ou audiovisuels, quel qu'en soit le support, provenant du délit de violation du secret professionnel ou du secret de l'enquête ou de l'instruction ou du délit d'atteinte à l'intimité de la vie privée ne peut constituer le délit de recel prévu à l'article 321-1 du code pénal ou le délit prévu à l'article 226-2 du même code lorsque ces documents, images ou enregistrements sonores ou audiovisuels contiennent des informations dont la diffusion au public constitue un but légitime dans une société démocratique. ». Cette disposition a été déclarée contraire à la constitution. Deux arguments sont invoqués. D'une part, l'immunité vise les journalistes, mais également les collaborateurs de la rédaction. Pour les sages, le champ de l'immunité est trop large, puisque ces personnes n'ont qu'un lien indirect avec la diffusion d'informations au public. D'autre part, le législateur n'a pas assuré une conciliation équilibrée entre la liberté d'expression et de communication et les exigences inhérentes à la sauvegarde des intérêts fondamentaux de la Nation, la recherche des auteurs d'infractions et la prévention des atteintes à l'ordre public nécessaires à la sauvegarde de droits et de principes de valeur constitutionnelle.

La France n'a donc pas suivi la voie de la Belgique. En effet, la loi belge du 7 avril 2005 est particulièrement intéressante et reste -avec le droit suédois- parmi les régimes juridiques les plus protecteurs. Le législateur belge a adopté la loi « relative à la protection du secret des sources » qui peut être aujourd'hui considérée comme faisant de la Belgique un « eldorado » de la protection des sources des journalistes. Particulièrement protectrice du principe, le législateur a consacré en faveur des journalistes une immunité pénale concernant le recel de violation de secret professionnel. En effet, l'article 6 de cette loi précise que : « les personnes visées à l'article 2 ne peuvent être poursuivies sur la base de l'article 505 du Code pénal lorsqu'elles

---

[140] L. n° 2016-1524, JORF n° 0265 du 15 novembre 2016.

exercent leur droit à ne pas révéler leurs sources d'information ». L'article 505 est celui qui réprime le recel.

En conclusion, le recel est donc et restera une infraction pénale dont il pourra être fait usage en France à l'encontre des journalistes. Certes, la chambre criminelle a durci les conditions d'application, mais elle n'exclut pas son application. Une condamnation s'impose lorsqu'un journaliste publie un document issu d'une violation du secret de l'enquête et de l'instruction. Une immunité entraînerait la mort de ce secret. Rappelons que le Conseil Constitutionnel[141] a déclaré, récemment, conforme à la constitution, le premier alinéa de l'article 11 du Code de procédure pénale relatif au secret de l'enquête et de l'instruction. Les journalistes ont réclamé donc l'abrogation de l'article 11, alors qu'eux-mêmes s'accrochent à leur secret des sources.

Cependant, la condamnation doit avoir pour base l'article 38 de la loi du 29 juillet 1881. Cette loi offre des garanties aux journalistes, parce qu'ils sont les « chiens de garde de la démocratie ». Choisir le recel, et appliquer le droit commun, c'est détourner cette spécificité et enlever les garanties offertes aux journalistes. Faire du recel une infraction de presse n'a pas de légitimité. L'application du recel rompt l'équilibre qu'il peut y avoir entre la protection du secret et la liberté d'expression. Les peines encourues sont sévères. Utiliser l'article 38 de la loi de 1881 pour condamner est un modèle de conciliation.

[141] Décision n° 2017-693 du 2 mars 2018 ; le Conseil constitutionnel a été saisi par le Conseil d'Etat d'une QPC posée par l'Association de la presse judiciaire (décision n° 411915 du 27 décembre 2017).

La communication médiatique du Procureur de la République
Entre nécessité et contrainte

Edwige ROUX-MORIZOT

D'abord permettez-moi de remercier l'Université de Nice de m'avoir conviée à ce colloque au cours duquel je vais modestement intervenir en donnant mon seul point de vue de praticienne.
Car il est vrai que je me suis retrouvée à un moment donné de mon activité face à une « folie médiatique » lors de l'affaire DAVAL, née de l'information en continu qui a pu à mon sens mettre en cause le principe du secret de l'instruction et son corollaire, qui est la présomption d'innocence, et j'ai dû avoir pour y répondre, cette manière de communiquer, peut-être singulière, en prenant la parole pour remettre les choses au point.

Je suis évidemment favorable, je le dis, et je le répète, à la liberté d'informer, mais je suis d'abord un magistrat, d'abord un procureur de la République, avec cet objectif premier, qui n'est pas celui de la presse (informer) ni nécessairement celui des avocats, (défendre une des parties - utiliser la communication à cet effet) mais celui de contrôler et de faire aboutir une enquête judiciaire et pénale, lorsqu'un crime ou un délit a été commis.

L'objectif premier d'un procureur en charge d'une enquête c'est effectivement de recueillir les éléments nécessaires à la résolution de l'affaire et à l'interpellation du ou des auteurs, c'est de tout mettre en œuvre pour y arriver dans le respect des règles du code de procédure pénale. Le principe du secret de l'enquête et celui du secret de l'instruction sont donc absolument essentiels à faire respecter pour aboutir à cet objectif-là. Il convient donc lorsque c'est indispensable de faire en sorte que soit verrouillées les informations pour éviter que cela n'entrave le cours de la justice.

Cependant, il y a paradoxalement aussi une vraie nécessité à communiquer pour le procureur de la République. En effet, nous savons que des informations vont fuiter d'une manière ou d'une autre, que des choses vont être dites dans la presse, inexactes, parfois fausses et nous allons donc nous procureurs de la République sur le fondement de l'article 11 tenter de rétablir une vérité objective sans que cette communication devenue indispensable ne mette en péril le secret de l'instruction ni ne lui porte préjudice. C'est donc un travail compliqué pour un procureur qui n'a pas nécessairement été formé de recourir à une communication qui souvent s'impose.

J'ai expérimenté, dans le cadre de la communication à l'occasion de l'affaire DAVAL en 2018, à la fois le danger d'une médiatisation extrême à l'occasion d'un fait divers criminel, pour l'enquête en cours, et les moyens que l'on doit se donner d'y répondre afin d'éviter que ne se reproduise une catastrophe judiciaire identique à celle de l'affaire GREGORY. Cette affaire a été assez emblématique, de ces notions de contrainte et de nécessité de la communication. Evoquer ces notions-là peut ne pas être partagé par bon nombre d'autres procureurs de la République, mais c'est ma façon à moi de conceptualiser la communication.

Communiquer sur une affaire en cours n'est absolument pas naturel et ne doit pas l'être à mon sens, c'est même contraire à tous les principes qui régissent notre procédure pénale : secret de l'enquête, respect de la présomption d'innocence, réserve naturellement due par les magistrats dans le cadre de leur fonction.

Ce n'est donc que de mon expérience dont je vais vous faire part puisqu'en effet j'ai été dans le cadre de cette affaire, amenée à la fois à communiquer contre mon gré (contrainte), puis ensuite à choisir de communiquer (nécessité) :

***Communiquer contre mon gré** dans un premier temps car une journaliste avait des informations d'une source « proche de l'enquête » que je ne souhaitais pas confirmer car elles étaient non pas fausses mais inexactes. J'ai ainsi appris que lorsque la presse se retrouve dans cette course effrénée à l'information dans une vraie concurrence, il n'y a plus de presse vertueuse et de presse de « caniveau » car subsiste alors seulement cette économie concurrentielle entre les médias qui prédomine et dont a pu parler le procureur général MONTGOLFIER qui s'impose aux journalistes au mépris de la vérité.

J'ai donc été appelée lors d'un week-end par cette journaliste pour me dire qu'elle allait publier des informations concernant les résultats de l'autopsie de la jeune femme retrouvée morte, alors qu'il n'y avait pour l'enquête à ce moment-là aucune nécessité de communiquer (tous les résultats n'étaient pas revenus et pouvaient modifier du coup les conclusions provisoires de l'autopsie). Elle m'a demandé si je pouvais confirmer ce qu'elle savait, ce que j'ai refusé de faire car si les conclusions étaient bien celles figurant au rapport d'autopsie, elles n'étaient que provisoires en l'attente des analyses envoyées. C'est alors qu'elle m'a signifié, ce qui était très étonnant de sa part au regard de sa pratique antérieure, que malgré cela elle devrait publier à la demande de son « patron » ces résultats même non confirmés.

Et c'est là que l'on peut voir bien sûr qu'il y a les grands principes de notre démocratie que l'on doit défendre : la liberté d'information, la liberté de parole, mais il y peut y avoir derrière cette liberté d'informer, des conséquences terribles pour des gens. Je me suis alors dit, voilà une information qui va sortir, là, à l'instant « T ». Or, les parents de cette pauvre jeune femme n'étaient au courant de rien, on ne leur avait pas donné les résultats de l'autopsie de leur fille, puisqu'elle n'était pas complète. Il y avait donc cette conséquence impossible pour eux d'apprendre de manière aussi crue et sans préparation, par la presse, en même temps que tout le monde des détails aussi douloureux sur la façon dont leur fille était morte. C'était pour moi une vraie violence. Donc j'ai demandé à cette journaliste de me laisser le temps de faire prévenir les parents par les gendarmes, ce qu'elle a accepté.

Ce premier épisode dit tout, dit que même quand on est une presse vertueuse, dans cette course terrible au scoop, même dans une affaire de faits divers j'allais dire, assez sordide, et bien la vertu n'existe plus.

J'ai donc décidé, contrainte par ce scoop, de communiquer le lendemain pour remettre les choses au point et éviter ainsi que des conclusions parcellaires deviennent soudain médiatiquement la vérité sur cette affaire.

***Choisir de communiquer ensuite afin de préserver l'enquête**

Il a fallu et c'est normal aussi, faire une conférence de presse à la suite de l'interpellation de l'auteur présumé des faits, conférence de presse j'allais dire presque purement formelle car les avocats du mis en cause avaient déjà dévoilé lors de la garde à vue à la fois ce qu'ils connaissaient du dossier et ce qu'avait dit leur client .... Ce qu'un procureur n'aurait évidemment jamais pu faire ....

L'extraordinaire, au sens propre du terme, intérêt pour cette affaire pas nécessairement plus complexe, ni particulière qu'une autre, puisqu'hélas une femme est tuée tous les trois jours par son ex ou son conjoint, s'est illustré lors de cette conférence de presse par la mobilisation inédite de très nombreux journalistes. On se retrouve, là encore sans véritable préparation face au champ de multiples caméras avec le devoir de dire sans choquer, sans prendre parti, sans évoquer des éléments de l'enquête qui publiés pourraient la polluer. Il faut juste nourrir cette presse insatiable pour empêcher de fausses vérités.

Derrière ces violations du secret de l'instruction, ce sont des enquêtes qui peuvent être mises à mal. L'affaire Grégory en est l'exemple terrible. C'est un fiasco judiciaire, parce que ça a été un déferlement médiatique incontrôlé et incontrôlable. Le juge d'instruction à l'époque communiquait en direct ! Après je pense qu'on a tiré les leçons en donnant ce pouvoir au procureur car comment peut-on faire communiquer celui qui doit être objectif et impartial ? On ne peut pas... On va faire communiquer l'institution de la justice représentée par le procureur. Cela protège l'information, que de permettre au procureur de la République, qui n'y participe pas directement, de communiquer.

Il n'y a pas d'attaques possibles. On peut attaquer le procureur de la République parce qu'il a mal communiqué, ou pas assez communiqué, mais il ne mettra pas en cause l'information judiciaire elle-même. Si un juge d'instruction communique, et qu'il communique mal, de façon parcellaire, cela peut impacter son affaire, aboutir à une requête en suspicion légitime, ce dont est préservé le parquet.

Je pense vraiment que la communication par le procureur de la République en application de l'article 11 protège l'affaire. Parce que c'est quand même de cela dont il est question, comment communiquer en protégeant à la fois l'enquête, les investigations mais également les gens !

Moi j'ai eu une affaire qui a été un peu moins médiatisée en France, mais qui l'a été de manière très importante à l'international. L'une des premières grosses affaires difficiles que j'ai eues, concernait la disparition d'une étudiante japonaise et la mise en cause ensuite de son petit ami qui est d'origine chilienne. Là où j'ai pu mesurer ce qui peut se passer dans des pays où le principe du secret de l'enquête n'existe pas comme au Japon est très inquiétant. J'ai ainsi pu apprendre qu'au Japon, les journalistes suivent les policiers, ils participent à l'enquête, communiquent en direct sur tout ce qui se passe, il n'y a pas de secret.

J'ai donc dû affronter lors de cette affaire qui touchait une jeune femme japonaise (les femmes étant très protégées au Japon où la délinquance relevant de violences – viols – meurtres touchant les femmes est quasi inexistante) tous les médias japonais qui sont intervenus sur cette affaire, et qui ont réussi à entraver totalement le cours de la justice puisqu'en disant tout, en réentendant des témoins et en médiatisant leurs auditions, cela a permis à l'auteur présumé d'organiser sa défense, de ne plus jamais revenir en France et ainsi d'échapper à la justice.

Enfin, la justice n'est pas désincarnée, il y a certes les grands principes, les libertés fondamentales mais il y a aussi le principe de la présomption d'innocence. Car la justice est aussi incarnée, elle parle de gens qui souffrent qu'ils soient auteurs ou victimes, elle parle d'auteurs présumés, aujourd'hui accusés et demain innocentés ... d'où l'impérative nécessité du respect de ce principe qui du coup peut s'opposer à une liberté d'informer sans limites.

Qui se souviendra d'un non-lieu concernant un personnage public comme monsieur SARKOZY par exemple quand on aura évoqué à longueur de colonnes sa mise en examen ?

C'est la raison pour laquelle cette communication doit être une communication réfléchie, qui ne doit intervenir que lorsque c'est absolument nécessaire.

***De la nécessité de se prémunir des dérives possibles de la communication**

Cette nécessité de contenir les dérives d'une hyper médiatisation pouvant entraîner des dommages tant pour l'auteur présumé que pour les victimes, m'a amenée à provoquer une nouvelle conférence de presse, dans l'affaire DAVAL au cours de laquelle j'ai souhaité donner un coup d'arrêt à ce « déballage » indigne, à ces violations répétées du secret de l'instruction et de la présomption d'innocence.

Ce rappel ne correspondait pas exactement à une application habituelle de l'article 11, mais en a été en tout cas une déclinaison singulière qui a en effet eu pour effet de « calmer » le jeu.

À mon sens aussi, et je ne représente que moi même lorsque je le dis, la communication du procureur de la République ne doit pas devenir la médiatisation du procureur. Le procureur de la République ne doit communiquer que par rapport à une affaire ou pour faire connaître son action. Cependant, il faut à mon sens se garder d'une trop grande personnalisation qui peut démonétiser la parole. Parfois, cependant cette personnalisation est nécessaire lorsque le procureur incarne à un moment donné la voix de la sécurité comme François MOLINS par exemple, la personnalisation n'est que la conséquence de la compétence exclusive du parquet de Paris en matière de terrorisme.

La manière de communiquer de François MOLINS telle qu'il l'a décrite a toujours eu pour seul objectif de protéger l'enquête. Les multiples détails qu'il va livrer, le délivre de questions poussées que pourraient formuler les journalistes. Mais il ne donne que des détails sans importance sur le fond de l'enquête. Donc là, oui, il a créé son mode de communication, qui est un mode de communication assez original, où on peut avoir le sentiment en l'entendant dans un premier temps qu'il dévoile énormément de choses, alors qu'il ne dévoile rien.

Je terminerai pour dire qu'il faut évidemment respecter ces grands principes de liberté de l'information et de la parole, mais il faut se garder du coup de diminuer la portée du secret de l'enquête, en résistant aussi à cette évolution qui veut toujours plus d'informations en temps réel et donc sans le filtre de la réflexion, ce qui n'est pas la meilleure des évolutions qui soit. Mais nous devons aussi l'accompagner afin d'en éviter les dérives.

La communication est à la fois indispensable mais est indispensable aussi pour contre balancer le poids trop important des tribunaux médiatiques le maintien d'un secret quasi absolu de l'enquête, que ce rempart formel, même s'il est souvent mis à mal, continue à protéger l'enquête.

Ces grands principes sont le socle de notre procédure pénale, de notre culture judiciaire. Nous avons la culture du secret, nous avons la culture de la réserve. Non pas pour faire nos petites affaires sans que personne ne puisse nous voir, mais pour garantir le droit des gens, pour garantir que tout ce qui peut être fait, le soit de manière à ce qu'il y ait le moins d'influences extérieures qui puissent entraver la recherche de la vérité. Nous devons rester dans une histoire judiciaire qui nous est propre et qui n'est pas l'histoire anglo-saxonne, même si les incursions du contradictoire sont évidemment tout à fait nécessaires.

Je pense que j'ai à peu près terminé ce que je voulais dire très modestement, comme une praticienne, ça n'est que mon expérience, et mon expérience professionnelle que je livre, ça n'est absolument pas la parole des procureurs de la République, c'est la parole d'un procureur de la République.

La liberté de parole de l'avocat

Olivier MORICE

Je voudrais remercier tout d'abord l'Université de nous accueillir, ça me rappelle de bons souvenirs, il y a une quarantaine d'années j'étais plutôt au Panthéon et à Assas mais j'ai toujours eu le soin, depuis que j'exerce la profession d'avocat, cela fait maintenant 35 ans, d'accorder une attention très soutenue, à la formation des jeunes étudiants qui souhaitaient embrasser la profession que ce soit d'ailleurs, d'avocat, ou de magistrat. Vous m'excuserez peut-être, les professionnels qui sont dans l'arène aujourd'hui, les magistrats et les avocats, de donner certaines explications pédagogiques à vous qui êtes encore étudiants, parce que nous vivons et nous exerçons des métiers qui sont tout de même extraordinaires, celui de juger, qui est extraordinairement difficile, et celui de défendre qui est passionnant. Un paradoxe déjà sur votre intitulé : parce que dans le cadre de votre intitulé « les acteurs judiciaires face à la médiatisation », vous donnez la parole au procureur de la République, la parole à l'avocat, en souhaitant que sa liberté de parole soit exprimée et puis vous souhaitez donner la parole à la presse. Ce qui est tout de même intéressant de signaler déjà, c'est que, si nous sommes sur le même pied d'égalité aujourd'hui, en réalité, autant on peut affirmer incontestablement depuis notamment que les arrêts de principe de la CEDH ont été rendus, que les magistrats sont bien évidemment des acteurs judiciaires, les avocats, non seulement, on leur a reconnu depuis fort longtemps le rôle d'auxiliaires de justice, la CEDH a précisé que ce rôle d'auxiliaire de justice était en réalité une fonction d'acteur de la justice ayant un rôle central dans l'administration de la justice, ce qui a été nouveau, et débattu devant la CEDH, et ce qui est incontestable et montre un véritable paradoxe, c'est que les journalistes ne sont pas des acteurs judiciaires. Les journalistes sont des témoins de la justice, ils ne sont en aucun cas ces acteurs que l'on prétend. D'ailleurs la CEDH a rappelé que la presse, les médias, ont un rôle de chien de garde de la démocratie mais que ce sont simplement des témoins. L'autre paradoxe c'est que, je me suis demandé si ma parole serait véritablement libre avec cet intitulé, parce qu'en conclusion, on donne la parole exclusivement à des magistrats en indiquant « parole libre » dans l'intitulé de ce colloque. Je vais vous parler librement comme avocat, je vais vous parler comme praticien, parce que ce qui nous intéresse c'est la pratique. Jean-Marc VARAUT qui était un illustre avocat qui est décédé en 2005, qui a d'ailleurs eu des affaires retentissantes ici dans le ressort de Nice, il a défendu l'affaire Jean-Louis TURQUIN, il a défendu aussi le maire de Nice, Monsieur MEDECIN, il a défendu l'affaire PAPON, avait pour maxime, que je trouve très belle : « ma parole est à celui qui la demande ». Cette parole qui est à celui qui la demande, est fondamentalement le rôle de l'avocat, le rôle du défenseur au sens large, qu'il soit avocat dans le domaine civil, dans le domaine commercial, dans le domaine pénal, puisque c'est celui que j'exerce, qu'il soit défenseur de parties civiles ou de personnes accusées, c'est avant tout d'avoir cette chance qu'un homme ou qu'une femme, qui a pour singularité d'être empreint d'une dignité particulière de la personne humaine, confie à un avocat, la charge de le défendre. On croit parfois, et c'est vrai, que le métier d'avocat est un véritable combat. C'est un véritable combat ! Jacques ISORNI disait : « le combat est dans ma nature, l'offense n'est pas dans ma culture ». Je crois que déjà, pour des avocats, essayer de regarder ce qui a été de plus beau parmi nos défenseurs dans le cadre d'un certain état d'esprit, d'une certaine philosophie, Jean-Marc VARAUT disait aussi dans son testament : « j'espère que certains avocats se souviendront d'une certaine manière d'être avocat ». Cela veut tout dire. C'est-à-dire que dans notre exercice, il y a aussi, me semble-t-il, des connotations et des aspects philosophiques qui sont à prendre en considération. Henri BERGSON affirmait que : « il faut agir comme un homme de pensée et penser comme un homme d'action ».

On croit parfois à tort, qu'il y a une immunité générale lorsqu'on s'exprime dans l'enceinte judiciaire. L'article 41 de la loi de 1881 détermine cette immunité, mais fixe aussi un certain nombre d'exceptions. Si certains propos sont injurieux, diffamatoires, outrageants, ils pourront être supprimés ou actés afin de donner lieu à un certain nombre de poursuites. Il va de soi néanmoins, que comme je vous disais que la défense est un combat, on reconnaît depuis fort longtemps, et notamment à travers des arrêts de principe de la CEDH, que la liberté de parole et d'expression de l'avocat est très large dans l'enceinte judiciaire. Néanmoins, on ne peut pas faire n'importe quoi. Il y a une certaine décence, qui si elle n'existait pas, voire au niveau même du contenu de la parole, pourrait conduire à ce que des procédures disciplinaires soient engagées. À cet égard, vous savez aussi qu'on parle souvent, on a toujours le sentiment que les magistrats eux-mêmes, les magistrats du parquet sont revêtus d'une immunité totale dans ce qu'ils disent. Par exemple, des avocats généraux, des procureurs de la République, lorsqu'ils requièrent pourraient se permettre d'avoir une liberté de parole telle qu'ils puissent tout dire. Ça n'est pas exact puisque vous avez une décision qui est assez importante et intéressante, qui a été rendue par le Conseil supérieur de la magistrature (CSM) en formation du parquet, où un avocat général devant la chambre de l'instruction d'une cour d'appel avait tenu des propos extrêmement acerbes contre les gens du voyage dans son réquisitoire. Il disait ceci : « je les trouve attachants, ces gens du voyage, avec leur mode de vie fait de rapines et de combines en tout genre. D'ailleurs, il est ferrailleur, c'est la débrouille, c'est la récup', ça veut tout dire... ». Cet avocat général, qui était en robe et qui s'est exprimé à ce moment-là dans l'enceinte de la chambre de l'instruction, a été poursuivi et sanctionné devant le CSM dans la formation magistrats du parquet. On y reviendra peut-être sur ces questions d'immunité, d'outrage, de diffamation, sachant que vous savez qu'un outrage qui pourrait être formulé à l'extérieur de la salle d'audience, perd son caractère d'outrage puisque l'outrage ne peut être poursuivi que dans l'enceinte du tribunal. Des propos qui pourraient être poursuivis comme outrageants et qui étaient poursuivis comme tels, lorsqu'ils sortent de l'enceinte du judiciaire, sont nécessairement des propos soit injurieux, soit diffamatoires.

Alors c'est vrai qu'il m'a fallu personnellement, c'est d'ailleurs probablement pour ça qu'on m'a demandé de venir, qu'il m'a fallu combattre pendant 16 ans, pour être réhabilité de condamnations prononcées par mon pays, pour des propos diffamatoires que j'avais prononcés dans le cadre d'une interview au journal Le Monde, dans l'affaire BORREL, à la suite du dessaisissement que nous avions obtenu avec mon confrère Laurent de CAUNES, de deux magistrats instructeurs. Je vais vous raconter, bien évidemment cela, assez brièvement et ce qui doit être pris en considération déjà, c'est que la CEDH s'était intéressée depuis de nombreuses années à la liberté de parole et à la liberté d'expression de l'avocat, et notamment elle avait commencé à élargir cette liberté de parole de l'avocat, à travers un arrêt très important, qui est l'arrêt « MOR c. France ». Madame MOR est une avocate, et dans le cadre d'un dossier relatif à des infractions dans le domaine de la santé publique, il s'agissait du dossier de l'hépatite B, avait répondu à une interview où elle commentait le contenu d'un rapport d'expertise qui était accablant pour des laboratoires pharmaceutiques, sachant qu'elle défendait des parties civiles. Elle a été poursuivie, une plainte a été déposée par un laboratoire pharmaceutique, pour violation du secret professionnel, et elle a été condamnée en France pour violation du secret professionnel. Le dossier a été devant la chambre criminelle qui a confirmé cette condamnation. La CEDH, à ce moment-là, a rendu un arrêt extrêmement important puisqu'on autorise l'avocat à violer le secret professionnel, à partir de l'instant où l'on considère qu'il est dans l'exercice des droits de la défense, ou que cela en tout cas, a un intérêt pour son client. Le deuxième arrêt qui est marquant, et qui porte mon nom, et je le dis aussi simplement que cela, je m'en serais bien passé, parce qu'un combat de 16 ans avec deux arrêts de CEDH, un arrêt de section, un arrêt de grande chambre, un arrêt de l'assemblée plénière devant la Cour de cassation, ça peut causer des dégâts. Ce fut un grand combat, pourquoi ? Ayant obtenu le dessaisissement des magistrats instructeurs dont nous critiquions le travail, alors qu'on le critiquait depuis plusieurs mois et on le critiquait de manière assez virulente puisqu'on en est venus à saisir à plusieurs reprises la garde des Sceaux, pour demander une enquête de l'inspection générale des services judiciaires, ce que n'aiment pas du tout les magistrats instructeurs, parce que c'est quelque chose qui est redoutable lorsque c'est demandé, les magistrats dont nous contestions le travail ont été en définitive dessaisis, par ce qui était à l'époque la chambre de l'accusation de la cour d'appel de Paris. Ils étaient dessaisis parce qu'ils nous refusaient certains actes et notamment un acte de reconstitution à Djibouti, sachant que l'affaire BORREL c'est l'assassinat d'un magistrat français, Bernard BORREL, qui est ancien procureur de la République de Lisieux, muté à Djibouti, et qui était, la vie est ainsi faite, major de la promotion de l'ENM portant le nom du juge MICHEL. Pour ceux qui ne le savent pas, le juge MICHEL est l'un des trois magistrats français à avoir été assassiné au cours de la Ve République. Il a été assassiné à Marseille. Ce qui est apparu, c'est que ultérieurement au dessaisissement de ces magistrats instructeurs, un nouveau juge bien évidemment a été désigné, et ce nouveau juge a examiné le dossier, et lorsque nous l'avons consulté, nous nous sommes aperçus qu'il nous semblait manquer dans cette procédure, une cassette vidéo qui avait été réalisée lors d'un transport sur les lieux en présence des magistrats, du procureur, sans la partie civile qui pour nous était essentielle, puisque cela montrait d'une certaine façon comment cette reconstitution avait pu avoir lieu, sachant que nous n'y avions pas été. Nous avons fait remarquer au magistrat instructeur que cette cassette vidéo, apparemment n'était pas dans le dossier. De telle sorte que le magistrat instructeur a dressé un procès-verbal, indiquant que cette pièce de procédure ne figurait pas au dossier, et après avoir établi cela, il s'est rendu chez l'ancien magistrat instructeur, qui à ce moment-là, gêné, lui a remis une enveloppe cachetée, fermée, non cotée, la transmettant au nouveau magistrat instructeur. Le juge d'instruction, dans son cabinet, ouvre cette enveloppe, découvre la cassette, mais surtout, un mot du procureur de la République de Djibouti qui était ainsi rédigé : « Salut Marie-Paule, je t'envoie comme convenu la cassette vidéo du transport au Goubet. J'espère que l'image sera satisfaisante. J'ai regardé l'émission "Sans aucun doute" sur TF1. J'ai pu constater à nouveau combien Madame BORREL et ses avocats sont décidés à continuer leur entreprise de manipulation. Je t'appellerai bientôt. Passe le bonjour à Roger s'il est rentré, de même qu'à J.C. [D.]. A très bientôt, je t'embrasse. DJAMA[142] ». À partir de ce moment-là, lorsque nous avons eu connaissance de cette information nous avons décidé de ressaisir bien évidemment le garde des Sceaux, mais aussi de protester publiquement, en dénonçant ceci : en disant qu'à notre sens, l'instruction n'avait pas été menée de manière loyale et impartiale, mais que surtout, ce mot du procureur de la République démontrait une connivence entre le procureur de la République, et les magistrats français. J'ai été condamné pour cela, je vous explique pourquoi. Parce que la justice française a considéré que nous avions obtenu gain de cause en demandant le dessaisissement des juges, en l'obtenant devant la chambre d'accusation, et qu'à partir du moment où nous avions obtenu cela, nous n'avions plus à dénoncer le rôle et le travail des magistrats instructeurs. Pour expliquer que je devais être condamné pour diffamation, ils ont considéré que mon comportement relevait d'une animosité personnelle à l'encontre du magistrat instructeur. Lorsque l'affaire a été évoquée devant la cinquième section de la CEDH, nous avions aussi évoqué un argument sur la violation, par la Cour de cassation, des conditions d'impartialité du procès, et la liberté d'expression de l'avocat. Nous avons d'abord gagné sur la violation du procès impartial, à savoir que dans sa

[142] Morice c. France, 23 avril 2015, n° 29369/10, § 32.

composition, la chambre criminelle de la Cour de cassation était composée d'un magistrat qui avait soutenu parallèlement, lors d'une audience publique devant le TGI, le magistrat qui était instructeur. Mais malheureusement j'ai perdu devant la cinquième section, au motif qu'ils ont repris quasiment intégralement l'argumentaire qui était celui de la Cour de cassation. Sauf que vous savez que lorsque les arrêts sont rendus, à la différence des décisions françaises, si un magistrat n'est pas d'accord devant la CEDH, il a la possibilité de rendre ce que l'on appelle une opinion dissidente. Il y a eu une opinion dissidente, qui en réalité va être le cœur ensuite de l'arrêt qui sera rendu par la grande chambre de la CEDH, composée de 17 juges, condamnant à l'unanimité la France, et qui explique qu'à partir de l'instant où il y avait dans les dénonciations que nous avions faites, et notamment dans cette dénonciation de connivence, avec le procureur de la République de Djibouti, une base suffisante, et que le sujet était d'intérêt général, ma condamnation au titre de la diffamation était une atteinte à la liberté d'expression, comme totalement disproportionnée. Cette décision ensuite, qui date du 23 avril 2015, a donné lieu, et pour nous c'était assez important, vous savez qu'une décision de condamnation est rendue contre un pays, le requérant peut demander, non pas la révision, mais le réexamen de sa condamnation. C'est ce que j'ai fait, mais je voulais impérativement que ce réexamen ne soit pas effectué par une cour d'appel, je souhaitais que ce soit la Cour de cassation qui statue. C'est ce qu'elle a fait, par un arrêt d'assemblée plénière du 16 décembre 2016. Vous verrez que cet arrêt en réalité, il nous donne une faculté d'expression, notre liberté est très large à partir de l'instant où ça repose sur une base factuelle sérieuse, où le débat est d'intérêt général, où il n'y a pas d'animosité personnelle. Nous en fait, on réalise notre métier d'avocat.

Par la suite, d'autres arrêts importants seront rendus, y compris contre la France et chaque fois que les arrêts seront rendus par la CEDH, le cadre même de l'appréciation qui a été faite par cette dernière, s'inspire de cet arrêt de grande chambre du 23 avril 2015. À cet égard, *a contrario*, par exemple, un avocat français fort connu, qui s'appelle Francis SZPINER, avait accusé un avocat général, après un procès qui concernait le « Gang des barbares », d'être un « traite génétique » parce que le père de cet avocat général avait été sanctionné après la libération, dans le cadre d'actes collaborationnistes, et dans le propos de Francis SZPINER, il l'avait attaqué dans le cadre d'interviews, cet avocat général. La CEDH n'a même pas déclaré recevable sa demande, elle n'a pas reconnu cette liberté d'expression de l'avocat. Tout au contraire, elle a considéré que cela relevait d'une animosité personnelle, d'aspect vexatoire particulièrement contraire à un esprit et à l'éthique de la profession d'avocat. Vous avez aussi une autre décision qui est importante, qui a été rendue dans une affaire concernant l'un de nos confrères qui s'appelle Maître OTTAN contre la France. Là c'est intéressant, parce qu'OTTAN est un avocat pénaliste qui est aux assises. Il sort de la salle des assises, des micros sont tendus, et il s'agissait en définitive, de mémoire, il défendait la famille d'un jeune homme qui avait été tué, un jeune homme de couleur, qui avait été tué à la suite d'une interpellation policière, et le policier était renvoyé devant la cour d'assises. Il s'était exprimé avec un propos qui était assez vif, sur le fait qu'il contestait la légitimité du jury de cour d'assises tel qu'il était composé, comme ne reflétant pas une réalité sociologique, notamment pour juger quelqu'un qui était de couleur. Il a été condamné en France, dans le cadre d'une procédure disciplinaire, et la CEDH lui a donné gain de cause, en condamnant la France en considérant que c'était cette liberté d'expression qui devait être reconnue.

Comme on me demande d'être bref, et je vais l'être, pour dire que nous autres avocats, nous sommes confrontés, Madame le procureur de la République, et vous savez toute l'estime que j'ai pour vous, et je vous l'ai dit hier, parce que je trouve que votre communication a été remarquable dans le dossier DAVAL, nous avons un gros problème avec les procureurs.

Nous avons un gros problème parce que d'abord, il y a une chose qui nous gêne, notamment depuis 2013. Vous savez qu'en 2013, la loi TAUBIRA a mis en œuvre de nouveau textes, empêchant qu'il puisse y avoir des instructions individuelles dans les dossiers, et elle a rajouté quelque chose qui était une revendication fondamentale du parquet, depuis de très nombreuses années, elle a rajouté une petite fin d'alinéa à l'article 31 du CPP. Comme vous êtes tous des étudiants, ceux qui sont des étudiants, qui connaissez par cœur le CPP, il dit ceci : « Le ministère public exerce l'action publique et requiert l'application de la loi. ». C'est ce que vous faites Madame le procureur. Dans le principe d'impartialité auquel il est tenu. Alors là, nous avons de grosses difficultés, pourquoi ? Parce que déjà il y a quelque chose de très bizarre. Le corollaire du principe d'impartialité me semble-t-il, c'est que lorsqu'un magistrat est en défaut de ce principe d'impartialité, que peut-on faire ? Demander sa récusation. Ça me semble être élémentaire. Or, l'article 669 CPP, empêche la récusation des magistrats du parquet. Alors vous avez, vous, personnellement, comme d'autres procureurs de la République, remarquablement bien communiqué, dans le respect de l'article 11 CPP. Dans d'autres situations, je dirais que les procureurs de la République violent délibérément, l'article 11 CPP. Pourquoi ? Parce que si effectivement, il y a une fenêtre de communication qui leur est dévolue, pour donner des informations sur l'évolution d'une enquête ou d'une instruction afin de faire taire des informations parcellaires ou inexactes, il est précisé que, quoi qu'il en soit, aucune communication ne pourra être faite, sur les charges susceptibles d'exister contre des personnes. Cette communication qui est faite, malheureusement, n'est pas respectée, et nous pose beaucoup de difficultés, parce que vous êtes la parole d'évangile. À partir du moment où vous communiquez, vous parquet, notamment par l'intermédiaire des médias. Maintenant d'ailleurs en général, ce n'est pas simplement dans notre cas, ça s'est généralisé depuis les dossiers terroristes, mais même dans d'autres situations, les conférences de presse sont en direct, sur BFM ou sur d'autres chaines. Vous les suivez en direct, et en direct vous avez des appréciations qui sont portées qui peuvent être terribles. Vous avez des magistrats du parquet qui maitrisent à merveille, qui sont des orfèvres dans le sens de la communication, parce que justement ils ne portent quasiment jamais d'appréciations sur les charges susceptibles d'être reprochées à des personnes. Je pense à François MOLINS incontestablement. Je pense aussi à quelqu'un que j'apprécie beaucoup, qui est le procureur général de la cour d'appel de Grenoble, qui est Jacques DALLEST. Jacques DALLEST, voilà ce qu'il dit, il a écrit deux chroniques remarquables dans l'AJ Pénal de juillet et d'aout 2018, et voilà comment il qualifie la communication du parquet : « la communication du parquet, domaine réservé du procureur, la conférence ou le point presse est une arme lourde dont il doit user avec méthode ». Une arme lourde ! Une arme lourde ! C'est-à-dire qu'à partir de l'instant, où le procureur a pris la parole, et où il donne sa version sur un sujet, les journalistes de toute façon, considèrent que c'est l'appréciation objective de la réalité d'un dossier. C'est d'ailleurs ce que ce devrait être.

Contre-exemple : j'ai voulu me servir du tableau mais ça ne marche pas parce que c'est trop clair. Certains d'entre vous, vous vous souvenez de l'affaire TURQUIN. Il y a l'affaire TURQUIN I qui concerne la disparition de cet enfant ici, le vétérinaire, le père, l'affaire Jean-Louis TURQUIN. Puis il y a l'affaire TURQUIN II que je connais bien puisque je suis chargé de la défense de Madame Nadine TURQUIN. Je vous explique en deux mots ce qui se passe, pour vous montrer l'importance de la communication. En janvier 2017, Madame TURQUIN se constitue partie civile parce qu'on découvre le corps de son mari, criblé de balles, à Saint-Martin. Elle se constitue, elle est entendue par le magistrat instructeur. Je l'assiste à ce moment-là devant le magistrat instructeur. Quatre mois plus tard, nous sommes en avril, je suis en train de plaider à Rennes, et je reçois un coup de téléphone d'enquêteurs qui sont à Saint-Martin, et qui me disent que ma cliente a été placée en garde à vue. Je suis sidéré, je leur dis expliquez-moi, « on ne peut pas vous expliquer Maître, vous connaissez les règles de la garde à vue, dépêchez-vous de venir pour assister ». Vous imaginez Rennes-Saint-Martin, c'est compliqué. Donc je me dépêche pour prendre l'avion le plus rapidement possible et j'arrive pour la présentation devant le magistrat instructeur de ma cliente au TGI de Pointe-à-Pitre. J'arrive à l'aéroport, je me précipite au tribunal et je vois une meute de journalistes, pourtant ce n'est pas le procès BALKANY. Quatre télévisions, dont une nationale, le procureur de la République venant de faire une communication au titre de l'article 11, avec tous ces journalistes. Je dis aux journalistes qui sortent de la communication faite par le procureur : que s'est-il passé, expliquez-moi, qu'est-ce que vous a dit le procureur ? Ils me répondent : « Eh bien écoutez ce n'est pas compliqué, votre cliente elle est coupable, parce qu'il y a un rapport d'expertise en résidus de traces de particules qui a été porté à la connaissance du magistrat instructeur, et qui retrouve des traces de poudre sur les mains de votre cliente ». Donc la communication du procureur a été la suivante, elle a été de dire, si ce n'est pas Madame TURQUIN qui a tiré, elle était nécessairement présente au moment du tir fatal. Le lendemain de cette conférence presse, vous avez la femme mise en examen avec le portrait de Monsieur TURQUIN et de son épouse. Vous avez pleine page : « Pour les enquêteurs, sa femme a fait le coup » et vous avez la déclaration du procureur. Sauf que voyez-vous, ce qui est très grave, c'est que lorsque le procureur a fait sa déclaration, une fois que l'on avait retrouvé un certain nombre de traces de particules sur les mains de Madame TURQUIN et qu'on n'en n'avait pas retrouvé sur Monsieur TURQUIN, on a dit à Madame TURQUIN vous voyez Madame, comme on a retrouvé une soixantaine de traces de particules sur vos mains, c'est nécessairement vous qui avez tiré, ou qui étiez là, à côté de la personne qui a tiré. Sauf que dès le premier rapport d'expertise, les experts de l'Institut de recherche criminelle de la gendarmerie nationale (IRCGN) indiquaient que bien évidemment ça pouvait être la personne qui a tiré, ça pouvait être la personne qui pouvait être à côté du tireur, mais que ça pouvait être aussi un problème de contagion et de transfert sur le fait d'être entré dans la pièce et d'avoir touché le corps de son mari. Ça le procureur de la République l'a complètement oublié et c'était d'autant plus dramatique que la comparaison des traces existantes des résidus de particules était biaisée puisqu'on avait oublié de dire à Madame TURQUIN lorsqu'elle a été mise en examen, que les tamponnoirs qui avaient été prélevés sur le corps de son mari, l'avaient été 6 jours après la découverte du corps et le fait que l'autopsie soit réalisée. Pourquoi est-ce que je vous prends cet exemple ? Parce que j'ai plaidé il y a 15 jours devant la chambre de l'instruction de Basse-Terre, pour demander le changement de statut de cette femme, qu'elle puisse passer d'un statut de mis en examen, à un statut de témoin assisté. Quelle ne fut pas ma surprise de voir Madame le procureur général descendre en personne devant la chambre de l'instruction, dire qu'en l'état, elle était incapable de dire si Madame TURQUIN avait tué son mari, et qu'il fallait abandonner totalement les expertises concernant les traces de résidus, compte tenu de deux autres contre-expertises qui avaient été effectuées.

Pour autant, Madame le Procureur Général a sollicité le maintien de la mise en examen de Madame TURQUIN (note de la rédaction NDLR, le 20 juin 2019, la Chambre de l'Instruction de la Cour d'Appel de Basse-Terre faisait droit à la demande de Maître Morice de placer Madame TURQUIN sous le statut de témoin assisté).

Qu'est-ce que je veux vous montrer à travers ça ? Je veux vous montrer que, le rôle de l'avocat, dans ce genre de situations, est de s'élever contre les déclarations du procureur de la République, qui sont prises, de toute manière, pour paroles d'évangile. Si nous ne prenons pas la parole pour nous exprimer en ce sens, et bien nous manquons à l'évolution des choses parce qu'en même temps, ceux qui sont les plus anciens, et qui sont avocats depuis 30 ou plus que ça, vous savez qu'autrefois il y avait un principe déontologique qui existait. Ce principe déontologique qui existait était de ne jamais communiquer sans avoir demandé l'autorisation de son Bâtonnier, on n'avait pas le droit de communiquer dans son cabinet, on devait communiquer dans un local qui dépendait de l'ordre, et que de toute manière on nous déconseillait cet exercice qui était particulièrement compliqué. Les choses ont grandement évolué, sans même que, et là je suis d'accord avec Madame le procureur, il y a des situations qui sont fortement contraintes. Autre exemple, pour vous montrer la situation quand même parfois très surprenante du procureur de la République. Il se trouve que j'ai eu la chance de connaitre un certain nombre de dossiers signalés sensibles depuis toutes ces années. Un dossier qui m'a marqué, l'affaire KARACHI. Nous déposons plainte auprès du procureur de la République pour faire ouvrir le volet financier de l'affaire. On est plaignants et vous savez qu'à l'époque, le président de la République s'appelle Nicolas SARKOZY, et deux personnes sont notamment concernées sur le volet financier, en dehors de sa propre personne : Édouard BALADUR et François LÉOTARD. Le procureur de la République prend un communiqué pour mettre à néant la plainte que nous avons déposée, en disant qu'il n'y a rien dans cette plainte, et que de toute manière, s'il y avait quelque chose qui pouvait être reproché, les faits étaient prescrits. Pour vous montrer le caractère totalement hallucinant de cette situation, c'est que le procureur de la République de l'époque, pour qui j'ai beaucoup d'estime, qui s'appelle Jean-Claude MARIN, est devenu ensuite procureur général devant la Cour de cassation, et en sa qualité de procureur général près la Cour de cassation, il a été obligé d'examiner la transmission qui lui avait été faite notamment par le juge VAN RUYMBEKE, de demander la saisine et l'ouverture d'une procédure devant la Cour de justice de la République, contre Monsieur BALLADUR et Monsieur LÉOTARD, ce qu'il a d'ailleurs fait ! Donc quelle était la fonction même de la communication du procureur de la République ? Je m'excuse de le dire, ça n'était pas d'avoir un regard objectif sur le dossier, c'est de couvrir simplement une affaire d'État, qui était susceptible de surgir et d'ennuyer le pouvoir exécutif.

Je vous ai parlé du combat, je vous ai dit que je vous ferais peut-être une confidence. Le 19 juin 2007, nous étions reçus avec Madame BORREL par l'ancien président de la République, Nicolas SARKOZY, à l'Élysée. Il disait à Madame BORREL qu'il la recevait, qu'il savait que son mari avait été assassiné, mais que ses conseillers lui demandaient de ne pas la recevoir, mais qu'il le faisait parce qu'il savait que l'État s'était comporté d'une manière scandaleuse dans ce dossier. La veille, j'apprenais que si je ne rentrais pas à l'hôpital dans les 2 mois qui suivaient, en septembre 2007, je ne serais plus là, parce que j'allais être foudroyé par une leucémie qui allait m'emporter. Je dis cela, parce que le métier d'avocat c'est aussi un combat. C'est aussi un combat, où on y laisse des plumes. Bien évidemment j'ai été éloigné des prétoires, ça ne s'est peut-être pas beaucoup vu, mais pendant pratiquement un an et demi, subissant des soins, vous savez ce que c'est, dans des milieux stériles. C'est très drôle d'ailleurs d'être très exposé, de travailler beaucoup, et de se retrouver ensuite dans une bulle stérile. Ça apprend beaucoup sur la vie, sur ce que peut être la vie, les enjeux. Nous avons des métiers qui sont extraordinaires, à la condition aussi de nous rendre compte de la chance des enjeux et des missions qui sont les nôtres, et de toujours revenir à ce respect, cette défense de la dignité de la personne humaine, quelles que soient les situations. On parle d'acteurs de la justice, on ne parle pas d'acteurs dans une pièce de théâtre, l'audience si elle a un côté théâtral, n'est pas une sérénade. Ça n'est pas un spectacle, même si parfois certains veulent en faire un spectacle. Ça n'est pas cela et même si cette notion d'acteur avocat existe depuis très longtemps. FLORIOT qui était un très grand avocat, a joué dans un film d'Henri Georges Clouzot, *La Prisonnière,* et il y a joué son propre rôle. Ce que je veux dire par là, c'est que les enjeux sont tout de même énormes. Ce sont des enjeux qui parfois nous dépassent et ce que nous devons, comme avocats, c'est de toujours revenir à nos principes, toujours nos valeurs, en sachant que les droits de la défense, c'est un véritable combat et que je m'excuse, même si, ma rencontre avec Madame le procureur a été très sympathique, nous ne sommes pas faits pour copiner. Nous sommes faits pour être chacun à nos places et pour répondre à nos missions respectives.

Pour terminer, j'aime beaucoup cette parole de Winston CHURCHILL : « le succès ne dure pas, l'échec ne tue pas, ce qui compte, c'est d'avoir le courage de continuer le combat ».

Le point de la vue de la presse

Jean-Philippe DENIAU

- **DENIAU Jean-Philippe** : Bonjour à tous et merci aux organisateurs de ce colloque qui était jusque-là très riche. Merci, encore je ne sais pas si je peux vous remercier de n'avoir été que le seul représentant de mon espèce. C'est un petit peu dur de vous retrouver face à moi après tout ce qui a été dit depuis ce matin. Encore une fois comme je l'ai signalé en fin de matinée je ne serai pas ici pour faire le service après-vente de ce qui a pu être évoqué ce matin avec ces procédures qui ont conduit les journalistes à être poursuivis pour de bonnes raisons mais parfois pour de mauvaises raisons et l'association de la presse judiciaire se bat assez régulièrement pour défendre des droits qui nous paraissent fondamentaux. Je suis tout seul et je vais tenter pendant quelques minutes d'avoir un autre regard sur ce qui a été dit même si je partage beaucoup de choses qui ont été dites depuis ce matin, mais d'avoir un regard, un point de vue moins juridique, je m'en excuse, et simplement de rappeler ce qu'est un journaliste. Parce que j'ai entendu des choses qui sont juridiquement exactes mais qui ne sont pas une réalité de notre quotidien.

J'ai entendu ce matin parler du droit d'information du journaliste, mais ce n'est pas le droit d'information du journaliste, mais le droit d'information du citoyen qui est en jeu. Le journaliste n'est pas grand-chose, il est un relais entre une information et le consommateur de cette information, c'est-à-dire le citoyen, que nous sommes tous ici quand on allume son poste de radio, de télévision, qu'on ouvre un journal, internet nous sommes curieux et affamés un peu d'informations quelles qu'elles soient et nous aimons les avoir. Nous aimons avoir une communication gouvernementale, nous aimons en matière de politique entendre aussi les voies de l'opposition, nous aimons avoir les explications officielles sur des choses qui se passent autour de nous et nous aimons avoir aussi des contrepouvoirs qui nous informent de ce que le pouvoir ne nous dit pas. C'est un peu notre rôle, on a parlé ce matin du journaliste d'investigation, qui est en quelque sorte un pléonasme en théorie. Il est vrai qu'il y a des journalistes qui investiguent beaucoup plus que d'autres, mais l'investigation devrait être au cœur de notre travail quotidien de journaliste. Nous sommes là pour recueillir l'information, la vérifier, la recouper puis la transmettre. Mais nous sommes là aussi, pour aller la chercher là où elle se trouve, où qu'elle se trouve. J'ai entendu beaucoup de critiques sur les choix journalistiques qui sont faits, je comprends que ça puisse paraitre étrange que des hordes de journalistes se jettent sur une juridiction d'un seul coup parce qu'un meurtre, que je ne dirais pas banal, mais un meurtre comme il y en a d'autres, vient d'être commis. Je ne peux pas vous expliquer ce qui se passe à ce moment-là. Je suis moi aussi spectateur de cette médiatisation qui ne trouve pas forcement d'explications au moment où elle intervient. Je ne vais pas critiquer les choix de mes confrères, je serai très mal placé pour le faire puisque vous savez que chez France-Inter l'on a une couverture du fait divers qui est assez légère par rapport à certains autres médias, et c'est vrai que nous ne nous sommes quasi-jamais déplacés à Besançon pour couvrir l'affaire DAVAL. Nous l'avons très peu traitée sur notre antenne. Mais nous en avons parlé quand même parce qu'elle s'imposait à un moment donné dans l'actualité. Mais je ne critiquerai pas le choix des confrères qui ont suivi cette affaire du début à aujourd'hui, ni de la manière dont ils l'ont suivie. Je rappelle que moi aussi quand j'allume BFM TV, je me dis, parfois, que je ne comprends pas ce qu'il passe. Puis le lendemain je regarde les courbes d'audience, et je me dis que je ne comprends toujours pas, mais que ça existe. Donc il faut faire avec.

Je vais vous parler du travail de l'association de la presse judiciaire, qui représente 220 journalistes en France, qui ne traitent que de l'actualité ou du documentaire judiciaire. Depuis 10 ans nous avons mis en place, avec la direction du service judiciaire de la Chancellerie, toute une série de choses qui permettent à la fois, au journaliste d'être mieux intégré dans le procès et à la fois de permettre aux juridictions de mieux s'organiser quand une horde de journalistes surgit. Parmi ces dispositifs qu'on a mis en place, il y a eu l'installation dans chaque tribunal et chaque cour d'appel des magistrats délégués à la communication (MDC). Ils sont officiellement nos interlocuteurs qui peuvent répondre à nos sollicitations. On a alors demandé de nous fournir un annuaire des MDC que nous avons obtenu. Au bout d'un an on a demandé une mise à jour de cet annuaire, ce qui a été fait assez rapidement. Mais bizarrement les numéros de portables avaient disparu. On a demandé pourquoi, on nous a dit que les magistrats n'aiment pas trop donner leur numéro de portable. La troisième année on a demandé une actualisation, et là on nous a dit que ça n'était pas possible. Les MDC ne veulent plus que l'on donne nos numéros.

On a parlé tout à l'heure, en restant dans cette thématique, du procureur François MOLINS et de son action que nous avons tous en tant que citoyens, apprécié, parce qu'il nous a fait du bien, nous a rassuré au moment où nous étions tous, collectivement inquiets à des moments précis. Il l'a fait avec sa personnalité, quasiment gêné de le faire, parce que ce n'est pas un personnage médiatique, il l'a fait parce qu'il y était quasiment contraint. Mais il l'a fait toujours au bon moment, très souvent en fin de période de garde à vue. Mais personne ne connaît Agnès THIBAULT-LECUIVRE. C'était la vice procureur chargée de la communication au parquet de Paris, c'était le bras droit de François MOLINS et c'est elle qui faisait sa communication. Elle était toujours disponible. C'est avec elle que nous avons mis en place quelque chose qui ressemble à de la confiance mutuelle. Elle nous connaissait bien évidement par cœur, les quelques 200 journalistes qui à Paris traitent de l'actualité judiciaire quotidiennement, elle nous connaissait par cœur. Ce qui nous permettait d'avoir une communication très poussée. Je pouvais l'appeler à n'importe quelle heure en lui demandant de me confirmer ou de me démentir l'information que j'avais obtenue, elle le faisait, ou elle disait qu'elle ne pouvait pas le faire, ou elle me disait, oui je confirme votre information, mais s'il vous plait retenez-là et je vous rappellerai au moment où vous pourrez la donner. Cela implique un climat de confiance totale et ceux qui ont trahi cette confiance ont été rayés de sa liste de contacts. Cela a été très important dans des situations de crise et notamment des attentats, mais ce qui a été vécu à Besançon sur un fait divers est aussi une situation de crise mais là le procureur se retrouve quasi-seul. À Paris, il y a ce que l'on pourrait appeler une « machine de guerre » qui est mise en place à ce moment-là, qui permet d'avoir une communication choisie, contrainte toujours, mais choisie et qui respecte tous les principes qui doivent être respectés dans des moments comme ceux-là et en particulier, bien entendu, l'avancée de l'enquête, le respect des droits de la défense, la présomption d'innocence, le respect de la vie privée.

Il y a un déficit en France par manque de moyens. Mais je pense qu'il y a des choses qui peuvent se simplifier et résoudre beaucoup de questions évoquées depuis ce matin sur la temporalité, sur l'étendue de la communication, sur les personnes qui doivent communiquer au sein d'un tribunal. Aux Pays-Bas, beaucoup de choses sont mises en place dans la commune de 's-Hertogenbosch (Bois-le-Duc), six communicants à temps plein. Une demande de journalistes est traitée évidemment rapidement. C'est un pays dans lequel une chaine de télévision peut filmer un procès, voire le diffuser en direct. Le souci de communication va donc beaucoup plus loin que ce que l'on fait culturellement en France. Mais un MDC de 's-Hertogenbosch, la veille d'un jugement qui sera rendu, et qui sera immédiatement publié sur le site internet de la juridiction bien entendu, peut aller voir son collègue de jugement pour récupérer le jugement et le publier, aller le voir la veille, le lire y retourner le voir en lui disant « tu ne pourrais pas le réécrire un peu, parce que là ce paragraphe il n'est pas très compréhensible ». Vous voyez que nous sommes dans une autre dimension. Il y a ce souci de compréhension, parce que je pense qu'une justice qui est bien rendue, ce n'est pas seulement quand le jugement, ou le procès d'une manière générale, s'est déroulé de manière acceptable, c'est aussi quand le jugement qui est rendu est compris du plus grand nombre. Nous sommes, vous professionnels de justice et nous professionnels de l'information, en train de traverser la même crise de crédibilité, de confiance des citoyens. J'ai beaucoup plus de mal à regarder le miroir du journalisme, mais je pense que tous les problèmes d'incompréhension qui sont liés à la justice en France, sont souvent liés au fait que la justice ne communique pas bien. Mais je n'ai pas toutes les solutions. On a parlé aujourd'hui et comme à chaque fois que je rencontre des magistrats, des avocats et des étudiants, on a parlé du secret de l'instruction et je pense que l'on s'est posé, peut-être les mauvaises questions, parce qu'à chaque fois, le débat se résume à : « faut-il supprimer ou faut-il garder le secret de l'instruction ? ».

Peut-être que la question est ailleurs, et j'espère que les travaux qui se sont engagés à l'Assemblée nationale cet été et qui aboutiront à des propositions au mois de novembre, par Didier Paris, permettront d'aborder la question, que l'on va poser toutes les règles du secret de l'instruction, tout ce que le secret de l'instruction doit préserver et tout ce qui doit être aménagé au cours d'une procédure. Il y a des phases dans la procédure qui aujourd'hui relèvent du secret de l'instruction et qui me paraissent totalement obsolètes. Ne pas savoir qu'un ancien président de la République est arrivé au tribunal, un matin très tôt, à l'arrière d'une voiture avec les vitres teintées, qu'il est peut être entendu dans le cadre d'une affaire dans laquelle on sait qu'il est mis en cause, avoir une photo prise par un photographe de l'AFP qui était positionné à la bonne entrée du parking, qui n'était pas l'entrée du parking habituel, pour prendre la photo qui prouve qu'il est entré dans le tribunal le matin et d'attendre l'heure de 17 heures pour avoir juste une confirmation que « Monsieur S. » était bien entendu sous le régime de la garde à vue ce jour-là, ce n'est pas normal…

- **Éric DE MONTGOLFIER** : Si !

- **Jean-Philippe DENIAU** : Eh bien non !

- **Éric DE MONTGOLFIER** : En quoi ça vous concerne ? En quoi ça concerne le pays de savoir que Nicolas Sarkozy est entendu ce jour-là sous le régime de la garde à vue ?

- **Jean-Philippe DENIAU** : C'est une voix dissonante.

- **Éric DE MONTGOLFIER** : Vous posez les principes comme intouchables : « ce n'est pas normal, on ne doit pas attendre ».

- **Jean-Philippe DENIAU** : C'est mon point de vue.

- **Éric DE MONTGOLFIER** : Ah d'accord.

- **Éric DE MONTGOLFIER** : Le mien est différent.

- **Jean-Philippe DENIAU** : J'entends très bien que l'on puisse aussi renoncer à être informé.

- **Prise de parole dans l'assemblée** : C'est un ancien président de la République quand même ! Ça peut quand même relever d'une information qui touche à la démocratie ! On est quand même dans quelque chose qui peut être d'intérêt général si je puis me permettre !

- **Éric DE MONTGOLFIER** : Ce n'est pas ce que j'ai dit, le fait d'attendre 17 heures, moi je m'en fous complètement. Il y en a un qui était privilégié visiblement, celui qui savait se mettre etc. On n'accorde pas la même importance à tous, mais le fait de savoir ou pas de ne pas savoir franchement ça peut attendre.

- **Jean-Philippe DENIAU** : C'est un point de vue.

- **Éric DE MONTGOLFIER** : Ce n'est pas mon point de vue.

- **Cédric PORTERON** : On va laisser Monsieur DENIAU plaider. Il terminera sa plaidoirie et nous aurons ensuite la faculté d'échanger. C'est un rappel à l'ordre !

- **Jean-Philippe DENIAU** : Je ne vais pas multiplier les exemples de ce type, mais peut être que la question qu'il faut se poser sur l'aménagement du secret de l'instruction pour lequel je plaide, et c'est mon avis, serait de voir toutes les phases de l'enquête et de déterminer lesquelles peuvent relever de l'information nécessaire du citoyen, lesquelles doivent rester dans le domaine de protection du secret de l'instruction parce qu'elles permettent de protéger des droits fondamentaux, comme la présomption d'innocence, le respect de la vie privée, et bien entendu le bon déroulement de l'enquête. Certains pays ont résolu cette question en organisant des audiences relais publiques. Je crois que c'est le cas en Allemagne où tous les six mois, quelle que soit l'enquête, si le procès n'est pas intervenu, à ce moment-là le magistrat qui instruit se trouve en audience publique et fait un bilan de son enquête et révèle ce qu'il souhaite, mais il y a une fenêtre de publicité et cette fenêtre de publicité me parait essentielle. J'en reviens à l'image que je donnais tout à l'heure des conférences de presse de François MOLINS, où il nous offrait une petite fenêtre de publicité et comme le relevait tout à l'heure Edwige ROUX-MORIZOT, il ne disait que ce qu'il voulait dire. Il nous donnait à nous journalistes, rien de plus que ce que nous avait donné auparavant Agnès THIBAULT-LECUIVRE. Mais le fait qu'il fasse cette conférence, permettait de rassurer le citoyen et de donner des éléments de compréhension.

Je voulais vous parler de la place du journaliste dans l'audience cette fois-ci. Historiquement, la presse occupait un box particulier que l'on trouve encore dans les vieilles cours d'assises, qui est à mi-chemin entre le prétoire et le public. Le box est inséré dans le prétoire, juste derrière le banc des parties civiles, nous sommes donc des observateurs privilégiés. Depuis, on a oublié de donner une place aux chroniqueurs judiciaires, à tel point que lors de la construction du nouveau tribunal de Paris, on a carrément oublié de positionner la presse dans la salle d'audience. Il a fallu que nous protestions vigoureusement pour que les plans soient revus. Il ne s'agit pas non plus d'un privilège mais simplement de permettre à la presse d'avoir un positionnement un petit peu privilégié. La couverture d'un procès donne lieu à un compte rendu d'audience, le statut de chroniqueur judiciaire qui a longtemps été une place de choix dans les rédactions et notamment de presse écrite, a quasiment complétement disparu, hélas, car il y avait de jolies plumes dans les journaux quelle que soit l'orientation du journal. Désormais l'économie de nos rédactions étant resserrée, c'est un des postes qui a sauté et puis les articles sont de plus en plus courts dans la presse écrite et puis, le chroniqueur judiciaire c'est maintenant un spécialiste de l'actualité judiciaire qui va couvrir un procès la plupart du temps. A la fin des années 2000 est apparu le « live-tweet », d'abord sous forme de « live-blogging », puisque tweeter n'était pas encore vraiment utilisé. Le premier que j'ai vu était au procès de Véronique COURJAULT au moment de l'affaire des « bébés congelés ». Du coup, « La nouvelle République » avait dépêché sur place deux journalistes uniquement chargés de faire le live-blogging, c'est-à-dire de transmettre en direct leurs comptes rendus d'audience. Cela a eu un succès phénoménal sur leur site et j'ai regardé ça avec beaucoup d'inquiétude, j'ai pensé dans un premier temps que cela allait contribuer à tuer la chronique judiciaire et j'ai découvert finalement petit à petit, un nouveau style journalistique, une nouvelle discipline journalistique, complémentaire du compte rendu d'audience. Le « live-tweet » sera davantage la possibilité qui nous sera donnée depuis l'autre bout de la France de suivre progressivement, ce qui se dit, ce qui se voit dans le prétoire, c'est une sorte d'extension de la salle d'audience.

Je voulais faire ce point car je pense qu'il y a beaucoup de fantasmes sur le rôle de la presse. On nous a demandé l'été dernier par exemple à Créteil, une présidente de chambre du tribunal est venue nous voir, nous journalistes, pour nous demander de ne surtout pas tweeter le procès, c'était le règlement de la bagarre entre « Booba » et « Kaaris » dans un des terminaux de l'aéroport d'Orly. Nous nous sommes exécutés, nous n'avons pas live-tweeté le procès, son argument était la peur de créer un trouble à l'ordre public, qu'en quelque sorte toutes les banlieues de Paris débarquent à son audience, ce qui, bien entendu, ne risquait pas d'arriver, le live-tweet n'étant pas un appel à la rébellion. Puis finalement, en sortant de l'audience, nous étions plutôt satisfaits d'avoir rendu une magistrate heureuse, mais quand nous avons ouvert nos téléphones et avons navigué sur internet, nous nous sommes aperçus que dans le public, tout le monde avait filmé le procès.

Un mot également de l'affaire Jacqueline SAUVAGE. Cette affaire et ce qui en est arrivé, ce qui lui a permis d'être libérée et de bénéficier d'une double grâce présidentielle, n'est pas le fait de la presse, même si la presse a été un relais regrettable dans ce qui s'est passé. Au premier procès de Jacqueline SAUVAGE, il n'y avait aucun journaliste, si ce n'est des représentants de la presse locale. L'affaire n'a eu aucune résonnance en France. Puis nous avons vu le procès en appel de cette affaire, il y avait dans la salle, deux journalistes : France-Inter et le Parisien. A peine le verdict rendu, s'est déclenché un mouvement de foule animé par des comités de soutien, par les avocates de Jacqueline SAUVAGE qui continuaient à hurler à l'erreur judiciaire, et le relais a été tellement fort, parce qu'il y a une vraie question d'ordre général sur les violences faites aux femmes, qu'en moins d'une semaine, l'affaire Jacqueline SAUVAGE a été une erreur judiciaire. Nous avions beau nous battre avec nos petits moyens de journalistes, et écrire, essayer de rétablir certaines vérités, nous à France-Inter parce qu'une de nos journalistes avait suivi ce procès, essayé de dire que ce n'était pas qu'une affaire de légitime défense et expliqué pourquoi. Mais notre voix n'a pas porté, nous avons été submergés par ce qui s'est passé. La suite on la connait, moins de deux mois après la deuxième condamnation de Jacqueline SAUVAGE, elle bénéficie d'une grâce partielle, puis viennent une décision du tribunal de l'application des peines de Melun puis de la cour d'appel de Paris sur sa remise en liberté, négatives, et là intervient la seconde grâce présidentielle. Tout ça pour dire que la presse n'est pas forcément à l'origine de mouvements de masse, que nous sommes nous aussi dépassés par ce qui arrive, au-delà de l'affaire Jacqueline SAUVAGE. Nous passons beaucoup de temps, c'est nouveau et regrettable, à vérifier les informations qui arrivent de nulle part, mais qui inondent les réseaux sociaux. Une fausse information peut être publiée, vous le savez, et propagée à une vitesse sidérale, et nous, que pouvons-nous faire, nous journalistes ? Ce n'est pas notre cœur de métier que de vérifier les informations des autres, mais nous devons le faire, et ce nouveau travail de journaliste est totalement regrettable. Notre ennemi commun, vous détenteurs de l'information, nous relais de l'information, c'est ça notre ennemi. Si la communication ne s'organise pas, si nous ne pouvons pas obtenir, de réponses aux questions que nous nous posons et de réponses aux questions qui ont déjà inondé les réseaux sociaux, on va couler, la presse va couler, elle ne sera plus crédible ainsi que l'institution judiciaire en tout cas dans le domaine de la confiance que les français lui accordent.

Je tenais simplement à vous donner ces quelques éléments.

Paroles libres

Cédric PORTERON : Merci beaucoup Monsieur DENIAU. Je vais proposer aux personnes qui sont à la tribune de prendre la parole comme elles le souhaitent. Je vous rappelle que nous avons avec nous une ancienne présidente de cour d'assises, donc la question qui peut se poser c'est peut-être l'influence que peuvent avoir les résumés de presse que les jurés peuvent lire puisqu'ils rentrent chez eux contrairement à d'autres pays où en définitive ils sont coupés pendant toute la durée du procès, ce qui n'est pas le cas en France. Monsieur le président du TGI de Grasse pourra dire aussi la difficulté qui est celle d'un président de TGI qui lui est peut-être responsable d'une communication institutionnelle sur le fonctionnement de la justice certes, et qui voit aussi parfois se déchainer sur certaines affaires les communiqués de presse du parquet, les déclarations des avocats, tout ceci bien sûr dans son ressort de juridiction. Nous l'avons déjà un peu entendu tout à l'heure mais il va certainement y revenir, Monsieur le doyen CHEMAMA également nous fera part peut-être de son désarroi lui aussi face à tout cela, que faire ? On a rappelé tout à l'heure, article 11 quand même, que le magistrat instructeur peut aussi saisir le parquet pour demander de rétablir la vérité. Ce serait intéressant de connaitre statistiquement, si cela a déjà été fait par un magistrat instructeur, et quand cela a été fait, par le magistrat instructeur ou par une des parties civiles, mis en examen ou témoin assisté, combien de fois le procureur de la République a-t-il répondu puisque les parties peuvent, mais le texte a totalement omis la réponse que le parquet doit y apporter. Enfin, je pense que nous entendrons à nouveau Monsieur l'avocat général, puisqu'on peut aussi considérer qu'il fut en quelque sorte un précurseur dans la prise de parole d'un procureur de la République sur des affaires non pas niçoises mais ailleurs, où à l'époque la loi de 2000 n'était pas encore entrée en vigueur. Il s'agissait aussi après les magistrats instructeurs de s'organiser et quand vous aviez un certain nombre de personnes qui avaient une dimension médiatique, voire très médiatique, de faire un contrepoids médiatique ici dans l'intérêt de l'enquête. Je laisse maintenant la parole circuler et chacun dans la salle pourra réagir aux interventions de chacun de nos intervenants.

Michèle LIS-SCHAAL : Je voudrais intervenir sur la manière dont se fait un verdict finalement. En matière de cour d'assises, le verdict est toujours le fruit de nombreuses influences. La question aujourd'hui est de savoir quel est l'impact des médias sur le verdict des cours d'assises. Dans des affaires qui sont un peu médiatiques, souvent les jurés arrivent avec une idée préconçue de la culpabilité de l'accusé ou des accusés. En tant que présidente, je leur répète toujours qu'il ne faut se prononcer sur la culpabilité qu'à la fin, qu'il faut laisser le procès se dérouler. Finalement, je m'aperçois que c'est souvent vrai, parce que le premier jour les jurés sont sûrs de la culpabilité, le deuxième jour toujours et le troisième jour ils commencent à flancher. Peu à peu, quand on s'avance dans un procès, quand on entend d'autres témoins, les jurés commencent à se poser des questions. Mais il faut rappeler que dans notre système, les jurés rentrent le soir chez eux, ils parlent sûrement de l'affaire avec leur famille, leurs amis et ils ont accès à la télévision, aux réseaux sociaux qui peuvent les influencer. On a beau leur dire, attention, ne regardez pas trop, ne lisez pas trop ce qui se dit de l'affaire. On sent bien le lendemain quand ils arrivent, qu'ils l'ont fait. D'ailleurs, je ne connais pas de systèmes dans lesquels on met complètement la cour d'assises sous cloche. Aux États-Unis ça n'existe pas, en Grande-Bretagne, ça n'existe pas, les jurés rentrent chez eux. Le seul moment où l'on est complètement mis sous cloche c'est au moment où les débats sont terminés, là nous allons délibérer et le jury ne ressort plus tant que l'on n'a pas voté un verdict. Dans les affaires où il y a énormément d'accusés, ce délibéré peut être très long. Je crois que le plus long délibéré qui a eu lieu en France, ce fut dans une affaire de pédophilie à Angers où ils ont mis quinze jours…

- **Jean-Philippe DENIAU** : six jours.

- **Michèle LIS-SCHAAL** : quinze jours dans une caserne de gendarmes, ils ne sont pas sortis. Mais c'est extrêmement rare. Mais pendant tout le procès ils ont été soumis à toutes les influences. Il y a eu une petite affaire devant la Cour d'assises du Var, d'un juré qui avait, je crois, communiqué sur Facebook, avec l'accusé. Le parquet s'en est aperçu par la suite et a fait appel de la décision rendue. Parce qu'en plus, le condamné en prison avait accès à Facebook, alors c'est un autre débat, mais c'est interdit d'avoir accès à un téléphone portable ! Alors, y a-t-il eu des études sur l'influence de ces médias et émissions de télévisions ? Une étude a été faite aux États-Unis sur l'influence des séries telles que « Les experts » sur les verdicts qui sont rendus. Cette étude démontrerait que finalement l'impact de ces émissions reste minime. En France, il n'y a cependant pas d'études sur cette question. A titre personnel, je remarque quand même que dans tous les procès, les jurés demandent s'il y a de l'ADN. Lorsqu'il n'y a pas d'ADN, on sent tout de suite que ça flanche un peu. L'ADN ça rassure et lorsqu'on en n'a pas, on commence à se poser des questions même si ça ne veut pas dire que l'on ne va pas condamner. En revanche, en France, il y a eu une étude qui a été réalisée par deux universitaires de Toulouse en 2016, qui ont étudié 18.000 verdicts rendus par les Cours d'assises pendant huit ans. Cette étude a démontré que les faits divers qui sont couverts par les médias avaient tendance à donner des verdicts plus sévères, particulièrement s'ils étaient médiatisés la veille du verdict, et à des verdicts plus faibles au lendemain de reportages sur des erreurs judiciaires. Ce qu'il faut voir, c'est que ce sont des émissions qui passent juste la veille. Mais quand même, quand on voit que sur 18.000 verdicts, l'écart qu'ont trouvé ces chercheurs, c'est de 1 à 2 mois, cela veut dire que c'est minime, car en Cour d'assises on prononce des années ! J'ai rarement prononcé des verdicts de 6 ans et 1 mois ! Ce qui est quand même assez étonnant. Le deuxième élément qui ressort de cette étude, c'est que les médias n'influencent pas les acquittements mais affectent le quantum des peines. L'étude montre également que finalement l'expérience professionnelle protège des influences médiatiques. Cela ressort des verdicts rendus par les tribunaux correctionnels et tribunaux pour enfants. Cela peut s'expliquer par une autre raison, c'est que ces juridictions ne statuent pas sur les faits les plus graves. Il ne faut pas oublier que la Cour d'assises statue sur des crimes. Néanmoins, on peut penser que l'expérience professionnelle protège de l'influence des médias. Ce qui ne signifie pas que les professionnels ne subiraient aucune influence. Cela signifie qu'il y a une certaine distanciation quand on est professionnel, même s'il y a une pression médiatique. Finalement, cela démontre que les médias n'exercent pas une réelle influence sur les verdicts, en tout cas un impact significatif qu'on aurait pu démontrer scientifiquement, contrairement à ce que l'on aurait pu penser. Un procès fait qu'il y a des éléments qui ne sont pas dans les médias et qui peuvent faire évoluer tout de même des jurys. Pour finir, je dirais que je pense que ce serait utopique de mettre la Cour d'assises complètement sous cloche, de la mettre à l'abri de toute influence. Je ne crois pas du tout que l'on soit à l'abri de toute influence parce que de toute façon, un verdict est soumis à des tas d'influences : du talent des avocats, de l'avocat général, du président lui-même, il faut le dire, et surtout de notre intimité, nous sommes tous le fruit de notre éducation, nous avons des idées, des convictions, parfois religieuses. Tout cela fait un mélange qui fait que l'on va peut-être voter quelque chose, et quoi que l'on fasse, le juré ne sort pas de nulle part, et le juge non plus. Je crois que penser que l'on pourrait rendre des décisions totalement impartiales qui ne seraient soumises à aucune influence est une utopie.

Michael JANAS : Alors, quel est le point de vue d'un chef de juridiction ? Au-delà du point de vue du président, je vais vous parler du point de vue du juge. Lorsqu'on parle de communication au juge du siège, c'est un peu « la poule qui regarde le couteau ». On se dit en tant que juge, si je communique je deviens partial, je vais donc me retrouver en grande difficulté et ne plus pouvoir juger. Sans compter tous les aspects qui ont été évoqués au cours de la journée : respect de la vie privée, respect de la présomption d'innocence, qui sont d'autant plus difficiles à porter, parce qu'un juge doit rester neutre, impartial. Est-ce à dire que l'on ne doit pas communiquer ? Deux éléments de réponse très subjectifs : on a tous participé en tant que juges à des procès qui ont été médiatisés. À titre personnel, j'ai toujours eu l'impression que le procès médiatisé ressemblait bien peu au procès que moi je jugeais. C'est assez logique finalement, parce que les affaires soumises à la justice sont toujours empreintes de complexité, complexité factuelle parfois, juridique ou simplement humaine. En d'autres termes, chacune des affaires que l'on juge n'est jamais blanche, jamais noire, mais toujours un peu grise, dans la complexité. Les médias, eux, s'inscrivent dans un temps court et non seulement ne peuvent retraduire cette complexité, mais doivent – pour être vus, lus, entendus – privilégier les émotions. Et, la retranscription médiatique du procès se doit d'être simple, percutante.

La seconde réflexion que je voudrais partager avec vous tient à une habitude que j'avais prise lorsque le siégeais aux Assises. À la fin de session, j'interrogeais toujours les jurés entre « l'avant » et « l'après », entre le moment où le juré, citoyen tiré au sort sur les listes électorales, était rentré dans cette enceinte judiciaire, et le moment où le jugement a été rendu avec une question : « est ce que votre perception de la justice a changé ? ». Les réponses étaient toujours positives : « je n'aurais jamais imaginé que ce soit ça, jamais ! Je n'aurais jamais pensé que ce soit si compliqué, si lourd de juger un homme ». La plupart soulignait le professionnalisme et la rigueur des gens de justice et, disons-le, c'était important pour nous de l'entendre. Je pense d'ailleurs que les jurés sont les meilleurs ambassadeurs du fonctionnement d'une justice qui, je le rappelle, est rendue au nom du peuple français. Cela doit avoir du sens.

Faire comprendre le fonctionnement de notre justice est donc essentiel. Il faut communiquer. On en est conscients, mais ce n'est pas aisé quand on est juge du siège. Le Conseil supérieur de la magistrature, qui est l'organe de nomination des juges, a rappelé en 2007, que la médiatisation de la société constitue une donnée dont toute institution devait désormais tenir compte. La justice ne doit pas imaginer qu'elle peut y échapper. Il faut donc communiquer, mais comment ?

Avant de venir, j'ai tapé, par curiosité, sur Google « juge communiquer ». En réponse, les résultats du moteur de recherche concernaient tous, et c'est très intéressant, la « communication de la décision du juge ». Il est vrai que les jugements, les arrêts que nous rendons sont porteurs de sens. La difficulté réside dans le fait que l'intérêt des médias se porte la plupart du temps sur la décision elle-même et trop rarement sur la motivation de celle-ci. En réalité, peu de personnes lisent nos motivations, en tout cas trop peu souvent dans les médias, soit par manque de temps, soit parce que nous ne savons pas la valoriser. Dans le jugement, ce qui compte, c'est le résultat, et l'actualité n'exploite pas suffisamment sa motivation qui constitue pourtant la communication intrinsèque du juge. Et nous avons une marge de progression sur ce point. Vous parliez des Pays-Bas…

- **Jean-Philippe DENIAU** : Juste, petite parenthèse, mais nous ne l'avons pas forcément.

- **Michael JANAS** : Exactement.

- **Jean-Philippe DENIAU** : Y compris la motivation des Cours d'assises.

- **Michael JANAS** : Vous évoquiez tout à l'heure Monsieur DENIAU, l'exemple des Pays-Bas ? Je vous propose de faire également un peu de droit comparé et de nous déplacer en Roumanie. En Roumanie, dans chaque juridiction existent des bureaux de relations publiques. Ce bureau des relations publiques a ses communicants côté parquet, ce qui est bien la moindre des choses quand on voit l'importance prise par la communication du procureur de la République. Mais, ils ont aussi leurs communicants côté siège. Chacune des décisions qui est rendue est également immédiatement mise à disposition, lue, communiquée, commentée. Ce système de communication institutionnelle de la Justice est important dans la mesure où il contribue à assurer la sérénité et la confiance en la justice. C'est une initiative extrêmement intéressante et il est regrettable que nous ne disposions pas de mécanisme similaire dans nos tribunaux de grande instance.

D'autant que les besoins sont évidemment les mêmes. Ces notions de sérénité et de confiance, je considère, en tant que président de juridiction de la juridiction et premier des magistrats du siège, en être le gardien.

Mon premier objectif est d'assurer la sérénité lorsqu'il y a un procès sensible. Je vous donne un exemple concret : à Grasse a été jugé il y a quelques temps le procès relatif aux œuvres de PICASSO. Avait été désigné un magistrat référent, qui était le doyen des juges d'instruction, avec un référent côté parquet qui apportait chaque jour des réponses à la presse. On était en lien avec les magistrats délégués à la communication de la Cour d'appel. Il y avait des accréditations pour les journalistes, ce qui permettait de fluidifier les relations. Lorsque c'est organisé, on a prise sur les évènements et cela permet de maitriser la communication, ce qui ne veut pas dire la fermer, mais simplement faciliter la communication d'éléments d'explication qui sont extrêmement précieux pour faire comprendre ce qui est fait. Ce travail qui est mené avec l'association de la presse judiciaire, avec le soutien actif du Ministère de la Justice, est de ce point de vue, extrêmement précieux. Cela permet de donner des clés dans des moments judiciaires où la communication est indispensable.

La question de la sérénité peut également intervenir dans des moments médiatiques bien plus complexes, lorsqu'un juge est attaqué médiatiquement par exemple pour une décision qu'il a rendue. On évoquait la possibilité pour le juge d'instruction de demander au parquet de communiquer, sauf que des fois les intérêts de communication divergent. On a également la communication du porte-parole de la ministre, mais parfois la communication de ce porte-parole, c'est la communication de la ministre. Ils peuvent être en tout cas gênés, et pour des raisons parfaitement compréhensibles, pour communiquer face à un juge qui est mis en cause.

À titre personnel, je n'ai qu'une expérience en la matière, lorsque j'étais président de l'Association nationale des juges de l'application des peines. Nous étions en 2005, et un ministre de l'intérieur, promis à un bel avenir d'ailleurs, avait indiqué qu'un juge devait payer pour sa faute, commentant d'ailleurs : « moi je sais que la justice est humaine, mais ce n'est pas parce qu'on est humain que l'on ne doit pas payer quand on fait une faute ». C'était l'affaire dramatique, « Nelly CRÉMEL », du nom de la victime, cette joggeuse assassinée. Rapidement, l'affaire avait révélé que le mis en cause venait de recouvrer la liberté et avait commis les faits alors qu'il se trouvait en liberté conditionnelle. Pour le ministre, le juge qui devait payer était celui qui « a libéré un monstre ». C'est donc un juge du siège qui est attaqué. J'étais donc président de l'Association nationale des juges des peines à ce moment-là, un interlocuteur naturel pour les médias. Mon téléphone s'est mis à sonner non-stop et j'ai décroché. Ce n'était pas facile parce qu'en face il y avait la douleur légitime, indicible de la famille de la victime, laquelle vous emporte littéralement. La communication, l'explication aussi difficiles soient elles n'en étaient que plus indispensables : non ce n'est pas un juge qui a rendu la décision, ce sont trois juges qui ont décidé de remettre l'intéressé en liberté après en avoir délibéré. Pourquoi stigmatiser un juge qui doit payer alors que c'est une collégialité qui a pris la décision ? Pourquoi a-t-il été mis en liberté ? En application de la loi ! Et il ne fallait pas à ce stade se retrancher derrière le législateur mais bien expliquer le contexte dans lequel la loi s'inscrit. En rappelant que dans un Etat de droit toutes les peines ont une fin, que personne ne peut prédire l'avenir lorsqu'un condamné est libéré, que les aménagements de peine permettent de lutter très efficacement contre la récidive mais ne peuvent jamais l'éradiquer complètement, en indiquant évidemment que ce qui s'est passé est absolument horrible, indicible même, mais heureusement extrêmement rare… Que bien évidemment la justice et donc les juges voulaient réinsérer le mis en cause et éviter sa récidive.

Un tel message est très difficile à porter mais il doit impérativement se porter, et je pense que ça doit être le rôle du président de juridiction lorsque personne ne communique... Le collègue concerné, ses enfants dans la cour de récréation étaient pris à partie : « c'est ton père qui a libéré le monstre ? ». Vous imaginez ce que c'est de porter ça ? La communication est risquée, on ne sait pas où on met les pieds, c'est difficile, on n'est pas forcément formés, assistés mais on doit le faire parce que notre rôle c'est d'assurer la sérénité des instances dans lesquelles on juge mais également la confiance que nos concitoyens doivent avoir dans leur Justice.

Être garant de la confiance, cela passe enfin par un effort constant d'explication du fonctionnement de la justice. Cela emporte la nécessité de bien connaitre la presse régionale pour savoir comment ils fonctionnent. Expliquer fréquemment les choses, en y incluant une dynamique forte d'accès au droit. À Grasse par exemple, pour vous parler que d'une seule de nos nombreuses actions, nous nous sommes inspirés d'un projet qui a été mené par le bureau du procureur de Los Angeles, qui considère qu'il faut « planter la graine très tôt ». Nous avons travaillé avec des classes de CM1/CM2, dans des quartiers dit « difficiles », avec des équipes de juges qui ont noué des relations fortes dans les classes pour expliquer et partager le fonctionnement de la Justice du quotidien. À l'issue du projet une enseignante du projet m'a confié cette anecdote que je veux partager avec vous : « En présence de son fils de 10 ans, qui avait participé à cette action, le père au volant de son véhicule aperçoit des policiers à un rond-point. Il s'écrie : « putain les flics, ils vont encore me verbaliser, c'est insupportable (en réalité les termes sont plus fleuris...). Lorsqu'il est repris à l'arrière par l'enfant qui a 10 ans et qui lui dit : « papa la police, c'est eux qui assurent notre sécurité et si tu ne mets pas ta ceinture, tu me mets en danger », et le père de prendre conscience que son fils a totalement raison. Cette anecdote c'est le père, contrit, qui l'a livré à l'enseignante.

Pour conclure, je dirai que la communication assure la confiance et la sérénité, et renforce l'indépendance de notre Justice. Je veux terminer avec cette citation de Danton : « l'indépendance est une vertu, mais elle ne se donne pas, elle se mérite ». A mon avis, elle doit se mériter par la communication, par une communication adaptée qui est désormais devenue indispensable pour nos juridictions.

Cédric PORTERON : Monsieur DENIAU nous quitte et nous allons poursuivre avec monsieur le doyen.

Alain CHEMAMA : Je regrette que le journaliste nous quitte parce que j'avais un petit passage à lui lire : « il résulte des dispositions des articles 10 de la CESDH et 2 de la loi du 29 juillet 1881 que le secret des sources des journalistes est protégé dans l'exercice de leur mission d'information du public et qu'il ne peut être porté atteinte directement ou indirectement à ce secret que, si un impératif prépondérant d'intérêt public le justifie et si les mesures envisagées sont strictement nécessaires et proportionnées au but légitime poursuivi ». C'est la loi, elle vous protège et même lorsqu'elles sont ordonnées par l'autorité judiciaire dans le cadre d'une enquête pour violation du secret des sources, les réquisitions visant à des investigations sur les lignes téléphoniques des journalistes en cause, ne revêtent pas un caractère strictement nécessaire et proportionné au but légitime poursuivi au sens de la loi du 4 janvier 2010. C'est donc en rapport direct avec le sujet de la conférence d'aujourd'hui et quand un juge d'instruction ou un magistrat du parquet demande aux policiers de prendre des réquisitions ou qu'il délivre une commission rogatoire pour que l'on aille chercher l'information sur des journalistes, il faut y aller plus qu'avec des pincettes parce qu'on considère qu'il faut vraiment des infractions graves, peut-être mettant en cause le journaliste lui-même, mais que la violation du secret professionnel ou la violation du secret de l'instruction, sont en état de la jurisprudence que je connais, mais j'avoue ne pas être un spécialiste, pas suffisamment graves pour qu'on s'en prenne au journaliste qui bénéficie d'une vraie protection, ce dont personnellement je me réjouis parce que pour rebondir sur le débat qui a eu lieu tout à l'heure, je crois beaucoup au droit à l'information, et par conséquent je suis ravi que les journalistes soient là, même si bien évidemment comme tout système dirigé par des êtres humains, il y a forcément des excès.

Je profite de la parole qui m'est donnée pour vous dire encore deux mots. Maître PORTERON disait « mais après tout des juges d'instruction ont la possibilité de saisir le parquet pour que, s'il fait une communication qui ne leur convient pas, cette communication soit rectifiée, et il se demandait si cela avait déjà été fait ». Je n'ai pas de statistiques, mais en tout cas moi, jamais je ne l'ai fait, pour deux raisons très simples, c'est que si je le fais on dira bien sûr que j'ai pris parti, puisque je ne suis pas d'accord avec la communication qui a été faite par le procureur de la République. Prendre parti pour un juge d'instruction, c'est le début de la fin puisque plus personne ne vous donne aucun crédit. Sans parler du deuxième argument, qui ferait que l'on risque d'entrer dans une guerre avec le parquet parce qu'il n'apprécierait pas forcément qu'on vienne mettre un son dissonant au sien. Donc même si l'harmonie règne la plupart du temps, entre magistrat du parquet, et juge d'instruction, on n'est pas toujours d'accord. Je citais l'exemple ce matin imaginant des réquisitions du parquet pour un non-lieu, le juge d'instruction peut parfaitement prendre une ordonnance de renvoi devant le tribunal correctionnel, ça s'est vu et je crois que c'est ce qui fait un peu le crédit des juges d'instruction.

Je termine enfin, c'était aussi pour notre journaliste mais tant pis, ça me parait avoir un intérêt pour tous. Pour moi, c'est une énigme qu'il y ait un emballement médiatique sur certaines affaires. Pourquoi par exemple concernant une affaire que j'ai instruite partiellement, d'une dame enlevée à Nice par des individus qui au terme d'un dossier maintenant clôturé, peuvent paraître comme des gens qui n'ont strictement aucune expérience a-t-elle fait l'objet d'un emballement médiatique incroyable ?

Ce qui me laisse perplexe, c'est qu'à partir d'une affaire relativement anodine, même si ce n'est pas bien qu'une dame soit enlevée, elle a été retrouvée au bout de deux jours grâce à l'excellent travail fait par les fins limiers de la PJ, on en fait une affaire qui va faire la une nationale. On peut dès lors se poser la question de savoir si ce n'est pas un peu l'histoire du serpent qui se mord la queue ? Parce qu'une affaire anodine entraîne un emballement médiatique, cette affaire ne devient plus anodine du tout. Donc incontestablement, la couverture médiatique joue un rôle en amont mais aussi après. C'est un sujet sur lequel on peut méditer mais sur lequel bien évidement je n'ai aucune réponse.

Éric de MONTGOLFIER : Il est de bon ton de considérer aujourd'hui qu'il est indispensable à la justice de communiquer, sans laquelle communication elle n'existerait plus. C'est exactement le sentiment que j'avais lorsque j'ai débarqué dans la magistrature, il y a bien des années, en 1975. Je me souviens, j'étais jeune substitut et j'observais que la presse s'égarait dans des articles un peu curieux. Par exemple, je me souviens de Ouest-France parlant de la « brute aux sabots ferrés » à propos d'un tout jeune adulte qui avait des galoches et qui s'était livré à une agression à la patinoire. J'avais lu ça en me disant, ils sont débiles. Il me semblait que le temps n'était pas de relever la chose, je pensais qu'il y avait un sanctuaire où devait s'épanouir la parole du parquet, c'était l'audience, et l'audience seule. J'avais au cours de l'audience, j'occupais le siège du ministère public, rétabli les choses et la « brute aux sabots ferrés » était redevenu ce qu'il était.

J'ai passé huit ans au Ministère et là j'ai vu autre chose, c'est-à-dire des dossiers que l'on enterrait, parce que ceux qui en auraient été victimes occupaient précisément le sommet du pouvoir. Avec quand même quelque chose qui m'avait frappé, c'est qu'il semblait bien que la presse, si rigoureuse aujourd'hui, savait un certain nombre de choses qu'elle ne disait pas. Je ne comptais pas sur la presse en général. Je comptais, sur le Canard Enchainé, il n'y avait pas de Médiapart à l'époque. Il n'y avait pas grand-chose, mais voilà, j'étais loyal, magistrat à la Chancellerie, je ne me croyais pas autorisé à alerter la presse. Puis en juridiction, vous faites quoi ? Fallait-il communiquer ? Vraiment communiquer ? Est-ce que c'était l'espoir de rendre à la justice son crédit ? Peut-être que c'est un espoir qui s'inscrit dans la mode de la communication aujourd'hui. On va être mieux compris, on va être mieux vu, déjà si on rédigeait mieux et dans des termes que tout le monde comprend, on ferait déjà de gros progrès dans l'opinion publique. Je le dis pour les magistrats, je le dis pour les notaires, je le dis pour les huissiers, tous ceux qui s'occupent du judiciaire.

J'ai connu un dossier à Chambéry qui m'avait obligé à intervenir, qui m'avait fait dire que je devais comme magistrat et comme citoyen sans doute intervenir. Après la découverte de la légionellose aux termes nationaux d'Aix-les-Bains qui appartenaient à l'État qui plus est, ce dernier n'avait pas très envie que cela se sache, ni les hôteliers du coin, ni les médecins, ni les politiques, chacun s'enrichissant finalement du silence. Je me suis alors dit que si je me taisais, la prochaine saison qui était proche, ceux qui iraient se faire soigner, risquaient la légionellose, donc la pneumonie et comme la plupart étaient très âgés, la mort. Donc j'ai fait de la communication. J'ai provoqué de la communication. Dans un café, un samedi matin, près du marché de Chambéry, la journaliste locale parle de choses et d'autres et je lui demande si l'affaire des thermes ne l'intéresse pas. On sentait bien un peu de gêne quand même. Alors c'est vrai que j'ai manipulé la presse, je vous le dis, ce fut la première fois et pas la dernière ! Je le redis, c'est bête, le Canard Enchainé m'a appelé et il va en parler mercredi prochain. Dès le lundi, la presse locale s'empressait d'expliquer ce qu'il se passait vraiment aux thermes nationaux.

Puis j'ai eu d'autres aventures, pas forcément celles auxquelles on peut penser, qui me paraissent un nuage dans ma vie professionnelle, rien de plus. Après je me souviens à Valenciennes, une femme était morte au pied des escaliers de son logement. On l'avait trouvée en bas sur la voie publique. Aussitôt, les voisins bien intentionnés, c'est peut-être pour ça, avaient commenté en disant : « c'est le mari qui l'a tuée ! ». Alors j'ai fait ma communication. J'ai expliqué que les éléments dont on disposait ne permettaient pas de poser ce diagnostic et d'affirmer que le mari était le meurtrier. C'est peut-être ça la communication, d'abord. C'est de permettre d'écarter les fantômes.

Alors vous remarquez que je ne parle pas des avocats. Pardon, ce n'est pas que je vous méprise, c'est parce je considère que vous ne faites pas de communication judiciaire. Vous faites de la défense, ce qui n'est pas la même communication. Alors bien sûr parfois je m'étonne, je me dis comment, je vous dis mon étonnement récent parce qu'un avocat côté partie civile s'était étonné qu'on ne mette pas quelqu'un en détention, et comme j'avais plutôt l'habitude d'entendre les avocats soutenir le contraire quand on les y mettait, je me disais bon, ce n'est pas terrible. Mais après tout c'est le droit de la défense. Qui suis-je pour juger, n'est-ce pas ? Mais juger en matière de communication les autres, ce n'est sans doute pas la meilleure chose que nous sachions faire. Accorder à la presse un statut particulier, pourquoi ? J'entends déjà qu'il leur faut, je suis désolé, il est parti, j'ai l'impression de le poignarder dans le dos, mais tant pis. Il leur faut des enclos particuliers entre les juges et le public, c'est déjà leur donner un statut qu'ils réclament, vous êtes un peu au-dessus des autres, vous êtes nos intermédiaires obligés. Mais ça ne peut pas être ça la communication, ça ne peut pas être, remettre les clés de la maison à des tiers.

Faut-il aussi souvent communiquer que nous le disons ? Non, c'est aussi une réponse commode. Un journaliste qui vous tire par la manche, non, je ne vous le dirais pas. Je vois bien ces temps derniers où Bernard TAPIE a été en cause devant les juridictions parisiennes. Ils ont essayé de faire donner mon avis. Je ne vais pas donner mon avis ! Pensez bien que je ne vais pas dire que des choses aimables ! Et si les juges l'entendent et en tirent des conclusions ? Est-ce que j'ai le droit de le faire ? Certainement pas ! La communication ce n'est pas comment, ni quand, c'est est ce qu'on doit communiquer à un moment précis. Les exemples que je vais donner, me conduisent à dire qu'il y a des moments où il faut le faire, mais pas forcément pour parler des choses dont tout le monde parle. Il y a peut-être des moments où les magistrats du parquet doivent dire les choses précisément et clairement. Je cherchais un exemple d'un juge d'instruction traité de « gestapiste ». Je n'ai pas fait un communiqué, c'est au garde des Sceaux que j'ai demandé de poursuivre celui qui avait proféré l'injure. Il l'a fait. Donc vous voyez la communication, ce n'est pas forcément s'agiter. Vous devriez faire de la communication sans qu'il n'y ait de dérive sur la personne mais c'est un rêve inaccessible. Celui qui communique, ne communique jamais « masqué », et il ne peut être cru, précisément, que parce qu'il apparait et qu'on peut porter sur lui une opinion. Donc il ne faut pas rêver, on voit où nous entraine la communication aujourd'hui. On voit qu'elle nous détruit plus qu'elle ne nous sert. Il me semble que la communication est nécessaire souvent et que cette marche en est la démonstration, parce qu'on n'a guère confiance en réalité dans l'institution judiciaire. La vérité, elle est là, cruelle. Si on avait confiance en nous, ce serait si simple, on n'aurait pas tant de questions à se poser. Madame LIS-SCHAAL parlait tout à l'heure de la cour d'assises, eh bien oui, combien de français se demandent ce qu'il se passe derrière la cour d'assises. Qu'est-ce qu'ils se disent ? Est-ce que la présidente ou le président n'a pas un petit peu contribué ? Moi je l'ai vécu comme auditeur de justice, donc je sais que c'est possible. Un président qui ne comprenait pas que le jury entrainé par un de ses membres dévalait la pente, et est parti des réquisitions perpétuelles de l'avocat général, on arrive à une peine d'emprisonnement avec sursis. Le président de la cour d'assises, il avait sa robe rouge, ce qui n'est peut-être pas la meilleure chose que l'on puisse faire dans ces cas-là, pour dire qu'un juré vaut un juré, magistrat professionnel ou pas. Ce sont des petites choses, mais c'est déjà de la communication.

Très bien, mais ce jour-là, j'ai vu trois robes rouges dans cette cour d'assises et je me souviens que le président avait levé les bras au ciel en disant « vous allez déshonorer la cour d'assises du Calvados ». Ça peut donc arriver. Vous savez l'histoire des portes, quand j'étais jeune magistrat, on disait : « qu'est-ce que ça veut dire le parquet qui arrive par la même porte que les juges ? ». On ne peut pas nier une chose, c'est que le premier magistrat du parquet que j'ai accompagné au tribunal correctionnel, après, a utilisé la même porte, et puis a effectivement suivi les juges, puis a délibéré avec eux, et a protesté quand on ne suivait pas ses réquisitions ! Mais vous n'allez pas me faire ça disait-il ? Toutes ces petites choses accumulées, tous ces doutes sur la justice font qu'elle est aujourd'hui le dos au mur et plutôt que de la réinstaller sur des principes, sur des bases, plutôt que le politique consente cette mutation d'une institution, qui est si nécessaire à son maintien, alors c'est la communication.

Oui c'est vrai j'en ai fait, et je me demande parfois si je n'ai pas contribué à ouvrir la boite de pandore. Vraiment. Parce que parfois j'ai vu de la communication qui m'indignais et peut être que j'en ai indigné quelques-uns avec celle que j'ai commise. Mais ne les comparons pas toutes. Celle des avocats, ce n'est pas de la communication. Que l'avocat ait quitté le prétoire pour aller installer sa défense en avant du prétoire et parfois après le prétoire, c'est sans doute une dérive que l'on peut condamner. Mais en même temps, c'est le droit à la parole, c'est le droit pour celui qui est accablé par la justice, de se défendre par tous moyens, sans qu'on puisse le contester. La presse vous savez ce qu'elle est, je maintiens le terme d'économie que j'ai utilisé. La presse s'inscrit à plein dans le droit de la concurrence et quand un journaliste, moi je veux bien qu'on négocie avec eux, « vous n'en parlez pas, je vous le dis mais vous n'en parlez pas, c'est off ». On n'a pas beaucoup parlé de ce « on/off », pourtant ça existe. Est-ce qu'il est digne d'un magistrat de dire : « d'accord je vous parle off » ? Est-ce qu'il est digne d'un magistrat de communiquer des morceaux de procédure sous le manteau ? Si on fait les choses c'est qu'on peut les faire, et si on peut les faire, il faut les faire ouvertement, sinon on ne les fait pas. Si l'on est un magistrat digne. Aussi, il faut ajouter une chose, c'est que communiquer une pièce de procédure, même « comme ça », c'est prêter déjà la main à la justice. Vous savez bien une pièce de procédure, dans un procès-verbal, il va apparaitre que le mis en examen est coupable, ou innocent selon l'envie que l'on a de lui faire paraître. Mais ce qu'on ne dira peut-être pas, c'est que la pièce d'à côté, dit le contraire. On voit bien ceux qui ont réglé les dossiers ou ceux qui ont rendu des jugements, ce n'est pas sur une pièce qu'on se détermine. C'est forcément sur l'ensemble des pièces du dossier. Même ces sacrosaintes écoutes qui sont pénibles à déchiffrer, on est bien obligé de les déchiffrer. Parce que s'il y avait quelque chose qui disait le contraire des papiers, on passerait à côté. Nous sommes dans un système si complexe, que je crois que la justice n'a aucun intérêt à mêler différents modes de communication, différents modes d'intervention. Les avocats de leur côté et puis bon, les journalistes prennent leurs responsabilités, sans qu'on se sente nous obligés de les aider. Ou alors c'est que nous avons des arrière-pensées en tête, et qu'on pense finalement qu'ils diront du bien de nous. Qu'importe qu'ils disent ou non du bien de nous, est-ce que nos consciences ne nous suffisent plus à nous éclairer, que nous ayons besoin de la presse tout le temps maintenant ? Et on se plaint de la transparence qui envahit le paysage politique, on se plaint des tweets ravageurs, y compris à la tête de l'État, partout, tous les modes de communication qui font qu'on succombe sous une apparence de transparence, qui en réalité est une obscurité permanente.

TABLE RONDE
Du 13 juin 2019

« Les spécificités du procès des infractions de presse »

Responsable scientifique
Coralie AMBROISE CASTEROT, Professeur à l'Université Côte d'Azur

Auteurs (ordre alphabétique) :

Christophe ALLARD, Doctorant, Membre du CERDP EA n° 1201

Roxane BEL-RAMON, Doctorante, Membre du CERDP, EA n° 1201

Loïc BIENVENU, Doctorant, Membre du CERDP, EA n° 1201

Mario PIRROTTA, Doctorant, Membre du CERDP, EA n° 1201

Sommaire

La diffamation et l'injure dans la loi du 29 juillet 1881 : des infractions particulières ?

Roxanne BEL-RAMON

« La liberté, c'est l'indépendance de la pensée. »
Épictète

1. Propos liminaires – La diffamation et l'injure, infractions spéciales du droit pénal, car contenues dans une loi particulière dont le régime juridique déroge en de nombreux points aux infractions de droit commun, sont le pendant de la liberté de la presse et plus globalement celle de l'expression. Leur répression, à travers la loi du 29 juillet 1881, répond dès lors à un enjeu aussi crucial que nécessaire : permettre un équilibre entre liberté d'expression et droits d'autrui.

2. Liberté de la presse à l'aube de la Révolution – C'est avec la Révolution de 1789 que l'idée d'une presse libre, naguère muselée voire censurée, est née[143]. Et Mirabeau de s'écrier à l'aube de celle-ci : « *Que la première de nos lois couronne la liberté de la Presse ! Voilà le vrai drapeau de ralliement pour toute la Nation !* » [144]. L'article 11 de la Déclaration des Droits de l'Homme en est-il la proclamation la plus remarquable, imprégnant plusieurs générations d'hommes, pour lesquels la liberté de la presse et celle de l'expression, expriment un idéal de Démocratie[145]. Il prévoit en ce

---

143 ALBERT A., *Histoire de la presse*, PUF, coll. Que sais-je ?, 2009, p. 18 s.

144 Cité par PATIN M., « La répression des délits de presse », RSC 1954, p. 445.

145 GUERDER P., Rép. pén. Dalloz, V° Presse : procédure, févr. 2019, n° 1-2. L'article 11 de la DDHC, dont la proposition est attribuée à La Rochefoucauld, fut adopté en considération des doctrines favorables à la répression des abus de la liberté d'expression – art. 4 – et farouchement opposées à la restriction préventive. Et d'ailleurs, Mirabeau déclara en ce sens : « *On vous laisse une écritoire pour écrire une lettre calomnieuse, une presse pour un libelle, il faut que vous soyez puni quand le délit est consommé. Or ceci est répression et non restriction. C'est le délit que l'on punit, et l'on ne doit pas gêner la liberté des hommes sous prétexte qu'ils veulent commettre des délits* » : cité par GUERDER P., « Sanction des abus de la liberté d'expression. Introduction », *in* AUVRET P. (s. dir.), *Les médias et l'Europe, Le contenu de l'information : entre errance et uniformisation*, Larcier, coll. Dossiers, 2009, p. 167.

sens que « *la libre communication des pensées et des opinions est un des droits les plus précieux de l'Homme : tout Citoyen peut donc parler, écrire, imprimer librement, sauf à répondre de l'abus de cette liberté dans les cas déterminés par la Loi* ». Si la liberté de la presse trouve originellement son essence à travers ce texte, c'est en revanche à la grande loi sur la presse du 29 juillet 1881 qu'elle doit son trône de fer, autrement dit son assise fondamentale.

3. Loi du 29 juillet 1881 sur la liberté de la presse. Historique et répression de la diffamation et de l'injure – Dès 1810, la loi pénale réprimait ce que l'on appelle communément l'ancêtre de la diffamation, à savoir la calomnie, mais également la dénonciation calomnieuse, l'injure et l'outrage[146]. Le champ d'intervention de ces infractions étant mal délimité, notamment entre la calomnie et la dénonciation calomnieuse, le législateur d'antan procéda à une nouvelle répartition et profita de cette occasion pour les redéfinir. Hormis le maintien du délit de dénonciation calomnieuse au sein du Code pénal[147], la calomnie et l'injure furent transférées dans la loi des 17-18 mai 1819[148]. A cette occasion, la calomnie fut substituée à la diffamation, car elle ne permettait pas d'englober des faits avérés, ce qui importait bien pour la répression de la diffamation[149]. Pourtant, la distinction entre diffamation et injure se faisait encore difficile. La première nécessitait un fait précis, tandis que la seconde portait sur un vice déterminé ; or en pratique, une telle différence restait malaisée à établir[150].

---

146 DANTI-JUAN M. et PRADEL J., *Droit pénal spécial, op. cit.*, n° 476.

147 *Ibidem :* ancien article 373, aujourd'hui article 226-10 nouveau C. pén. de 1992.

148 Loi à laquelle il faut sans doute rajouter celles du 26 mai 1819 ainsi que du 9 juin 1819, qui ont notamment eu pour objet la poursuite et le jugement des infractions de presse, v. en ce sens GUERDER P., Rép. pén. Dalloz, V° Presse : procédure, *op. cit.*, n° 3 s.

149 DABOSVILLE B., « Les métamorphoses de la diffamation. Petite histoire de la diffamation de 1819 à nos jours », RPDP n° 2, avr.-juin 2017, n° 1.

150 DANTI-JUAN M. et PRADEL J., *Droit pénal spécial*, *op. cit.*, n° 476 : les auteurs relèvent, à raison, que la distinction apparaît encore malaisée, ce qui fera l'objet d'un développement ultérieur.

Après un siècle d'alternance monarchique et politique[151] ainsi qu'une cacophonie textuelle en matière de presse[152], la loi de 1881, parvenue à maturité après moult interventions des plus grands hommes de lettres et politiques en cette ère[153], vint offrir un régime juridique unique, tant sur le fond que sur la forme. Ses dispositions, dont la vocation était de perdurer[154], ont cependant dû faire l'objet de modifications afin de pouvoir s'adapter aux évolutions sociétales, politiques et des mœurs[155]. Si cette loi se veut comme une loi d'équilibre par la conciliation entre liberté de la presse[156] et droits d'autrui qu'elle entend mettre en place, il résulte de ses dispositions qu'elle est aussi, et surtout, une loi relativement libérale avec pour artère principale la liberté d'expression. Son article premier dispose ainsi, comme pour donner le ton de sa démarche, que « *l'imprimerie et la librairie sont libres* ». La liberté d'expression est certes le principe directeur, mais il n'est pas de liberté qui soit absolue ; tout juriste averti n'est pas sans ignorer que toute liberté comporte des limites et tout droit implique un cadre, car selon la formule consacrée par Planiol : « *le droit cesse où l'abus commence* »[157].

---

[151] PREUSS-LAUSSINOTTE S., *La liberté d'expression*, Ellipses, coll. Mise au point, 2014, p. 13 ; PATIN M., « La répression des délits de presse », art. préc. : par ailleurs, cette alternance a eu pour effet notoire de modifier la philosophie des lois sur la liberté de la presse ; en effet, tantôt la compétence juridictionnelle était attribuée aux Cours d'assises, tantôt aux tribunaux correctionnels.

[152] BLIN H., « L'évolution législative et jurisprudentielle du droit de la presse au cours des vingt ou trente dernières années », *in Etudes de science pénale et de politique criminelle, Aspects nouveaux de la pensée juridique*, t. 2, Mél. ANCEL M., éd. A. PEDONE, Paris, 1975, p. 299 ; GUERDER P., Rép. pén. Dalloz, V° Presse : procédure, *op. cit.*, n° 6 et s.

[153] MORANGE J., « La protection de la réputation ou des droits d'autrui et la liberté d'expression », *in Libertés, justice, tolérance*, Mél. COHEN-JONATHAN G., vol. II, Bruylant, p. 1247.

[154] Son efficacité n'est plus à prouver, et c'est la raison pour laquelle cette loi perdure depuis plus d'un siècle : TOULEMON A., « La liberté d'expression et la diffamation », Gaz. pal. 1976, I, p. 302.

[155] Pour les plus importantes, il faudra citer l'ordonnance du 6 mai 1944 admettant l'*exceptio veritatis,* ou encore la loi du 15 juin 2000 supprimant la quasi-totalité des peines d'emprisonnement dans la loi du 29 juill. 1881 : VERON M., *Droit pénal spécial*, 14e éd., Sirey, coll. Université, n° 234.

[156] Il serait plus juste d'évoquer la liberté d'expression de la pensée, fut-elle écrite ou orale, v. en ce sens PATIN M., « La répression des délits de presse », art. préc.

[157] Cité par COHEN-JONATHAN G., « Abus de droit et libertés fondamentales », *in Au carrefour des droits*, Mél. DUBOUIS L., Dalloz, 2002, p. 517.

4. Liberté d'expression et limites – La liberté d'expression[158] représente sans doute l'aboutissement d'une société démocratique et « *son exercice est l'une des garanties essentielles du respect des autres droits et libertés et de la souveraineté nationale* »[159]. En effet, elle assure le pluralisme[160] des opinions et pensées nécessaire à la construction démocratique, dans une perspective libérale[161] luttant contre la censure et la restriction préventive, synonymes d'arbitraire ou encore de terreur. Bien que la liberté d'expression réponde idéologiquement à un certain universalisme, au centre de gravité des Droits de l'Homme, conformément aux idées Révolutionnaires, elle ne peut pourtant pas confiner à l'absolutisme[162]. En ce sens, si les articles 10 et 11 de la Déclaration des Droits de l'Homme et du Citoyen hissent cette liberté au rang de droit fondamental[163], il n'en reste pas moins que cette logique doit pouvoir intégrer les dispositions de l'article 4, selon lequel « *la liberté consiste à pouvoir faire tout ce qui ne nuit pas à autrui* ». A cet égard, la liberté d'expression apparaît comme un droit relatif[164] ; et pourtant, les considérations européennes sur la question semblent témoigner du contraire[165], dès lors qu'un critère d'intérêt général entre en jeu, et ce parfois au détriment des

---

[158] La liberté d'expression, terme générique dans la présente étude, comprend une pluralité de libertés dont notamment la liberté de communication des pensées et des opinions, ce qui inclus nécessairement la liberté de presse, ainsi que celle de la communication audiovisuelle. Cependant, sur la distinction entre liberté d'expression et de communication v. MAGNON X., « La liberté d'expression devant le Conseil constitutionnel : une liberté en voie de concrétisation jurisprudentielle », RPDP n° 4, oct.-déc. 2012, p. 863.

[159] Cons. const. 10 et 11 oct.1984, n° 84-217 DC, Rec. p. 78, consid. n° 47 : Rev. dr. public et sc. po. mars-avr. 1986, p. 395, n. FAVOREU ; AJDA 1984, n. BIENVENU ; Ibid., n. MASCLET ; Pouvoirs avr. 1985, n° 33, p. 163, n. AVRIL et GICQUEL ; Gaz. pal. 1984, n. PERIER-DAVILLE ; Rev. adm. 1984, obs. VILLIERS ; RSC 1985, obs. HUBAC et SCHOETTL.

[160] Cons. const. 18 sept. 1986, n° 86-217 DC, Rec. p. 141 : RA 1986, n. ETIEN ; Rev. soc. journ. soc. oct.- déc. 1986 n° 4, p. 608, n. GUYON ; Rev. dr. public. Et sc. po. Mars-avr. 1989, p. 399, n FAVOREU ; AJDA 1987, n. WACHSMANN ; D. 1987, p. 381, n. MAISL ; LPA nov. 1986, n° 135, n. MALIGNER.

[161] JOSENDE L., *Liberté d'expression et démocratie, Réflexion sur un paradoxe*, éd. Bruylant, 2010, p. 41.

[162] PECH L., *La liberté d'expression et sa limitation*, LGDJ, n° 30 s.

[163] DDHC 1789, art. 11 : « *(...) un des droits les plus précieux de l'homme (...)* ».

[164] *Ibidem*.

[165] MORANGE J., « La protection de la réputation ou des droits d'autrui et la liberté d'expression », *in Libertés, justice, tolérance*, Mél. COHEN-JONATHAN G., vol. II, p. 1247, Bruylant, p. 1247.

droits d'autrui. Pour la Cour européenne des droits de l'Homme, « *la liberté d'expression constitue l'un des fondements essentiels de la société démocratique, l'une des conditions primordiales de son progrès et de l'épanouissement de chacun* »[166] ; elle privilégie de la sorte une interprétation beaucoup plus individualiste que collective. Un tel constat doit cependant être nuancé, car si l'on inverse la perspective d'approche, il appert que la dynamique poursuivie par la Cour penche beaucoup plus en faveur d'une dimension collective. Premièrement, le débat d'intérêt général permet de nourrir la réflexion commune ; deuxièmement, il participe à l'intérêt public ; et troisièmement, il répond aux objectifs de pluralisme socioculturel et politique[167]. La jurisprudence européenne, et partant la jurisprudence française[168], tendent finalement à n'admettre que de maigres restrictions en la matière. La diffamation et l'injure, infractions reines de la loi de 1881, s'inscrivent dans ces limites[169]. Évidemment, le contrôle opéré par le juge européen sur la répression de ces infractions se fait méticuleux[170], puisqu'il a, à plusieurs reprises, pu affirmer que les médias remplissaient un rôle de « *chiens de garde de la Démocratie* »[171]. En conséquence, une telle démarche force à procéder par une analyse circonstanciée de chaque espèce, afin de vérifier si la répression de la diffamation ou de l'injure se justifie au regard du but poursuivi, à savoir le respect des droits d'autrui. Autrement dit, la répression de la diffamation ou de l'injure, impliquant une restriction de la liberté d'expression, doit être proportionnée à l'atteinte à l'honneur ou la considération dont a été victime la personne visée[172].

---

[166] Cour EDH. 7 déc. 1976, req. n° 5493/72, *Handyside c/ Royaume-Uni*, §49.

[167] Cour EDH. 25 nov. 1999, aff. n° 21980/93, Nilsen et Johnsen c/ Norvège, §46 : « *Il convient de rappeler que, d'après l'article 10 §2 de la Convention ne laisse guère de place pour des restrictions au discours politique ou au débat sur des questions d'intérêt public.* »

[168] DECIMA O. et DETRAZ S., « La chambre criminelle de la Cour de cassation et la liberté d'expression », RPDP n° 4, oct.-déc. 2012, p. 843.

[169] BIOY X., *Droits fondamentaux et libertés publiques*, LGDJ, coll. Cours, 2018, n° 1093.

[170] DECIMA O. et DETRAZ S., « La chambre criminelle de la Cour de cassation et la liberté d'expression », art. préc.

[171] Cour EDH. 14 févr. 2008, July et SARL Libération c/ France, req. n° 20893/03

[172] DABOSVILLE B., « Les métamorphoses de la diffamation. Petite histoire de la diffamation de 1819 à nos jours », art. préc., *in fine*.

5. Enjeux de la loi du 29 juillet 1881 à l'ère moderne : adaptabilité et évolutions – Il est des monuments juridiques, telle que la Loi du 29 juillet 1881, qui ne vieillissent point. A vrai dire, ils doivent leur éternelle jouvence, sans doute, à de nombreuses rénovations qui, sans être le symbole d'un désaveu, renforcent au contraire leur œuvre. D'abord parce qu'ils sont le fruit d'un héritage démocratique fort dont il est rassurant de se promouvoir ; et ensuite parce que les principes sur lesquels ils reposent ont toujours été d'actualité. Un édifice solide est gage de sécurité juridique[173]. Incontestablement, la loi du 29 juillet 1881 n'a pas été épargnée par l'évolution contemporaine des mœurs, des progrès technologiques ou encore des mutations des techniques de communication voire de transmissions de l'information, puisqu'elle a subi, depuis sa promulgation, de nombreuses transformations[174]. Elle a, cependant, su résister avec acuité, lui permettant de maintenir en vie son esprit[175]. De l'abandon du jury pour connaître des infractions de presse à l'introduction du droit de réponse, en passant par l'admission généralisée de l'*exceptio veritatis* ou par la consécration jurisprudentielle de la bonne foi, ou encore par la création de circonstances aggravantes, et sans compter les adaptations procédurales, la loi de 1881 est depuis, toujours, en proie à divers changements[176] et prouve, à cette occasion, une véritable malléabilité. Toutefois, son adaptabilité ne peut être complète que si elle intègre

---

[173] Elle est à ce titre prévisible : ADER B., « La loi de 1881, réceptacle naturel de toutes les infractions de publication, depuis la presse et l'imprimerie jusqu'à internet », Legicom 2016/2, n° 57, p. 19 ; d'ailleurs la Cour EDH a estimé que la loi de 1881 répondait aux exigences de prévisibilité et d'accessibilité au sens de l'art. 10 §2 de la Convention : v. par. ex. Cour EDH 15 nov. 1996, req. n° 17862/91, *Cantoni c/ France ;* 11 avr. 2006, req. n° 71343/01, *Brasilier c/ France* : Légipresse 2006, III, p. 129, n. ADER.

[174] GUERDER P., « Sanction des abus de la liberté d'expression. Introduction », art. préc.

[175] BLIN H., « L'évolution législative et jurisprudentielle du droit de la presse au cours des vingt ou trente dernières années », art. préc.

[176] Ne seront pas listées toutes les modifications de la loi de 1881, car tel n'est pas le propos de la présente étude, pour un exposé plus détaillé v. BONNEFOY A., « Comment punir la diffamation ? », RSC 1953, p. 625 ; PATIN M., « La répression des délits de presse », art. préc. ; BLIN H., « L'évolution législative et jurisprudentielle du droit de la presse au cours des vingt ou trente dernières années », art. préc. ; DABOSVILLE B., « Les métamorphoses de la diffamation. Petite histoire de la diffamation de 1819 à nos jours », art. préc. ; GUERDER P, Rép. pén. Dalloz, V° Presse : procédure, *op. cit.*, n° 13-29.

dans ces changements l'évolution des moyens et techniques de communication. Pour ce faire, l'article 23 de la loi de 1881 a maintes fois été étoffé dans le but d'étendre son champ d'application à la radio[177], l'audiovisuel[178] et internet[179]. A ce propos, le numérique représente l'un des enjeux majeurs de la survie de la loi de 1881 au 21e siècle. En effet, à l'heure où la société moderne ne jure que par le numérique et l'internet, il semble presque paradoxal d'en décrier les dérives, tant le progrès social qui en découle est considérable. Et pourtant, voilà qu'internet, certes fabuleux outil au service de l'homme, se trouve être le déversoir de propos abjects, où les mots n'ont plus le temps d'être pesés, la pensée d'être construite savamment et finalement, où la pensée n'est plus pensée, mais un vaste champ vide cousu de haine. Les mots virtuels, n'étant *in fine* plus que des biens de consommation directe, ne périssent pourtant pas : ils imprègnent leur lectorat et meurtrissent réellement ceux qui en sont la cible. Le numérique et l'internet ont évidemment permis de démocratiser la liberté d'expression, mais ils l'ont également décomplexée à l'excès. Les réseaux sociaux en sont une illustration topique[180]. Et, si la loi de 1881 n'a pas été initialement conçue pour s'appliquer à de tels supports, et encore moins aux non-professionnels de la presse *lato sensu*, elle a su impulser un renouveau en la matière. En effet, internet est bien trop souvent perçu comme une presque zone

---

[177] L'extension de l'applicabilité de la loi de 1881 au support radiophonique a d'abord été jurisprudentielle (Crim. 8 oct. 1979, bull. crim. n° 272 : Gaz. pal. 1980. 399) pour ensuite être consacrée par voie législative (L. n° 85-1317 du 13 déc. 1985., JO 14 déc.).

[178] La L. n° 86-1067 du 30 sept. 1986 relative à la liberté de communication, JO 1er oct., est venue compléter le dispositif de l'art. 23, en y incluant notamment la publication par des procédés de télécommunication, de signes, de signaux, d'écrits, d'images, de sons et de messages autre que les correspondances privées.

[179] Le champ d'intervention de la L. du 29 juill. 1881 a été étendu au support internet, dans un premier temps, par la jurisprudence : Crim. 16 oct. 2001, bull. crim. n° 211 : Gaz. pal. 2002. 119, n. MONNET ; *ibid.* 956, n. L'HENORET-MARCELLESI ; JCP 2002. II. 10028, n, BLANCHETIER ; D. 2002. Somm. 2770, obs. BIGOT. Puis dans un second temps, par la L. n° 2004-575 du 21 juin 2004 pour la confiance dans l'économie numérique, JO 22 juin, et la L. n° 2004-669 du 9 juill. 2004 relative aux communications électroniques et aux services de communication audiovisuelle, JO 10 juill.

[180] AUROY B. et STELLA E., « La liberté d'expression face aux réseaux sociaux », Dr. pen. n° 6, juin 2017, ét. 13.

de non-droit jonchée d'impunités[181] ; et sous couvert d'anonymat, il donne à beaucoup l'illusion que toutes les palabres y seraient admises[182]. La spécificité des supports numériques commandera certainement de nouvelles retouches, probablement dans un sens plus favorable aux victimes et pour la détection des infractions en cause[183].

6. Objet de l'étude – La présente étude, s'inscrivant dans le cadre du colloque « Presse et procès pénal », a naturellement pour support les infractions de diffamation et d'injure publiques, prévues et réprimées par les articles 29 à 35 de la loi du 29 juillet 1881. En conséquence, il faut exclure du champ d'analyse les diffamation et injure non publiques qui, à l'instar de leurs fausses sœurs jumelles, sont réprimées sur le fondement de la loi de 1881[184], et ce, alors qu'elles n'entretiennent absolument aucun lien avec la presse[185]. Le critère de la publication est ainsi un élément déterminant dans cette étude. Il faut toutefois préciser que si le critère de la publication fait défaut, les juges du fond ont l'obligation de rechercher si l'injure ou la

[181] BRUNET L., « Diffamations et injures sur internet : les réseaux sociaux, zones de non-droit ? », AJCT 2019, p. 78.

[182] VERLHY N., « Diffamations et injures publiques sur les réseaux sociaux : définitions, responsabilités et sanctions », AJCT 2014, p. 589.

[183] ITRAC J.-M., « La loi de 1881 sur la liberté de la presse est-elle toujours adaptée ? », Gaz. pal. n° 48, 17 févr. 2004, p. 2 ; CAZENEUVE J., « La cybercriminalité : l'émergence d'un nouveau risque », AJ pén. 2012, p. 268 ; FRANCILLON J., « La compétence pénale territoriale à l'épreuve de la cybercriminalité », *in Entre Tradition et modernité : le droit pénal en contrepoint*, Mél. MAYAUD Y., Dalloz, 2017, p. 205 ; CANTAT-LAMPIN V., « Les atteintes à la personne par le biais des communications électroniques. Une réponse imparfaite du droit pénal », *in Entre tradition et modernité : le droit pénal en contrepoint*, Mél. MAYAUD Y., Dalloz, 2017, p. 305.

[184] C. pén., art. R. 621-1 et 621-2. L'art. 621-1 prévoit en ce sens que la diffamation non publique peut bénéficier de l'exception de vérité suivant le régime de la loi relative à la liberté de la presse.

Même solution sur le régime procédural particulier et les règles en matière de responsabilité, v. not. en ce sens : Crim. 22 mai 1979, bull. crim. n° 196 : D. 1975. 128, n. FOULON PIGANIOL ; JCP 1975. II. 18019, n. BLIN ; RSC 1974. 877, obs ; LEVASSEUR ; 8 janv. 2019, n° 17-85.789 : D. actu. 28 janv. 2019, obs LAVRIC.

[185] RASSAT M.-L., *Droit pénal spécial, Infractions du Code pénal*, 8e éd., Dalloz, coll. Précis, 2018, n° 535.

diffamation peut constituer une contravention au sens des articles R. 621-1 et 621-2 du Code pénal[186].

En outre, la présente étude ne se veut pas exhaustive et s'attachera à soulever quelques problématiques saillantes et actuelles, afin de démontrer toute l'originalité du contentieux des infractions d'injure et de diffamation.

7. Carrefour des droits fondamentaux : problématique de l'équilibre – Si le droit pénal est la matière qui, globalement, entretient le plus grand nombre de rapports avec les libertés et droits fondamentaux ; il semble que le droit de la presse en soit l'une de ses branches la plus en proie. Le droit pénal de la presse révèle, en effet, une particulière sensibilité aux évolutions et innovations juridiques sous l'égide des droits de l'Homme qui, comme une boîte à outil, offrent des moyens adéquats pour construire un ensemble cohérent.

La liberté d'expression, qui est la raison d'être du régime actuel des infractions de presse, est certainement le centre de gravité autour duquel se concentrent toutes les impulsions en matière de presse. De la liberté d'expression ont découlé celle de la presse, mais aussi de la communication ou encore de l'opinion[187]. Cependant, limiter le propos à la seule liberté d'expression et toutes celles qui en sont le fruit apparaît réducteur. C'est pourquoi, il faut poursuivre la réflexion sur le terrain des droits fondamentaux attachés à la personne d'autrui, tels que la présomption d'innocence, le respect de la vie privée, la réputation ou l'honneur, la religion, ou encore l'oubli. En réalité, le droit de la presse – *lato sensu* – s'illustre en un point de confluence entre une myriade de libertés et droits fondamentaux. Il est donc d'une impérieuse nécessité de trouver une juste balance entre l'ensemble des intérêts en présence, tout en prenant en considération d'autres enjeux dont notamment la sécurité publique, le secret de la défense, la confidentialité de certaines informations etc…[188].

---

[186] Crim. 9 janv. 1979, n° 77-92.807, bull. crim. n° 15, p. 38 ; 20 févr. 1990, n° 88-87.524, inédit : Dr. pén. 1990. 258 ; 12 sept. 2000, n° 99-86.650, bull. crim. n° 267, p. 788.

[187] AUVRET P., « L'évolution de la liberté de communication au regard du droit de la Convention européenne des droits de l'homme », *in Les médias et l'Europe*, *op. cit.*, p. 19.

[188] FRICERO N., « La sanction des abus de la liberté d'expression. Synthèse », *ibidem*, p. 211.

En définitive, la liberté d'expression ne peut pas tout justifier, sous peine de devenir une liberté arbitraire au contenu délétère pour l'État de droit et la société démocratique. La diffamation et l'injure forment alors un rempart efficace contre les abus, car les garanties offertes par le droit pénal ne sont pas des moindres, que ce soit pour les offenseurs ou pour les offensés[189]. Cependant, la pénalisation de ces comportements est de plus en plus contestée par un courant européen libéral[190], qui voit dans l'intervention du droit pénal une ingérence disproportionnée réduisant le libre débat. Et pourtant, il n'est pas certain qu'une sanction civile soit plus adaptée, car comme son équivalence au pénal, elle peut être tout aussi dissuasive voire punitive et donc réduire le libre débat. Par ailleurs, la responsabilité civile ne s'inscrit pas dans la veine de la responsabilité pénale, car les objectifs poursuivis ne sont pas les mêmes, il apparaît donc difficile de contester cette dernière en faveur de la première[191]. A vrai dire, la pénalisation des diffamation et injure permet d'axer le débat, avant tout, sur le difficile équilibre entre tous les droits et libertés fondamentaux de l'offenseur et de l'offensé ; et il est évident que le droit pénal dispose des moyens nécessaires pour concilier dissuasion, répression et liberté, dans un degré de proportionnalité satisfaisant, surtout sous le poids de plus en plus prégnant des droits de l'homme. Il faut tout de même se garder d'une réflexion trop globale qui dénigrerait les spécificités de certaines situations, car il est des situations où l'équilibre est synonyme de déséquilibre, notamment lorsqu'il en va de l'intérêt du plus grand nombre ; il faut dire qu'ici la liberté d'expression prend des allures suprématistes.

8. Spécificité du contentieux – Le régime juridique de la diffamation et de l'injure, qui est resté fidèle au texte primaire, c'est-à-dire dans sa version de 1881, s'est révélé relativement complexe, et pour cause : la jurisprudence vient, depuis lors, préciser leurs éléments, en allant parfois au-delà du texte, conférant à ces infractions pénales une spécificité certaine (I). Mais, cette spécificité vient également du fait que ces infractions réclament une appréciation circonstanciée, entre le contexte et la qualité de l'offenseur ainsi que

---

189 *Ibidem.*

190 *Ibid.*

191 DREYER E., « Où va la Cour de cassation en matière de presse ? », JCP G n° 35, 30 août 2010, p. 833.

celle de l'offensé. Dans cette perspective, la jurisprudence européenne apparaît riche d'enseignements et démontre son ascendance, voire son emprise sur le droit de la presse (II).

I. La complexité du régime juridique de la diffamation et de l'injure

9. Infractions dérogatoires au droit pénal commun – La matière pénale repose sur des principes acquis et fondés sur le respect de la personne humaine, vision héritée des Lumières. Ainsi, pour qu'une infraction soit caractérisée, il est nécessaire de s'appuyer d'abord sur un texte légal, puis ensuite de prouver l'existence d'un élément matériel et d'un élément intentionnel. Les éléments préalable et matériel de ces deux infractions renferment des subtilités et qui, sans être parfaitement identiques, soulèvent des difficultés dans leur distinction (A). Mais les difficultés ne s'arrêtent pas là puisque l'élément intentionnel fait également l'objet d'une appréciation à contre-courant du droit commun, car si d'ordinaire il doit se démontrer par la partie poursuivante, ici, il se présume. Enfin, les faits justificatifs en la matière ne trouvent pas d'équipollence en droit pénal classique, si bien que le droit pénal de la presse, dont notamment les infractions d'injure et de diffamation, apparaît en tous points caractéristique, et dévoile en cette occurrence, un régime presque *sui generis* (B).

A. La distinction délicate entre diffamation et injure

10. Distinction malaisée – Les infractions de diffamation et d'injure, prévues par l'article 29 de la loi du 29 juillet 1881, ne répondent pas à la même définition, mais poursuivent la même finalité, à savoir la protection de l'honneur et de la considération sociale. Leur élément matériel est également identique : c'est la publication qui fait le délit. En revanche, leur élément préalable soulève bien plus de discussions, car certains propos peuvent porter à confusion, si bien qu'en fonction de plusieurs facteurs, ils peuvent tout aussi bien constituer une diffamation ou une injure. Leur appréciation se meut alors sur un tango revêche qui ne trouve pas de solution universelle car elle appartient au royaume de la casuistique. D'ailleurs, la Cour de cassation dont la fonction est d'être juge du droit, se fait aussi juge des faits, laissant que peu de marge de manœuvre aux juges du fond[192]. A cet effet, l'on a pu objecter que le contrôle du juge en matière de sanction des abus de la liberté d'expression confinait à l'arbitraire[193]. Le particularisme de ce contentieux s'en trouve donc doublement justifié.

11. Frontière ténue au regard des éléments préalables – L'article 29 de la Loi de 1881 opère distinction entre la diffamation, laquelle résulte de toute allégation ou imputation d'un fait, et l'injure, qui ressort de toute expression outrageante, termes de mépris ou invective ne comportant l'imputation d'aucun fait. *A priori*, la frontière semble claire : la diffamation nécessite un fait, tandis que l'injure n'en relate aucun. Pourtant, l'étude de la jurisprudence démontre quelques errements voire des divergences d'interprétations ; c'est dire à quel point le contentieux est en prise à l'appréciation souveraine voire subjective des juges qui auront à traiter de l'affaire en cause. Ainsi en va-t-il de l'emploi du terme « irresponsabilité » prêté au premier Président de la Cour d'appel de Paris pour qualifier l'action d'un juge d'instruction, dans un article de presse, qui ne peut constituer un propos diffamatoire, mais seulement un propos injurieux[194]. L'examen des circonstances de l'espèce, mais surtout l'analyse minutieuse du fait précis mettent en lumière ici une appréciation très rigoriste de la juridiction suprême[195]. Un approfondissement des notions en présence devrait sans doute apporter quelques éclaircissements à ces difficultés, quoi que, là encore, il pourra être relevé quelques dissonances.

La diffamation suppose en premier lieu une allégation ou une imputation, et bien que ces procédés se démarquent l'un de l'autre[196], en pratique leur différenciation importe peu dans la mesure où la

---

[192] DE KORODI F., « Contrôle maximum de la Cour de cassation en matière d'infractions de presse », n. ss. Crim. 19 juin 2018, D. actu. 12 juill. 2018.

[193] SAFI F., « Le rôle du juge dans la sanction des abus de la liberté d'expression », Dr. pén. n° 2, févr. 2017, ét. 3.

[194] Crim. 13 avr. 2010, n° 09-82.389, bull. crim. n° 70 : JurisData n° 2010-005930 ; Comm. com. électr. 2010, comm. 76, n. LEPAGE ; Dr. pén. 2010, comm. 79, n. VERON ; JCP G sept. 2010, n° 35, p. 946, n. JACOBET DE NOMBEL.

[195] JACOBET DE NOMBEL C., « La conception jurisprudentielle du fait, objet de l'allégation diffamatoire », JCP G n° 39, 27 sept. 2010, p. 946.

[196] *Lamy Droit des médias et de la Communication*, n° 233-10 : l'allégation énonce un fait directement, tandis que l'imputation, plus insidieuse, ne vise pas directement des personnes ou se garde bien de qualifier la nature précise des comportements reprochés.

jurisprudence vise aussi bien la première que la seconde. Cela dit, la diversification des procédés permet une appréhension généreuse des comportements. Entrent donc dans son champ de répression l'affirmation, le conditionnel, le questionnement, le doute, l'insinuation, l'hypothèse, le soupçon, la dubitation, l'emploi des guillemets, la prétérition, la suspension, la réticence voire le silence[197]… Il est, par conséquent, peu d'agissements qui échappent à toutes ces formes.

La diffamation suppose en second lieu un fait, ce qui par définition n'est pas requis pour l'injure, et la frontière se mesure essentiellement à l'aune de cette exigence. Néanmoins, ce fait doit revêtir un degré de précision suffisant, excluant toute référence vague, ce que la lettre du texte n'envisage pas[198]. Cela dit, la jurisprudence s'est employée à donner du corps à cette notion entourée de flou ; et à travers un arrêt remarqué rendu par sa formation la plus solennelle, la Haute juridiction a considéré que le fait diffamatoire « *[devait] se présenter sous la forme d'une articulation précise de faits de nature à être, sans difficulté, l'objet d'une preuve et d'un débat contradictoire* » [199], ce qui soit dit en passant ignore la fausseté ou la véracité du fait en question[200]. Ce dernier caractère, non prévu par le texte également, se comprend plus volontiers que celui relatif à la précision, en ce que la vérifiabilité est consubstantielle à la notion même de fait[201]. A défaut

[197] CARBONNIER J., « Le silence et la gloire », art. préc. : « (…) *la théorie pénale admet qu'il puisse y avoir des silences injurieux ou diffamatoires. Mais ce sont des silences qualifiés, circonstanciés* (…). »
[198] JACOBET DE NOMBEL C., « La conception jurisprudentielle du fait, objet de l'allégation diffamatoire », art. préc.
[199] Ass. Plén. 25 juin 2010, n° 08-86891 : D. actu 2010, p. 1712 ; D. 2010. 2090, obs. VGNEAU ; JCP 2010, n° 50, p. 2356, obs. DE LAMY ; Comm. com. électr. déc. 2010, comm. 127, obs. LEPAGE ; RSC 2011. 130, obs. FRANCILLON : « *attendu qu'ayant exactement retenu que les écrits incriminés n'imputaient aucun fait précis, de nature à être, sans difficulté, l'objet d'une preuve ou d'un débat contradictoire, la cour d'appel en a déduit à bon droit que ces écrits, s'ils revêtaient un caractère injurieux, ne constituaient pas le délit de diffamation envers une administration publique* » ; v. égal. Crim. 2 déc. 1980, n° 79-91.096, bull. crim. n° 326 ; 14 févr. 2006, n° 05-82.465, bull. crim. n° 40.
[200] BEIGNIER B., DE LAMY B. et DREYER E. (s. dir.), *Traité de droit de la presse et des médias*, Litec, 2009, n° 723.
[201] JACOBET DE NOMBEL C., « La conception jurisprudentielle du fait, objet de l'allégation diffamatoire », art. préc.

de ces éléments[202], c'est l'infraction d'injure qui a vocation à s'appliquer, à la condition que les propos revêtent un caractère outrageant. L'injure doit faire simplement état d'un vice, d'une qualité ou d'une tare[203]. Par définition, la preuve ne peut se rapporter dans pareil cas.

Somme toute, l'appréciation du fait s'opèrera négativement : si sa preuve s'avère impossible, il s'agira éventuellement d'une injure[204]. Mais qu'en est-il des injures-vices dont la preuve peut se rapporter, le reproche est-il toujours une injure ou bien constitue-t-il une diffamation[205] ? C'est sans doute l'étude du contexte qui fera œuvre de distinction[206] : l'emploi des expressions telles que « fascistes » ou « collaborateurs » pour évoquer la répression de la collaboration en temps de guerre, est diffamatoire[207]. En revanche, le terme « raciste » dirigé contre un auteur n'est pas diffamatoire mais injurieux, car il ne renferme aucun fait précis vérifiable[208]. De la même manière, la référence « *ordure galeuse* », *a priori* injurieuse, est en réalité diffamatoire puisque « *le terme -galeuse- renvoie au sigle G.A.L (Groupe Antiterroriste de Libération) et n'est pas employé dans son sens habituel désignant une maladie de peau contagieuse* »[209]. L'analyse se complique encore un peu lorsqu'un même fait peut-être qualifié de diffamatoire envers une personne et d'injurieux envers une

---

[202] Sur l'absence de fait précis, v. Ass. Plén. 25 juin 2010, n° 08-86.891, bull. crim. n° 1 : ne constitue pas un fait précis, le fait d'écrire pour un rappeur « les rapports du ministre de l'intérieur ne feront jamais état des centaines de nos frères abattus par les forces de police sans qu'aucun des assassins n'ait été inquiété ». A rapprocher égal. de Crim. 27 févr. 2018, n° 17-81.123, inédit, qui a jugé que la chanson satirique d'un rappeur à propos du maire de Nice, qui faisait allusion à certains goûts de luxe ou des pratiques policières douteuses (etc…) n'imputait aucun fait précis.

[203] DANTI-JUAN M. et PRADEL J., *Droit pénal spécial*, *op. cit.*, n° 525.

[204] VIRIOT-BARRIAL D., « A la découverte de la notion d'injure et de diffamation », *in Liberté de la presse et Droit pénal,* XIIe Journées de l'Association française de droit pénal en hommage au Doyen BOULAN F., PUAM, 1994, p. 35.

[205] C'est par exemple l'écriture sur un tract à propos du maire d'une commune : « M. B… vous êtes un fieffé menteur », v. en ce sens LEVASSEUR G., « La notion de fait diffamatoire, distinction avec l'injure », RSC 1981, 2, chron. p. 621.

[206] Crim. 16 janv. 1978, n° 76-92.288, bull. crim. n° 18 : D. 1978. IR. 319. Les juges devront prendre en compte les circonstances de la citation mais aussi celles qui lui sont extrinsèques, afin de rétablir le sens véritable du propos.

[207] T. corr. 18 déc. 1946 : Gaz. pal. 1947. 1. 113 ; Crim. 21 févr. 1947, bull. crim. n° 58.

[208] Crim. 26 févr. 1985, n° 84-90.999, bull. crim. n° 93.

[209] Pau 1re ch. Corr., 5 févr. 1997 : Gaz. Pal. 1997, 2, somm. p. 502.

autre[210]. En outre, la distinction comporte des subtilités que d'aucun ne saurait théoriser tant la jurisprudence peut surprendre et se révéler fluctuante. Tantôt celle-ci opte pour une application rigoriste du fait précis, tantôt elle penche vers une interprétation plus souple, laissant une marge de manœuvre plus importante aux juges du fond. En ce sens, elle a pu estimer que « *la précision du fait imputé peut être déguisée sous de simples expressions outrageantes* »[211] ; pour exemple, taxer un individu de « *fils spirituel d'Hitler* » a été jugé comme diffamatoire[212], alors que le fait en question (qui n'en n'est pas un !) ne peut se vérifier. Blaise Pascal n'écrivait-il pas à ses adversaires : « *Vous prétendez que je suis un tison d'enfer ? Comment voulez-vous que je prouve que je ne suis pas un tison d'enfer ?* »[213]. Bien heureux sont donc ceux qui parviennent à discerner très nettement, et à coup sûr, la diffamation de l'injure, et inversement. La jurisprudence elle-même joue une partition dissonante, laissant à l'abandon l'harmonie des belles mélodies. Il serait donc souhaitable d'opter définitivement soit pour une analyse rigoriste du fait précis ou soit pour une analyse qui soit plus souple et qui laisserait aux juges du fond une plus grande latitude d'appréciation. L'heure est encore aux hésitations et une condamnation future en violation du principe de légalité n'est certainement pas à exclure, notamment au regard de ce « yoyo » jurisprudentiel[214], et ce même s'il a pu être jugé que la diffamation et l'injure étaient suffisamment prévisibles.

En outre, si les propos litigieux ne renferment ni un fait pouvant être l'objet d'une preuve et d'un débat contradictoire, ni une expression outrageante ou une invective, alors ils relèveront simplement du débat d'idées[215] ou de la liberté d'expression. Les opinions doivent pouvoir être exprimées librement, et par hypothèse,

---

[210] V. DREYER E., *JCl. Lois pénales spéciales, Presse et communication*, fasc. 80, janv. 2019, n° 20.

[211] Crim. 14 avr. 1992, bull. crim. n° 162 : JurisData n° 1992-001898.

[212] Civ. 2e, 24 juin 1998, bull. civ. n° 212.

[213] Cité par TOULEMON A., « La liberté d'expression et la diffamation », art. préc.

[214] La jurisprudence, à l'instar de la loi, entre dans l'examen de la prévisibilité d'une infraction : RENUCCI J.-F., *Droit européen des droits de l'homme*, LGDJ, 5e éd., coll. Manuel, 2013, n° 312.

[215] BEIGNIER B., DE LAMY B. et DREYER E. (s. dir.), *Traité de droit de la presse et des médias*, *op. cit.*, n° 726 : pour des applications jurisprudentielles.

elles ne peuvent pas se prouver, sauf si le jugement de valeur ne devient plus qu'un élément du contexte[216].

Et s'ils renferment à la fois un fait précis diffamatoire, ainsi qu'une expression outrageante, la diffamation absorbera l'injure, à condition qu'un lien indivisible existe entre les deux[217].

Au bout du compte, l'appréciation circonstanciée du fait précis témoigne d'une spécificité sans réelle équivalence en droit pénal classique, se rapprochant presque des conceptions anglo-saxonnes qui privilégient une approche plus pragmatique des affaires soumises aux juges[218].

12. Distinction faussement malaisée au regard de la valeur protégée – Que ce soit pour l'injure ou pour la diffamation, le propos en question doit être de nature à porter atteinte à l'honneur ou à la considération sociale[219]. Certains auteurs ont d'ailleurs pu réclamer une fusion de l'injure et de la diffamation, laquelle serait commandée par une dualité dépassée des atteintes à l'honneur, mais aussi par une confusion de la notion même d'honneur en droit pénal[220]. La proposition ne séduit pourtant pas, car sans se vouloir extrême, elle tend à primer la responsabilité civile sur la responsabilité pénale, sous couvert d'un trop grand désordre dans les définitions – et partant, dans les applications – de ces infractions[221]. Certes, les difficultés d'interprétation ne doivent pas être ignorées, pour autant l'appréciation de l'atteinte à l'honneur ou à la considération ne pose

---

[216] BIGOT C., *Pratique du droit de la presse*, 2e éd., Legipresse, 2017, p. 123.

[217] Application du principe *ne bis in idem* en vertu de l'identité matérielle des faits ; Crim. 23 juin 2009, n° 08 88.016 : AJ pén. 2009, p. 407 ; 20 juin 2017, n° 16-87.063.

[218] GAUTIER P.-Y. et PEZARD A., « Nouvelle méthode de raisonnement du juge ? L'arrêt de la Cour de cassation du 15 mai 2015 sur le juste équilibre des droits », Legicom 2016/2, n° 57, p. 5 ; GAUTIER P.-Y. « Contre la balance des intérêts : hiérarchie des droits fondamentaux », D. 2015, p. 2189.

[219] L. 29 juill. 1881, art. 29. Sur la distinction entre honneur et considération, v. MAYER D., D. 1985, jurispr. p. 433 : « *l'honneur, c'est l'œil de la conscience ; la considération, c'est le regard du corps social* ». La différenciation n'a d'intérêt que théorique.

[220] VIRIOT-BARRIAL D., « A la découverte de la notion d'injure et de diffamation », art. préc.

[221] Ce qui, par ailleurs, constituerait une régression du droit pénal qui a mis, jadis, un certain temps à bien distinguer la diffamation de l'injure : E. DREYER, *JCl. Lois pénales spéciales, Presse et communication*, fasc. 80, n° 21.

à vrai dire pas vraiment de questions sur la distinction entre injure et diffamation. Cela étant dit, l'appréciation de cette atteinte, qui doit être objective, n'est pas exempte de critiques. À trop vouloir être objective, la notion d'honneur et de considération se vide de son sens, car celle-ci comporte nécessairement une part de subjectivité[222].

13. En conclusion, la diffamation et l'injure se rapprochent tant par la valeur qu'elles protègent que par leurs éléments préalables qui, certes, sont différents en théorie, mais qui se rapprochent à bien des égards, en pratique. Cependant, la complexité de ces infractions ne s'arrête pas à ces seuls éléments : l'élément intentionnel est tout autant caractéristique de la matière, au même titre que les faits justificatifs spéciaux pouvant exonérer l'offenseur de sa responsabilité pénale, mais aussi civile[223].

B. L'existence d'éléments spécifiques à la diffamation et l'injure

1. L'intention coupable

14. Nécessité et spécificité de l'intention coupable – La diffamation et l'injure appartiennent à la catégorie des infractions intentionnelles[224], ce qui signifie qu'en tout état de cause, elles ne peuvent relever de l'imprudence[225]. L'élément intentionnel, tel que requis par le texte et apprécié par la jurisprudence, génère de nombreuses difficultés pour plusieurs raisons qu'il conviendra d'aborder successivement.

Au préalable, l'intention en matière d'injure ou de diffamation résulte de la conscience, ainsi que de la volonté de porter atteinte à l'honneur ou la considération de la victime[226]. A ce titre, la

---

[222] Pour une illustration, v. MAYER D., D. 1985, jurispr. p. 433. L'honneur est propre à chacun, tandis que la considération est bien plus objective : DREYER E., *JCl. Lois pénales spéciales, Presse et communication*, fasc. 80, n° 28.
[223] DETRAZ S., Rep. Pén. Dalloz, V° Diffamation, 2017, n° 232.
[224] A noter que leurs équivalences non-publiques sont aussi des contraventions intentionnelles, dérogeant ainsi au principe matérialiste des contraventions sises dans le Code pénal.
[225] Cependant v. *le raisonnement in fine.*
[226] TOULEMON A., « L'intention coupable en matière de diffamation », JCP 1970, I, 2310.

jurisprudence exige *stricto sensu* la mauvaise foi de son auteur, ce qui porte à confusion, d'une part parce que cela renvoie à des considérations morales[227], et d'autre part parce que cela entretient des rapports sémantiques ambigus avec son contraire, à savoir la « bonne foi ». Celle-ci étant un fait justificatif de la diffamation, il serait plus adéquat de ne réserver cette expression que lorsqu'il s'agit d'évoquer celui-ci[228].

Une autre difficulté survient lorsqu'il est exigé une véritable intention de nuire. À l'image de ce que Portalis se plaisait à dire « *Point d'injure sans esprit d'injure* »[229], doit-il être affirmé point de diffamation ni d'injure sans intention de nuire ? C'est en tout cas la position largement partagée par la jurisprudence, qui revient à exiger un dol spécial, ajoutant de fait une condition au texte[230]. La solution surprend quelque peu, et ce d'autant plus que l'absence de la volonté de nuire ne fait pas *ipso facto* échec à la caractérisation de l'intention[231]. Et puis, d'un autre côté, la volonté de porter atteinte à l'honneur ou la considération d'une personne, n'est-ce pas, d'une manière ou d'une autre, vouloir lui nuire ? De la sorte, le dol général absorberait le dol spécial et inversement. Distinguer les deux n'a finalement que peu de sens, et c'est la raison pour laquelle il faut se garder de tomber hâtivement dans un jugement trop critique : « intention de nuire », « mauvaise foi », il ne s'agit ici que de simples expressions synonymes employées parfois avec maladresse[232].

---

[227] CARBONNIER J., « Le silence et la gloire », D. 1951, chron. p. 121. L'auteur a d'ailleurs pu écrire qu'étaient confondus intention et mobile. Il est vrai qu'il est des cas où intention et mobile sont difficilement séparables, ce qui est peut-être le cas en la matière.

[228] GOULESQUE J. et MICHAUD J., « Le parquet et le "bon" diffamateur », RSC 1978, p. 445.

[229] Cité par CARBONNIER, « Le silence et la gloire », art. préc.

[230] CONTE Ph., « La bonne foi en matière de diffamation : notion et rôle », *in Droit pénal, Propriété industrielle*, Mél. CHAVANNE A., Litec, 1990, p. 49.

[231] Crim. 19 oct. 1960, bull. crim. n° 460 : RSC 1961, p. 350, obs. HUGUENEY. D'ailleurs, la jurisprudence rend l'absence d'intention de nuire inopérante pour admettre le fait justificatif de la bonne foi, alors qu'elle procède elle-même à une confusion de l'intention coupable – mauvaise foi – avec la bonne foi au sens du fait justificatif. C'est dire à quel point l'exigence de l'intention de nuire est en réalité inappropriée. A rapprocher également de Crim. 5 nov. 1963, bull. crim. n° 305 estimant que « *croire de bonne foi* » en l'exactitude des faits ne suffisait pas.

[232] RASSAT M.-L., *Droit pénal spécial, Infractions du Code pénal*, 8e éd., Dalloz, coll. Précis, 2018, n° 541 ; TOULEMON A., « L'intention coupable en matière de

Enfin, il convient d'ajouter que la jurisprudence a coutume de faire peser une présomption sur l'intention coupable de l'agent, ce qui emporte pour conséquence de renverser la charge de la preuve. Par principe, l'intention coupable en droit pénal commun ne se présume jamais – sauf exception rare, si bien que c'est à la partie poursuivante d'en rapporter l'existence. Or ici, l'on considère à l'inverse que c'est à la partie poursuivie de rapporter la preuve de son inexistence, ce qui en pratique est relativement difficile, mais surtout en contradiction avec les objectifs poursuivis par la matière pénale, notamment au regard du respect de la présomption d'innocence. Et ce d'autant plus que le texte ne prévoit pas une telle présomption, ce qui en fait la pierre angulaire du régime juridique de la diffamation[233]. C'est par une analyse extensive de l'article 35 *bis*[234] de la loi de 1881 que la jurisprudence a dégagé une telle solution, laquelle contrevient manifestement au principe d'interprétation stricte de la loi pénale. La Cour de cassation[235] et la Cour européenne des droits de l'homme[236] ont de manière surprenante confirmé l'adéquation d'une telle présomption avec les articles 6 et 10 de la Convention européenne des droits de l'homme. Ce n'est pas tant l'existence d'une présomption qu'il s'agit de contester ici, mais plutôt sa source jurisprudentielle. La Cour de cassation a d'ailleurs refusé la transmission d'une QPC à ce sujet, exerçant un contrôle arbitraire à l'occasion de la mise en œuvre de son pouvoir de filtrage[237]. Il faut toutefois admettre que cette présomption de mauvaise foi revêt une certaine logique en matière d'injure, mais peut paraître surabondante puisque le propos en lui-même renferme l'intention de son auteur[238],

---

diffamation », art. préc. ; GOULESQUE J. et MICHAUD J., « Le parquet et le "bon" diffamateur », art. préc.

[233] BIGOT J., *Pratique du droit de la presse*, *op. cit.*, p. 152.

[234] L. du 29 juill. 1881, art. 35 *bis* : « *Toute reproduction d'une imputation qui a été jugée diffamatoire sera réputée faite de mauvaise foi, sauf preuve contraire par son auteur.* »

[235] Crim. 25 nov. 2003, n° 03-83.219.

[236] Cour EDH. 30 mars 2004, req. n° 53984/00, *Radio France c/ France* : Legipresse 2004, I, 85.

[237] Crim. 13 mars 2012, n° 11-90.213 : CCE 2012, comm. 67, obs. LEPAGE.

[238] RASSAT M.-L., *Droit pénal spécial*, *op. cit.*, n° 541 ; DANTI-JUAN M. et PRADEL J., *Droit pénal spécial*, *op. cit.*, n° 527 ; CONTE Ph., « La bonne foi en matière de diffamation : notion et rôle », art. préc. ; FOURMENT F., « Moteur de recherche : la loi du 29 juill. 1881 cale », Gaz. pal. n° 276, 3 oct. 2013 : ne caractérise par l'intention requise dans l'infraction d'injure le rapprochement de

alors même que l'injure relate quelque fois l'expression d'une impulsivité incontrôlée[239]. En revanche, elle est moins acceptable pour la diffamation, car si l'on a dit précédemment qu'elle était intentionnelle, ladite présomption fait naître une répression par imprudence[240], ce qui pousse à croire que l'on tend vers une dénaturation certaine du délit en cause[241]. La présomption de mauvaise foi résulte ainsi de plein droit des imputations diffamatoires[242], et la jurisprudence admet que l'auteur des faits puisse la combattre par la preuve contraire tirée de la bonne foi[243], fait justificatif de la diffamation. Il existe par conséquent un amalgame entre bonne et mauvaise foi sur le terrain du fait justificatif, qui ne vaut que pour la diffamation et non pour l'injure.

2. *Les faits justificatifs*

15. Fait justificatif tiré de l'*exceptio veritatis* – La vérité du fait diffamatoire, admise dans la loi de 1881[244] à l'égard des personnalités publiques, n'a été possible pour les particuliers qu'à partir de l'ordonnance du 6 mai 1944[245]. Depuis, son régime a subi quelques modifications, notamment concernant ses limites. L'admission de la preuve de la vérité se comprend sans peine, car elle est inhérente

---

mots clés sur un moteur de recherche, que les victimes estimaient être diffamatoires ou injurieux, car ce rapprochement est le résultat d'un processus purement automatique et aléatoire – algorithmique.

239 LEPAGE A. et MATSOPOULOU H., Droit pénal spécial, *op. cit.*, n° 601. C'est le prix à payer pour celui dont les mots dépassent la pensée ou se laisse devenir sa propre victime.

240 RASSAT M.-L., *Droit pénal spécial*, *op. cit.*, n° 541 ; Crim. 22 juill. 1981, bull. crim. n° 236 : condamnation sur le fondement de la diffamation pour des accusations portées à la légère, sans avoir eu pour précaution de vérifier les sources de l'allégation. Sur la diffamation par imprudence, v. VIRIOT-BARRIAL D., « A la découverte de la notion d'injure et de diffamation », art. préc.

241 *Ibidem.*

242 Crim. 13 janv. 1987, bull. crim. n° 16.

243 BIGOT C., *Pratique du droit de la presse*, *op. cit.*, p. 152.

244 L. du 29 juill. 1881, art. 35 : « *La vérité du fait diffamatoire, mais seulement quand il est relatif aux fonctions, pourra être établie par les voies ordinaires (...) La vérité des faits diffamatoires peut toujours être prouvée, sauf : a) Lorsque l'imputation concerne la vie privée de la personne (...)* ».

245 Pour une critique de cet élargissement, v. PATIN M., « La répression des délits de presse », art. préc. ; DABOSVILLE B., « Les métamorphoses de la diffamation. Petite histoire de la diffamation de 1819 à nos jours », art. préc.

à l'information[246], et la refuser reviendrait à museler les uns et les autres, à commencer par la presse, dont le métier est d'informer le grand public. Ici plus qu'ailleurs, le juge se place en arbitre de la déontologie journalistique[247].

Son domaine d'application a fortement évolué, car si à l'origine il était interdit de prouver des faits remontant à plus de 10 ans ou se référant à des faits amnistiés ou prescrits[248], désormais cette interdiction n'est que relative puisqu'elle ne concerne que des faits portant sur la vie privée[249]. Cette extension a principalement été dictée par l'article 11 de la Déclaration des Droits de l'Homme et du citoyen proclamant la liberté d'expression, ainsi que les objectifs poursuivis par la recherche scientifique. Au demeurant, si cette solution est en parfaite cohérence avec les valeurs actuelles qui s'inscrivent dans un courant fortement libéral, elle n'échappe pourtant pas à quelques critiques. En effet, lorsque le fait concerne une infraction prescrite voire même dont le prix a été payé à la société via l'exécution d'une peine, cette solution contrevient en quelque sorte au droit à l'oubli et se place à contre-courant des fonctions essentielles de la peine en droit pénal[250]. Il faut noter qu'en matière de diffamations spéciales, telles

---

[246] ADER B., « La preuve de la vérité en droit de la diffamation », Legipresse n° 159, mars 1999, n° II-18.

[247] MONTEBOURG A., « Le juge judiciaire, juge de la déontologie des journalistes », Legipresse n° 101, mai 1993/4, p. 37.

[248] En effet, par des décisions récentes déclarant ces dispositions inconstitutionnelles, le régime de l'exceptio veritatis a été rendu plus souple. Sur l'inconstitutionnalité de la vérité des faits remontant à plus de 10 ans, v. Cons. const. 20 mai 2011, n° 2011-131 QPC : JCP 2011, 641, p. 1084 ; Dr. pén. 2011, comm. 90, obs. VERON ; RSC 2011, p, 401, obs. MAYAUD ; AJ pén. 2011, p. 414, obs. PERRIER ; Comm. Com. électr. 2011, comm. 68, obs. LEPAGE ; RPDP 2011, p. 709, obs. CONTE ; D. 2011, p. 2832, obs. GARE.
Sur l'inconstitutionnalité de la vérité des faits relatant une infraction amnistiée, prescrite ou effacée par la réhabilitation ou révision, v. Cons. Const. 7 juin 2013, n° 2013-319 QPC : AJ pén. 2013, p. 410, n. PERRIER ; RSC 2013, p. 907, n. DE LAMY ; JCP n° 25, 17 juin 2013, 696, n. DERIEUX ; Procédures, sept. 2013, comm. 264, obs. BUISSON ; RPDP 2013, p. 648, obs. CONTE.

[249] Cela suppose une délimitation nette entre vie privée et vie publique : BONNEFOY A., « Comment punir la diffamation ? », art. préc. ; DREYER E., *JCl. Lois pénales spéciales, Presse et communication*, fasc. 80, *op. cit.*, n° 72 ; LEVASSEUR G., « Réflexions sur l'exceptio veritatis », *in Droit pénal, propriété industrielle*, Mél. CHAVANNE A., Litec, 1990, p. 111, n° 13. A noter toutefois que cette exception à l'exception ne prévaut pas lorsque sont en cause des faits relatifs à des viols ou infractions sexuelles envers des mineurs.

[250] BONNEFOY A., « Comment punir la diffamation ? », art. préc.

que raciales ou religieuses, l'offre de preuve ne peut être reçue[251]. Reprocher un fait à une personne en raison de sa race ou religion ne peut en aucun cas se justifier[252], sauf à admettre des préjugés.

L'*exceptio veritatis* obéit à des conditions de forme et de fond strictes, qui mettent en relief une certaine complexité. Dans une perspective de concision, seules les conditions de fond seront abordées[253]. Pour pouvoir se prévaloir de ce fait justificatif, le diffamateur devra rapporter la preuve de la vérité du fait qu'il allègue ou impute. Tout fait peut donc faire l'objet d'une preuve, hormis quelques exceptions résiduelles[254]. En outre, la véracité du fait implique que le journaliste, et de manière plus générale l'offenseur, se munisse de documents objectifs attestant la véracité de son propos, avant toute publication. La même solution doit être observée dans le cas où il reprendrait à son compte des faits déjà publiés sous la plume d'un autre individu[255]. La Cour de cassation exige, à cet effet, que la preuve devait être « *parfaite, complète et corrélative aux imputations diffamatoires dans toute leur portée* » [256]. Ces trois critères, qui forment en réalité une seule et même condition générale, conduisent à sensiblement durcir le régime de l'offre de preuve, si bien que la jurisprudence européenne est venue limiter de tels effets, notamment au sujet des jugements de valeur qui renferment une imputation diffamatoire suffisamment précise au sens de la jurisprudence interne[257]. La juridiction européenne opère ainsi une séparation nette entre les déclarations de faits, qui peuvent, en effet, se prouver, et les jugements de valeur, qui ne se prêtent à aucune démonstration au nom de la liberté d'opinion garantie par l'article 10 de la Convention[258].

---

[251] DREYER E., *JCl. Lois pénales spéciales, Presse et communication*, fasc. 80, *op. cit.*, n° 68. C'est la démonstration du lien de causalité entre le fait et l'appartenance à une religion ou race qui est impossible.

[252] V. par ex. Crim. 16 mars 2004, n° 03-82.828, bull. crim. n° 67 : JurisData n° 2004-022957 ; Dr. pén. 2004, comm. 102, obs. VERON.

[253] Sur les conditions de forme, se reporter à l'art. 55 de la L. du 29 juill. 1881 ; ANATRELLA B. et SAUVAGE G., *Droit de la presse, Le guide pratique*, CFPJ éd., 2013, p. 43 ; LEVASSEUR G., « Réflexions sur l'exceptio veritatis », art. préc., n° 14 s.

[254] V. en ce sens : DETRAZ S., Rép. pén. Dalloz, V° Diffamation, *op. cit.*, n° 237 s.

[255] ANATRELLA B. et SAUVAGE G., *Droit de la presse*, *op. cit.*, p. 43.

[256] Crim. 13 mars 1948 : JCP 1948. II. 4431 ; 2 juin 1980 : RSC 1982 ; 3 mars 2015, n° 13-88.063 ; 23 janv. 2018, n° 16-87.627 : D. 2019, p. 216, chron. DREYER.

[257] DETRAZ S., Rép. pén. Dalloz, V° Diffamation, *op. cit.*, n° 257 s.

[258] Cour EDH. 11 avr. 2006, *Brasilier c/ France*, préc.

Autrement dit, elle exige simplement que le diffamateur puisse s'appuyer sur l'existence d'une base factuelle suffisante, ce qui assouplit considérablement le régime de l'*exceptio veritatis*[259]. Sous l'impulsion de cette jurisprudence, la juridiction suprême interne admet désormais, dans le cas d'un débat d'intérêt général, que le fait imputé paraisse vraisemblable[260].

Toutefois, les journalistes restent tout de même soumis à une certaine déontologie, qui les oblige à vérifier en tout et pour cause la véracité des propos publiés[261].

Lorsque l'offre de preuve échoue, le diffamateur pourra toujours axer sa défense sur le fait justificatif de la bonne foi[262]. Contrairement à *l'exceptio veritatis*, la bonne foi se veut plus morale, puisqu'elle ne reçoit justification que dans certaines situations circonstanciées, et de fait, plus légitimes[263].

16. Fait justificatif tiré de la bonne foi – La bonne foi, de tradition prétorienne, a été érigée en fait justificatif objectif dans un souci de rectitude, notamment pour ne pas bigorner sur le « bon » diffamateur[264]. Toutefois, l'expression souffre quelque peu de sa condition physique[265], car ses termes renvoient automatiquement à l'élément moral de la diffamation. En réalité, l'auteur n'entend pas prouver ici l'inexistence de son intention en démontrant sa bonne foi,

---

[259] La Cour européenne, suivant l'importance du sujet abordé admet que les faits ne soient pas expressément avérés, mais résultent de simples indices : Cour EDH. 25 juin 1992, req. n° 13778/88, *Thorgeir Thorgeirson c/ Islande*.

[260] Crim. 27 févr. 2018, n° 17-81.057 et 17-81.381 ; 10 avr. 2018, n° 17-81.347 ; 7 mai 2018, n° 17-82.663 : D. 2018. 1014 : Gaz. Pal. 2018, n° 36, p. 27, obs. FOURMENT.

[261] DETRAZ S., Rép. pén. Dalloz, V° Diffamation, *op. cit.*, n° 264 ; Cour EDH. 20 mai 1999, req. n° 21890/93, *Bladet Tromsø et Stensaas c/ Norvège*.

[262] L'*exceptio veritatis* est encadré par des règles plus ou moins strictes, certes assouplies par la jurisprudence européenne, mais qui enferment néanmoins le juge dans un carcan d'acier ; et c'est ce qui l'a conduit à promouvoir le fait justificatif de la bonne foi, lequel apparaît comme un substitut à l'offre de preuve : ADER B., « La preuve de la vérité en droit de la diffamation », Legipresse n° 159, mars 1999, II-19. *Exceptio veritatis* et bonne foi se complètent.

[263] DREYER E., *JCl. Lois pénales spéciales, Presse et communication*, fasc. 80, *op. cit.*, n° 115.

[264] GOULESQUE J. et MICHAUD J., « Le parquet et le "bon" diffamateur », art. préc.

[265] DE LAMY B., « La bonne foi en matière de diffamation : un faux ami », D. 1998, p. 499.

tout au contraire, il la conforte, mais il justifie ses dires par des circonstances particulières[266] ; c'est bien la preuve qu'il ne conteste pas avoir diffamé. Telle quelle, la bonne foi se rapproche des faits justificatifs objectifs[267] de droit commun tels que la légitime défense ou encore l'état de nécessité, dont l'on pourrait s'inspirer pour substituer la « légitime diffamation » à la « bonne foi ». C'est par conséquent à tort que la jurisprudence estime parfois que la bonne foi conduit à dissiper l'intention de l'auteur, car elle ne fait qu'estomper l'élément légal de l'infraction[268]. Ce fait justificatif prétorien présente, en outre, une authenticité propre à la matière étudiée, qui ne trouve pas son pareil en droit pénal classique.

Cela dit, l'existence de ce fait justificatif est conditionnée par la réunion d'un ensemble d'éléments, dont le succès est fortement dépendant des circonstances, tant extrinsèques qu'intrinsèques au propos. *In globo*, l'objectif poursuivi est d'établir l'honnêteté intellectuelle de l'offenseur[269] ; et l'examen des circonstances attachées au propos litigieux est d'importance, puisque la Cour de cassation a pu juger que « *le prévenu [pouvait] démontrer sa bonne foi par l'existence de circonstances particulières* ». En substance, il s'agit de s'interroger sur les éléments pouvant amener à qualifier de particulières les circonstances étudiées. Pour ce faire, la jurisprudence est venue contraindre celui qui s'en prévalait, à établir l'existence de quatre critères cumulatifs, dont l'absence d'un seul entraîne automatiquement l'échec du fait justificatif[270].

Devront donc être prouvés la légitimité du but poursuivi[271], l'absence d'animosité personnelle[272], le sérieux de l'enquête et la

---

266 CONTE Ph., « La bonne foi en matière de diffamation : notion et rôle », art. préc.

267 Elle opère de la même manière c'est-à-dire in rem : Crim. 7 mai 2018, n° 17-82.663, bull. crim. n° 749 : D. 2018. 1014.

268 CONTE Ph., « La bonne foi en matière de diffamation : notion et rôle », art. préc.

269 DE LAMY B., « La bonne foi en matière de diffamation : un faux ami », art. préc.

270 Crim. 19 juin 2012, n° 11-86.611, inédit.

271 Crim. 20 févr. 1990, n° 88-85.438, inédit : volonté d'informer. L'information doit avoir une utilité certaine pour la société, mais elle doit être également relayée avec mesure et prudence.

272 Crim. 3 oct. 2006, n° 05-85.725, inédit : multiplicité des accusations. De manière générale, l'animosité peut être caractérisée par un ton agressif, des propos outranciers, ou des logorrhées virulentes etc…

fiabilité des sources[273], la prudence et la modération dans l'expression[274]. Le journaliste doit garder en mémoire la célèbre maxime née sous la plume d'Albert Londres « *un journaliste n'est pas un enfant de chœur (...) notre métier n'est pas de faire plaisir, non plus de faire du tort, il est de porter la plume dans la plaie* »[275]. Certaines de ces conditions font constamment l'objet d'une révision dans un sens toujours plus favorable à la liberté d'expression et conforme aux évolutions sociétales. Tel est le cas avec la prise en compte progressive du droit à la satire et à l'humour, qui commande une certaine exagération des propos, quitte à susciter l'agitation ou l'indignation[276] ; rappelant avec force que les infractions de presse s'inscrivent dans une perpétuelle mouvance. La Haute juridiction semble toutefois observer une prudence minimale dans l'exercice du droit à la satire ou à l'humour[277], ce qui entraîne nécessairement une variable dans l'appréciation, qui par définition devient nécessairement subjective. A l'inverse, elle semble plus indulgente à l'endroit des polémiques politiques, atténuant considérablement l'exigence relative à la prudence dans l'expression[278]. C'est dire à quel point la

---

[273] Est appréciée une proportionnalité entre les propos en cause et la gravité des faits dénoncés, v. par ex. Crim. 14 mars 2017, n° 16-80.209 : JurisData n° 2017-004506, qui rejette le bénéfice de la bonne foi pour l'auteur de propos ayant laissé entendre que la personne visée avait pris part dans des faits à coloration pénale en se gardant bien de préciser qu'une décision de non-lieu avait rendue à son endroit. La Cour a estimé que l'auteur avait manqué de prudence dans son expression.

[274] *Lamy Droit des Médias et de la Communication*, n° 233-60.

[275] En ce sens, Crim. 6 juill. 1993, bull crim. n° 242 : JurisData n° 1993-001400 : « *s'il est légitime d'informer le public (...), le but ainsi poursuivi ne dispense pas le journaliste des devoirs de prudence, de circonspection, d'objectivité et de sincérité dans l'expression de la pensée* ».

[276] Cour EDH. 14 mars 2013, req. n° 26118/10, *Eon c/ France* : AJDA 2013. 174, chron. BURGORGUE LARSEN ; D. 2013. 968, obs. LAVRIC ; *ibid.* 2713 obs. ROUJOU DE BOUBEE, GARE, GOZZI, MIRABAIL et POTASZKIN ; AJ pén. 2013. 477, obs. PORTERON ; RFDA 2013. 576, chron. LABAYLE, SUDRE, DUPRE DE BOULOIS et MILANO ; *ibid.* 594, chron. DROIN ; Constitutions 2013. 257, obs. DE BELLESCIZE ; RSC 2013. 570, obs. ROETS. Il s'agissait en l'espèce d'un écriteau sur une affichette à destination du cortège présidentiel « *casse-toi pov'con* ».

[277] Civ. 2e, 24 févr. 2005, n° 02-19.136, bull. civ. n° 48.

[278] Crim. 23 mars 1978, n° 77-90.339, bull. crim. n° 115. L'affaire Foyer reste probablement celle qui aura jeté les bases de l'admission de la bonne foi dans le cadre d'une polémique politique. J. Foyer avait accusé le syndicat de la magistrature de noyautage et de se livrer à quelques pratiques subversives, dont les responsables étaient « *les juges rouges* ». La Cour a admis la bonne foi en l'espèce, même si les

jurisprudence européenne fait office d'une véritable boussole en la matière[279], et surtout lorsqu'il est question de débat d'intérêt général[280]. Autrement dit, l'approche de la bonne foi reste globalement stricte, et à cette occasion, la Haute Cour exige que soit rapportée la preuve des quatre éléments ; mais lorsqu'il s'agit d'un débat d'intérêt général, l'appréciation perd en rigidité[281]. La sévérité de la jurisprudence dépendra souvent de la qualité de la personne poursuivie, selon qu'elle soit journaliste ou non[282]. Le journaliste, professionnel de l'information, aura donc tout intérêt à prendre les précautions nécessaires afin de pouvoir se prévaloir de la bonne foi[283]. En réalité, la bonne foi se mue en caméléon, car à chaque registre d'expression correspond une application spécifique[284], tant et si bien que l'on peut relever un certain manque de constance, pourtant nécessaire au regard du principe de sécurité juridique.

En définitive, au fil des applications jurisprudentielles de la bonne foi, notamment sous le patronage de la juridiction strasbourgeoise, la liberté d'expression semble se hisser au rang de fait justificatif général, avec pour conséquence principale une jurisprudence qui s'éloigne des codes de la prévisibilité et de l'accessibilité[285], pourtant farouchement contrôlés par la Cour européenne des droits de l'homme…

17. Fait justificatif tiré de l'excuse de provocation – Ce moyen de défense, propre à l'injure, permet à l'auteur des propos de s'exonérer de sa responsabilité pénale lorsqu'il répond à des injures. Il s'agit, dans une certaine mesure, d'un droit à la vengeance privée. La

---

expressions employées paraissaient âpres, les critiques formulées se ramenaient à la liberté de critiquer les institutions de l'Etat ; que les citoyens avaient le droit de d'être informés sur de telles opinions ou doctrines ; et qu'enfin dans le domaine de la polémique politique, il n'est pas nécessaire d'observer une prudence dans l'expression. V. égal. l'affaire Rocard : Ch. Mixte, 24 nov. 2000, n° 94-19.867.

279 Pour un ex. récent v. Cour EDH. 22 janv. 2015, req. n° 26671/09, *Pinto Pinheiro Marques c/ Portugal.*

280 DETRAZ S., Rép. pén. Dalloz, v° Diffamation, op. cit., n° 296.

281 Crim. 11 mars 2008, bull. crim. n° 59 : RPDP 2008, p. 869, obs. CONTE ; BIGOT C., *Pratique du droit de la presse, op. cit.*, p. 154 s.

282 DREYER E., *JCl. Lois pénales spéciales, Presse et communication*, fasc. 80, n° 120.

283 *Ibidem.*

284 BIGOT C., *Pratique du droit de la presse, op. cit.*, p. 159.

285 LEPAGE A. et MATSOPOULOU H., *Droit pénal spécial, op. cit.* n° 595.

Cour de cassation est naturellement venue préciser son régime, ainsi « *la provocation ne peut résulter que de propos, d'écrits injurieux, et de tous autres actes de nature à atteindre l'auteur de l'infraction, soit dans son honneur ou sa considération, soit dans ses intérêts pécuniaires ou moraux* »[286]. La définition n'est pas enserrée dans un carcan trop rigide, de sorte qu'il suffit que le fait litigieux soit simplement fautif ou injuste, de nature à déchaîner les passions et colères. L'injure doit entretenir un lien direct avec la provocation et l'auteur doit être la victime de celle-ci[287]. Il est également indispensable d'observer un degré de proportionnalité entre l'attaque et la riposte, ainsi qu'une relation causale temporelle relativement courte[288]. À ce propos, si la riposte ne doit pas être strictement concomitante à l'attaque, celle-ci doit intervenir assez rapidement[289]. La réaction ne peut d'ailleurs se comprendre que dans ces circonstances, elle doit être le reflet d'une vive émotion déclenchée par une attaque injustifiée dirigée contre l'honneur ou la considération de la personne visée.

L'admission de l'excuse de provocation corrobore l'analyse selon laquelle l'injure est une infraction spécifique ; et si, *a priori*, elle ne peut être tenue en échec que par l'existence d'un seul fait justificatif, il semble qu'une tendance favorise le jeu de la bonne foi en la matière, sans pour autant exiger les quatre critères classiques de celle-ci[290]. En réalité, il s'agit pour le coup de déplacer le curseur sur l'élément intentionnel de l'auteur qui pourra combattre la présomption d'intention en justifiant un contexte particulier.

18. Conclusion – L'étude de ces deux infractions a démontré avec vigueur qu'elles présentaient de nombreuses spécificités, et qu'elles se démarquaient du droit pénal commun, et ce à plus d'un titre. Cependant, le droit pénal de la presse remet en cause certains grands principes de la matière pénale, tel que celui de la sécurité juridique, qui croule sous le poids des circonstances. Toutes les espèces sont, en conséquence, soumises à l'examen de leurs circonstances, si bien que

---

[286] Crim. 10 mai 2006, n° 05-82.971, inédit.

[287] BIGOT C., *Pratique du droit de la presse*, *op. cit.*, p. 219.

[288] Crim. 17 févr. 1981, n° 79-927.48, bull. crim. n° 64 ; Crim. 24 nov. 2009, n° 04-84.831, bull. crim. n° 89.

[289] ANATRELLA B. et SAUVAGE G., *Droit de la presse, Le guide pratique*, *op. cit.*, p. 55.

[290] *Ibidem*, p. 56.

leur appréciation dépend fortement de considérations subjectives. Or, la matière pénale doit être gouvernée par une prévisibilité suffisante. En ce sens, les infractions de presse attentatoires à l'honneur ou à la considération restent particulièrement en proie à des évolutions futures ; et ce d'autant plus que la jurisprudence européenne exerce un contrôle effectif. Son influence n'est évidemment plus à prouver aujourd'hui, et si elle a pu faire avancer les conceptions, en faveur de la liberté d'expression, son contrôle esquisse les contours d'une véritable emprise.

II. L'influence croissante des droits et libertés fondamentaux sur la répression de la diffamation et l'injure

19. Libertés fondamentales et droit pénal de la presse – La matière pénale, forte de ses influences humanistes, est sans cesse bousculée par des évolutions. Le droit pénal de la presse rend, de fait, la matière vivante, mais également sujette à des controverses. Ainsi, l'ascendance européenne des droits de l'homme y est plus forte qu'ailleurs. Pétrie d'intentions libérales[291], la Cour européenne des droits l'homme contribue très largement à construire le régime juridique de ces infractions, si bien que c'est sous son élan qu'est apparu le critère du débat d'intérêt général (A). En parallèle, s'observe pourtant un mouvement inverse : le renforcement de certains droits de la personnalité au profit des victimes (B).

A. L'appréciation circonstanciée de la diffamation et de l'injure à travers le prisme du débat d'intérêt général

20. Apparition du critère du débat d'intérêt général – La liberté d'expression, fondement incontestable d'une société démocratique, explique la position très libérale de la Cour européenne des droits de l'homme sur la question. C'est donc sur elle que reposent les fondations du critère du débat d'intérêt général, dont l'on a pu en constater les prémices à travers une décision du 23 décembre 1994, dans laquelle la juridiction européenne estime qu'il revient à la presse de « *communiquer des informations et des idées sur des questions d'intérêt public (...) et qu'à sa fonction qui consiste à en diffuser,*

---

[291] Sur la théorie libérale, v. HENNETTE-VAUCHEZ S. et ROMAN D., *Droits de l'Homme et libertés fondamentales*, 3e éd., Dalloz, coll. Hypercours, 2017, n° 93 s.

s'ajoute le droit, pour le public d'en recevoir»[292]. La liberté d'expression se rapproche naturellement de la liberté d'information, absolument nécessaire dans la préservation et la promotion du débat public. Au fil de ses décisions, la Cour européenne est venue préciser sa doctrine sur la question du sujet d'intérêt général. Ce dernier fait naître un droit de critique, qui peut s'exercer parfois violemment, autrement dit de nature à choquer. N'est-ce pas le propre d'une critique ou d'une opinion : bousculer ou choquer, afin de sensibiliser ? Aussi, elle n'admet que peu de restrictions, de sorte que toute limitation soit s'apprécier strictement[293]. C'est à cette occasion qu'elle a développé la distinction entre déclaration de faits et jugement de valeur, lequel doit simplement reposer sur une base factuelle suffisante[294]. Mais c'est sans doute l'affaire *Mamère* qui a donné au critère d'intérêt général toute sa portée ; en effet, dès lors qu'un tel critère est en jeu, la marge d'appréciation des juridictions internes doit être drastiquement restreinte, tant et si bien que la modération dans l'expression n'est pas requise[295]. En somme, la Cour y attache une quasi-immunité[296] et prend la mesure de la responsabilité qui pèse notamment sur les épaules des journalistes, assimilés à un contre-pouvoir toujours au service de la démocratie. L'appréciation est à ce titre factuelle, circonstanciée, dans une perspective globale. Il est néanmoins regrettable de constater que la Cour ne donne pas de définition précise de l'intérêt général, alors qu'elle serait utile notamment pour objectiver les éléments susceptibles de contrebalancer le manque de prudence[297].

En substance, l'interprétation ultra libérale de la Cour tend à faire de l'intervention du droit pénal en matière de presse une ingérence disproportionnée, et en ce sens, elle n'hésite pas à inciter les États à supprimer les dispositions pénales en la matière[298]. Alors que la Cour

---

[292] Cour EDH. 23 sept. 1994, req. n° 15890/89, *Jersild c/ Danemark*, §31 : RFDA 1995. 1172, n. LABAYLE et SUDRE.

[293] Cour EDH. 11 avr. 2006, *Brasilier c/ France*, préc.

[294] *Ibidem.*

[295] Cour EDH. 7 nov. 2006, aff. n° 12697/03, *Mamère c/ France* : D. 2007. 1704, n. MARGUENAUD ; Legipresse n° 239, mars 2007, III, p. 34, comm. LECLERC ; RSC 2008. 140, obs. MARGUENAUD et ROETS.

[296] MONFORT J.-Y., « L'apparition en jurisprudence du critère du débat d'intérêt général dans le droit de la diffamation », Legipresse n° 290, janv. 2012, p. 21.

[297] *Ibidem.*

[298] FRICERO N., « La sanction des abus de la liberté d'expression. Synthèse », art. préc.

conçoit la pénalisation de la diffamation et l'injure comme un frein à la liberté d'expression, la conception française aborde la question dans une logique tout à fait inverse : ce sont les dispositions pénales qui permettent au contraire la sauvegarde de la liberté d'expression. C'est probablement la différence de culture juridique séparant la juridiction européenne et les juridictions françaises qui aboutit à de telles divergences de politique juridique. Pendant que le spectre de la légalité criminelle commande une rigueur d'interprétation et garantit efficacement la liberté d'expression en droit interne[299], la Cour européenne penche plutôt vers un contrôle d'opportunité[300].

21. Intégration du critère du débat d'intérêt général en jurisprudence interne – Face à la jurisprudence européenne, ainsi qu'à la résistance des juges du fond, la Cour de cassation n'a eu d'autre choix que d'accueillir, dans un arrêt du 24 novembre 2000, le critère du débat d'intérêt général. Elle estime que les déclarations au sujet d'un homme politique relatives à son aptitude d'exercer les fonctions pour lesquelles il se présente aux électeurs, s'inscrivent dans « *le contexte d'un débat politique, concernant [son] activité publique (...) en dehors de toute attaque contre sa vie privée, et à la condition que l'information n'ait pas été dénaturée* »[301]. Dans une autre espèce plus récente[302], la chambre criminelle a emboîté le pas et s'est prononcée en faveur de l'admission du critère d'intérêt général, au visa de l'article 10 de la Convention européenne des droits de l'homme. Il faut bien noter que l'intégration de ce concept en jurisprudence interne a eu pour effet de bousculer les règles préexistantes[303], sans pour autant les renverser[304]. L'on observe à ce titre que le critère du débat d'intérêt général s'apprécie essentiellement sur le terrain de la bonne foi ; et c'est d'ailleurs pour cela que l'on a pu objecter que la bonne foi glissait sur le terrain de

---

[299] WACHSMANN P., « La liberté d'expression », *in* CABRILLAC (s. dir), *Libertés et droits fondamentaux*, 24e éd., Dalloz, coll. Objectif avocat, 2018, p. 550.
[300] MONFORT J.-Y., « L'apparition en jurisprudence du critère du débat d'intérêt général dans le droit de la diffamation », art. préc.
[301] Ch. mixte 24 nov. 2000 : BICC 15 janv. 2001, concl. LUCAS.
[302] Crim. 11 mars 2008, n° 06-84.712, bull. crim. n° 59.
[303] DE LAMY B., « Droit de la presse et informations d'intérêt général », Legipresse n° 323, janv. 2015, p. 17.
[304] BIGOT C., « La portée de la rénovation de la théorie de la bonne foi sous l'emprise de l'intérêt général », Legipresse n° 290, janv. 2012, p. 26.

l'injure. Dès lors que l'injure est émise dans un contexte politique, elle semble plus légitime et surtout relever beaucoup plus de l'opinion que de l'outrage[305]. Si la liberté d'expression est érigée en fait justificatif général, le critère du débat d'intérêt général, quant à lui, met en lumière une méthode d'approche différente reposant sur une logique propre[306].

22. Illustrations – Dans un arrêt remarqué en date du 19 janvier 2010[307], la chambre criminelle a affirmé que « *la bonne foi [devait] être appréciée en tenant compte notamment du caractère d'intérêt général du sujet sur lequel [portaient] les propos litigieux, et du contexte politique dans lequel ils [s'inscrivaient]* ». En l'espèce, un conseiller municipal de la ville de Corbeille-Essonne, opposé au maire, avait imputé à ce dernier de mauvaises gestions financières, ainsi qu'une politique de favoritisme à propos de constructions immobilières, à l'occasion d'un conseil municipal et d'un communiqué de presse publié sur internet. Il était donc poursuivi pour diffamation. Si les juges du fond ont pu considérer que ces imputations constituaient une diffamation, la chambre criminelle, fortement imprégnée par la doctrine européenne, a refusé à raison une telle qualification. En effet, nonobstant l'absence de définition claire du sujet d'intérêt général, il semble que de telles informations soient de nature à informer le public sur les agissements subversifs d'un élu, afin que chaque citoyen puisse juger seul en âme et conscience. D'ailleurs, une décision rendue par la Cour suprême des États-Unis donne des éléments intéressants sur la notion d'intérêt général : « *Le droit constitutionnel à la liberté d'expression est un remède puissant dans une société aussi diverse et nombreuse que la nôtre. Il est destiné à écarter les limitations par l'État de l'espace de la discussion publique, en remettant largement le pouvoir de décider quelles sont les vues qui s'exprimeront entre les mains de chacun d'entre nous, dans l'espoir que l'utilisation de cette liberté produire en fin de compte des citoyens plus compétents et de meilleures institutions* »[308]. Dès lors, le débat d'intérêt général permettrait à chacun de former son

---

[305] Cour EDH. 14 mars 2013, *Eon c/ France*, préc.

[306] DOURNEAU-JOSETTE P., « La notion de débat d'intérêt général dans la jurisprudence de la Cour européenne des droits de l'homme », Legipresse n° 323, janv. 2015, p. 25.

[307] Crim. 19 janv. 2010, n° 09-84.408, bull. crim. n° 12.

[308] Cour suprême USA, Cohen v. California, 403 US 15, 23, 1971.

esprit critique et d'acquérir une liberté de décision, mais également de lutter contre la manipulation publique.

Bien que la jurisprudence interne ait parfaitement intégré les codes européens en la matière, son homologue européen semble repousser toujours plus loin les frontières de la répression, l'obligeant à revoir de manière permanente sa doctrine. Dans une affaire très récente[309], elle a une nouvelle fois sanctionné la France pour la condamnation d'un journaliste qui avait critiqué à l'antenne le dirigeant de la radio auprès de laquelle il tenait une émission. Ses critiques portaient essentiellement sur la nouvelle gestion financière et éditoriale pratiquée par la victime. La Cour rappelle que le propos litigieux s'inscrivait dans un débat d'intérêt général et qu'il ne saurait mettre en péril la liberté de la presse à travers une ingérence disproportionnée, n'ayant d'autre but que de museler les journalistes. S'illustre donc bien à travers cette espèce la position ultra libérale de la Cour.

23. Appréciation circonstanciée suivant la qualité de la personne poursuivie ou celle de la victime – Certaines fonctions paraissent plus protégées que d'autres et disposent, au regard de leur rôle dans la société, d'une « *super liberté d'expression* »[310] ; ainsi en va-t-il des journalistes, des politiques ou encore des avocats.

Le travail du journaliste, par exemple, est d'importance dans une société démocratique, puisqu'il a pour mission principale d'informer le grand public et, faut-il le rappeler, il est le chien de garde de la démocratie[311] ; pour autant, leur déontologie les astreint à un exercice professionnel rigoureux, dans le respect de la bonne foi[312]. Plus leur enquête sera sérieuse, plus ils auront de chance de s'exonérer de leur responsabilité pénale sur le terrain de la bonne foi[313]. Mais globalement, la garantie de la liberté d'expression octroyée aux

---

309 Cour EDH. 12 juill. 2016, req n° 50147/11, *Reichman c/ France* : D. 2016. 1652 ; D. actu. 20 juill. 2016, art. PORTMANN ; Procédures 2016. 288, obs. FRICERO ; JDI 2017. 1137 n. DECAUX.

310 FRICERO N., « La sanction des abus de la liberté d'expression. Synthèse », art. préc.

311 BIGOT C., « Le journalise saisi par le droit », *in Les médias et l'Europe*, *op. cit.*, p. 341.

312 BIOY X., *Droits fondamentaux et libertés publiques*, *op. cit.*, n° 1142.

313 Civ. 1ère, 3 févr. 2011, n° 09-10301, bull. civ. I n° 21 : LEFP mars 2011, obs. DOUVILLE.

journalistes est de plus en plus importante depuis que le secret des sources journalistiques a été consacré[314].

Les politiques, au regard de leur rôle dans une société démocratique, disposent eux-aussi d'une « *super liberté d'expression* », car comme l'a jugé la Cour strasbourgeoise : « *précieuse pour chacun, la liberté d'expression l'est tout particulièrement pour un élu du peuple ; il représente ses électeurs, signale leurs préoccupations et défend leurs intérêts. Partant, des ingérences dans la liberté d'expression d'un parlementaire de l'opposition (...) commandent à la Cour de se livrer à un contrôle des plus stricts* »[315]. À ce titre, les périodes électorales font le jeu des politiques, car ce contexte très particulier leur permet une plus grande liberté de parole, sans toutefois leur accorder un droit absolu[316]. Dans cette perspective, la Cour a pu relever que « *dans le contexte d'une compétition électorale, la vivacité des propos est plus tolérable qu'en d'autres circonstances* »[317], ce que, au demeurant, la Cour de cassation reconnaît également[318]. Par conséquent, le fait de dire publiquement à l'égard de l'un de ses opposants aux élections présidentielles qu'il est un « *fasciste* » n'est pas considéré comme une injure, car « *il exprime l'opinion de leur auteur, dans le contexte d'un débat politique, au sujet des idées prêtées au responsable d'un parti politique* »[319], quand bien même le propos apparaisse « *outrageant à l'égard de la partie civile* »[320]. Cette tolérance maximaliste en faveur de la liberté d'expression comporte logiquement un revers : le

---

[314] L. du 29 juill. 1881, art. 2 bis : « *Tout journaliste (...) a le droit de refuser toute pression, de refuser de divulguer ses sources et de refuser de signer un article, une émission, une partie d'émission ou une contribution dont la forme ou le contenu auraient été modifiés à son insu ou contre sa volonté. (...)* » ; v. égal. FOURMENT F. et PIOT P., « Le secret des sources », *in Les médias et l'Europe*, *op. cit.*, p. 317.

[315] Cour EDH. 23 avr. 1992, req. n° 11798/85, *Castells c/ Espagne* : AJDA 1992. 416, chron. FLAUSS ; *ibid.* 1993. 195, chron. FLAUSS ; RFDA 1993. 963, chron. BERGER, GIAKOUMOPOULOS, LABAYLE et SUDRE ; RSC 1992. 796, obs. PETTITI.

[316] RAMBAUD R., « Droit pénal électoral : précisions sur le régime juridique de la diffamation en campagne électorale », AJDA 2016, p. 963 ; DROIN N., « La frontière entre l'injure et l'opinion : y a-t-il une spécificité propre à la période électorale ? », AJDA 2017, p. 1182.

[317] Cour EDH. 11 avr. 2006, *Brasilier c/ France*, préc.

[318] Crim. 9 déc. 2014, n° 13-84.869, inédit; 20 oct. 2015, n° 14-82.587, bull. Crim. n° 364 : AJDA 2016. 963, n. RAMBAUD ; D. 2015. 2184.

[319] Crim. 28 févr. 2017, n° 15-86.591, inédit.

[320] *Ibidem*.

politique, eu égard à la nature de ses fonctions, s'expose à des critiques plus virulentes[321] qu'il doit accepter plus que d'autres[322]. Dans une affaire très récente[323], la Cour européenne a affirmé qu'il ne pouvait y avoir diffamation dès lors qu'un conseiller municipal, en charge des finances et des appels d'offre, déclare publiquement lors d'un conseil municipal à destination de la maire et de sa première adjointe qu'elles sont coupables « *d'escroquerie (...) sur le marché public de la route de la Clave* » et demande leur démission. En effet, le conseiller municipal avait relevé de nombreuses irrégularités tant sur le plan de l'attribution du marché public en question que sur le plan financier. Or, ici, la Cour rappelle que les propos, condamnés par les juridictions internes, relèvent du débat d'intérêt général et reposent sur une base factuelle suffisante.

Dans un autre registre, l'avocat peut lui aussi bénéficier d'une liberté d'expression démultipliée lorsqu'il s'exprime sur un sujet ayant trait à un débat d'intérêt général. L'affaire Morice[324] est riche d'enseignements, car elle démontre avec vivacité que les magistrats, en ce qu'ils représentent une institution publique, peuvent faire l'objet d'assertions plus ou moins tranchées, car elles font partie du libre débat dans une société démocratique. Dans cette affaire, Maître Morice dénonçait le manque de professionnalisme de deux juges d'instruction en charge du dossier dans lequel il représentait la veuve d'un magistrat, ayant trouvé la mort dans des circonstances douteuses lors de son détachement à Djibouti. En l'espèce, était en cause un défaut de transmission au juge nouvellement saisi de l'affaire de la cassette vidéo de l'enregistrement d'un transport sur les lieux qu'ils avaient effectué à Djibouti. Dans un article publié dans le journal Le Monde, l'avocat critiquait le manque de loyauté et d'impartialité dont ces juges avaient fait preuve dans la conduite de l'enquête, et leur connivence avec le procureur de la République de ce pays. Cette

---

[321] KAMINSKI I. C., « Interdits et tolérances politiques », *in Les médias et l'Europe*, *op. cit.*, p. 105.

[322] BIOY X., *Droits fondamentaux et libertés publiques*, *op. cit.*, n° 1150.

[323] Cour EDH. 7 sept. 2017, req. n° 41519/12, *Lacroix c/ France* : D. actu. 14 sept. 2017, obs. AUTIER ; AJCT 2018. 42, n. MAYAUD.

[324] Cour EDH. gr. ch., 23 avr. 2015, req. n° 29369/10, *Morice c/ France* : D. actu., 13 mai 2015, obs. BACHELET ; D. 2015. 974 ; ibid. 2016. 225, obs. RENUCCI ; AJ pén. 2015. 428, obs. PORTERON ; Constitutions 2016. 312, chron. DE BELLESCIZE ; RSC 2015. 740, obs. ROETS.

affaire, que l'on peut qualifier à juste titre de feuilleton judiciaire[325], s'est soldée par une victoire de la liberté d'expression[326]. Dans ces circonstances, et notamment suite à la condamnation de la France pour violation de l'article 10, l'Assemblée plénière a considéré que les propos en cause relevaient d'un jugement de valeur, dont il fallait démontrer qu'ils reposent sur une base factuelle suffisante et non pas qu'ils soient vrais. Force est de constater qu'à travers cette espèce, la jurisprudence s'est trouvée dans l'obligation de se soumettre à la vision européenne, proclamant la liberté d'expression de l'avocat à un rang supérieur, et confirme de fait une plus grande latitude dans la critique des institutions publiques[327], là aussi nécessaire dans une société démocratique.

24. Limites aux limites – Si la liberté d'expression est synonyme de grande liberté, elle ne peut être entière qu'à la condition qu'elle soit assortie de limites. La question relative à ses frontières se pose avec acuité, puisque l'enjeu est de taille : éviter les écueils du délit d'opinion. Or, il a été démontré précédemment que le débat d'intérêt général avait plutôt pour finalité de repousser la répression, de telle sorte que cette question peut s'entacher de scepticisme. Et pourtant ! L'article 10 §2 de la Convention instaure un garde-fou à la liberté d'expression proclamée par l'article 10 §1. Il prévoit que l'exercice de cette liberté « *[comporte] des devoirs et des responsabilités (...)* » et « *peut être soumis à certaines (...) restrictions ou sanctions prévues par la loi, qui constituent des mesures nécessaires, dans une société démocratique (...)* ». La liberté d'expression ne peut et ne doit pas être totalitaire, sous peine de voir ses bienfaits s'inverser et se muer en méfaits. Deux conditions doivent être remplies : d'une part, les restrictions ou sanctions doivent être prévues par la loi, et d'autre part, elles doivent poursuivre un but légitime. La protection des droits

---

[325] Maître Morice fut déclaré coupable de diffamation par les juridictions internes, puis porta l'affaire devant la Cour européenne qui refusa de condamner la France pour violation de la liberté d'expression. Par la suite, il obtint un examen par la grande chambre, laquelle entra en voie de condamnation à l'égard de la France sur le fondement de l'article 10. Enfin, il demanda la révision de son affaire devant les juridictions internes, l'Assemblée plénière annula sa condamnation du chef de diffamation.

[326] Ass. plén. 16 déc. 2016, n° 08-86295 : Gaz. pal. n° 2, 10 janv. 2017, p. 33, obs. BERLAUD.

[327] V. en ce sens, Crim. 8 janv. 2019, n° 17-81.391 : D. 2019, p. 512, n. RASCHEL.

d'autrui constitue une limite nécessaire, au premier chef de laquelle se situe l'honneur. Évidemment, la protection de l'honneur est parfois rognée au visa de la liberté d'expression, mais elle ne saurait être complètement dénigrée. A ce titre, la Cour européenne a jugé très récemment que la France ne violait pas l'article 10 pour avoir condamné un homme d'affaires du chef de diffamation envers un politique[328]. Le prévenu avait accusé l'homme politique de lui avoir réclamé un pot de vin afin que lui soit attribuée l'exploitation d'un parc d'attraction. Il avait accordé une *interview* à un journaliste qui publia à son tour un article intitulé « *DSK et le fric les liaisons dangereuses* ». La Cour européenne, se fondant sur l'article 10 §2, rappelle à bon escient que la liberté d'expression n'est pas sans limites « *même quand il s'agit de rendre compte dans la presse de questions sérieuses d'intérêts général (...) l'information rapportée sur des questions d'intérêt général [étant] subordonnée à la condition que les intéressés agissent de bonne foi de manière à fournir des informations exactes et dignes de crédit* » ; et que les propos, même s'ils relèvent d'un jugement de valeur, doivent reposer sur une base factuelle suffisante. Le prévenu, ayant échoué à rapporter des éléments de preuves suffisants à établir sa bonne foi dans l'imputation portée à l'encontre de sa victime, la condamnation pour diffamation est dès lors justifiée. En somme, la Cour confirme que plus une imputation est grave, plus sa base factuelle doit être solide[329]. Même si le requérant n'est pas un professionnel de l'information et n'est donc qu'un simple particulier, il a le devoir d'étayer ses imputations. Cette solution est en parfaite adéquation avec le principe selon lequel « *la liberté consiste à pouvoir faire tout ce qui ne nuit pas à autrui* »[330], et en l'occurrence, cette ingérence se justifiait en vertu de la protection de la réputation d'autrui ainsi que du droit au respect de la présomption d'innocence.

25. Le débat d'intérêt général a su s'imposer par l'emprise de la jurisprudence européenne, comme un critère justifiant une plus grande liberté d'expression. Cependant, la pleine efficacité d'une liberté ne peut se mesurer à une absence de limites, mais à une juste mise en œuvre de ses limites ; et ce n'est d'ailleurs que par ce biais qu'une

---

[328] Cour EDH. 12 févr. 2019, req. n° 35255/17, *Campion c/ France* : D. actu. 21 mars 2019, obs. LAVRIC.

[329] Cour EDH. 11 mars 2014, req. n° 18288/06, *Boykanov c/ Bulgarie*.

[330] DDHC 1789, art. 4.

liberté atteint une véritable contenance. Elle n'a de valeur que si elle est corrélativement compensée par un rééquilibrage des droits de la partie opposée. La Cour européenne se mue, en conséquence, en régulateur voire arbitre du contentieux de la presse, dont l'appréhension est en tous points singulière. Cependant, et comme elle se plaît à le signifier, la liberté d'expression n'est pas un droit absolu, et c'est pourquoi elle peut parfois être réduite, dans une certaine mesure, dans le but de protéger les droits d'autrui, tels que le droit au respect de la présomption d'innocence ou encore le droit au respect de la vie privée.

B. L'appréciation mesurée de la diffamation et de l'injure à travers le prisme des droits de la personnalité

26. Présomption d'innocence – Le droit à la présomption d'innocence, étroitement lié à l'honneur[331], est depuis quelques années renforcé en droit interne comme international. Outre sa protection en procédure pénale, le Code civil lui en accorde une à travers l'article 9-1 qui énonce que « *chacun a droit au respect de la présomption d'innocence* ». La place de choix qui lui est octroyée au sein de ce Code lui confère une portée générale. Il est également consacré par l'article 6 §2 de la Convention européenne des droits de l'homme, et la loi de 1881 en fait également un droit protégé à travers son article 35 *ter*. La Cour européenne avait, jusqu'à récemment, toujours fait primer la liberté d'expression sur le respect de la présomption d'innocence, notamment à l'égard des politiques. Cette mansuétude à l'égard des journalistes, toujours justifiée par leur fonction au sein de la démocratie, suscite pourtant la polémique, tant elle apparaît disproportionnée au but poursuivi. La recherche du scandale est parfois plus prononcée que celle de l'information et c'est la raison pour laquelle le droit au respect de la présomption d'innocence apparaît bienvenu, car il renforce l'esprit régnant sur les récentes réformes en faveur de la protection des droits de la défense. À travers une décision remarquable, la Cour européenne des droits de l'homme a fait triompher la présomption d'innocence sur la liberté d'expression

[331] AUVRET P., « Le journaliste, le juge et l'innocent. Fable relative à la présomption d'innocence, au secret de l'instruction et aux droits de la personne », RSC 1996, p. 625.

journalistique[332]. Il est vrai qu'une telle décision ramène une once de cohérence et procède à un rééquilibrage entre droits de l'offensé et libertés de l'offenseur en matière de presse. Cependant, l'on peut s'interroger sur le journalisme d'investigations, dont la mission principale est bien de déterrer quelques dossiers enfouis, souvent non jugés, et ainsi révéler la vérité au plus grand nombre. L'intérêt public y apparaît plus fort dans ce cas. Le critère de proportionnalité pourra donc s'avérer utile, et dès lors que le journalise pourra attester d'une base factuelle suffisamment solide, la liberté d'expression retrouvera toute sa vigueur. Dans l'affaire *Campion*[333], c'est précisément cette base factuelle suffisante qui faisait défaut[334]. *A contrario*, sa responsabilité pénale pour diffamation n'aurait pas pu être engagée s'il avait pu justifier *a minima* les faits qu'il imputait.

27. Droit au respect de la vie privée – La vie privée figure parmi les droits de la personnalité en voie de développement et trouve sa protection via différents textes nationaux et internationaux. L'article 9 du Code civil proclame que « *chacun a droit au respect de sa vie privée* » ; et l'article 8 de la Convention européenne des droits de l'homme énonce que « *toute personne a droit au respect de sa vie privée et familiale* ». Il doit être souligné qu'hormis le cas où la preuve de la vérité du fait diffamatoire ne peut être invoquée lorsque le fait en question relève de la vie privée, la loi de 1881 ne comprend aucune disposition en matière de protection de la vie privée[335], contrairement à la présomption d'innocence. Même si le droit pénal n'ignore pas cette protection, l'on sait que les infractions de presse suivent exclusivement le régime juridique de la loi de 1881. Autrement dit, la protection de la vie privée, dans la loi de 1881, peine à éclore. Le droit civil se prémunit un peu mieux contre les atteintes à la vie privée en octroyant la faculté au juge de faire cesser le trouble, au besoin par le référé[336]. A l'heure où l'information rapporte, le scandale prime sur l'information de qualité, il devient urgent de réévaluer le droit au respect de la vie privée dans la loi de 1881.

---

[332] Cour EDH. 6 avr. 2010, aff. n° 45130/06, *Ruokanen et autres c/ Finlande* : D. 2010. 2409, obs. FRANCOIS.

[333] Cour EDH. 12 févr. 2019, req. n° 35255/17, *Campion c/ France*, préc.

[334] V. *supra* n° 23.

[335] LEPAGE A., « Liens entre la loi du 29 juillet 1881 et l'article 9 du Code civil », Comm. com. électr. n° 3, mars 2006, comm. 52.

[336] C. civ., art. 9.

Néanmoins, la problématique qui se pose ici est de savoir dans quelle mesure la divulgation d'éléments de la vie privée va ressortir du débat d'intérêt général, et en conséquence, faire prévaloir la liberté d'expression. Certes, *l'exceptio veritatis* ne peut jamais s'appuyer sur des éléments de la vie privée, mais la bonne foi, rénovée au prisme du débat d'intérêt général, peut être couronnée de succès dans un tel cas. Dans une espèce récente, un article de journal, faisant état de l'état de santé d'un maire et d'une tentative de suicide, n'a pas été considéré comme diffamatoire au motif que d'une part « *l'état de santé d'un élu, s'il concerne la vie privée de l'intéressé, est aussi une question relevant d'un débat d'intérêt général pour ceux dont il est le représentant* », et d'autre part que « *l'article poursuivi faisait référence, pour son état de santé, aux explications de l'entourage de la plaignante et à des informations recueillies auprès des services de secours et de fonctionnaires de police et, s'agissant de l'exercice de son mandat de maire d'arrondissement, à des faits résultants de l'actualité locale, soit déjà connus, soit rapportés par d'autres articles de presse, de sorte que les journalistes, poursuivant un but légitime, n'ont pas manqué à leur obligation de procéder à une enquête sérieuse* »[337]. Si la protection de la vie privée comme tout autre droit ne saurait être mise en balance avec celle de la liberté d'expression, le critère du débat d'intérêt général se veut efficient et satisfaisant. Le caractère suprême de la liberté d'expression ne peut se concevoir que lorsque l'information participe à un tel débat[338]. Même si la protection de la vie privée est le parent pauvre de la loi de 1881, le critère du débat d'intérêt général doit emporter l'adhésion, car elle répond à un besoin d'équité[339]. Dans un arrêt en date 7 novembre 2017, la Cour a rappelé le juste équilibre qui devait opérer entre droit à la protection de la vie privée et celui de la liberté d'expression, précisant que l'atteinte à l'honneur et à la réputation d'autrui devait présenter une gravité suffisante pour que la liberté d'expression soit soumise à restrictions[340]. Critère de débat d'intérêt général et proportionnalité ne sont finalement que synonymes : l'appréciation de

---

[337] Crim. 30 oct. 2018, n° 18-81.663 : RSC 2018. 1011, n. RENUCCI.

[338] RUET C., « Protection de l'image et de la vie privée vue par la jurisprudence française et la jurisprudence européenne », *in Les médias et l'Europe*, *op. cit.*, p. 279.

[339] RENUCCI J.-F., « Vie privée vs Liberté d'expression », RSC 2018, p. 1011.

[340] Cour EDH. 7 nov. 2017, req. n° 24703/15, *Egill Einarsson c/ Islande* : D. actu. 28 nov. 2017, obs. AUTIER.

la Cour rejoint le critère classique de la proportionnalité via celui d'intérêt général.

28. Conclusion générale – En définitive, les infractions d'injure et de diffamation présentent une complexité qui n'est plus à démontrer, tant sur les conditions requises par la loi du 29 juillet 1881 et par la jurisprudence interne, que sur les exigences dégagées par la jurisprudence européenne. Il ne fait nul doute que le droit pénal de la presse est un droit *sui generis,* qui répond à ses propres principes, balayant sur son passage ceux sur lesquels la matière pénale a coutume de reposer. Il est certain que la pénalisation du contentieux n'est pas contestable, contrairement à la position européenne, qui illustre la répression pénale par une ingérence souvent disproportionnée, à tel point que l'on ne compte plus les condamnations de la France. Or, si la pénalisation effraie par sa seule dénomination, elle est en réalité un bouclier serti de transparence. Qui mieux que le droit pénal pour protéger les libertés et droits fondamentaux ? Il est peut-être utile de rappeler que l'une des fonctions essentielles du droit pénal, et plus largement de la matière pénale, est de protéger les individus contre lui-même et les ingérences qu'il peut mettre en œuvre. La civilisation rampante dudit contentieux témoigne d'un abandon de la liberté de la presse au profit des droits de la personnalité ; et elle est le signe d'une ignorance grandissante et volontaire de la philosophie animant les rédacteurs de la loi de 1881 : la recherche d'un équilibre. L'injure et la diffamation, fortes de leur ancienneté, mais également de leur adaptabilité, doivent être maintenues au pénal qui, joint aux critères de proportionnalité et de débat d'intérêt général européens, incarne un garde-fou efficient, au service de la société démocratique[341].

Au demeurant, la mise en œuvre de ces infractions en confrontation avec les considérations européennes révèle des conceptions juridiques différentes et une approche inversée. La Cour européenne emprunte des notions anglo-saxonnes, tandis que la jurisprudence interne est d'inspiration légaliste. Ainsi, l'instance européenne se livre à une appréciation purement casuelle à travers l'application d'un principe général, ce qui n'est pas dans la logique française qui, elle, procède à

---

[341] MALAURIE Ph., « Ne dépénalisons pas la diffamation et l'injure. Contre la proposition n° 12, alinéa 1 du rapport Guichard », JCP G n° 39, 24 sept. 2008, act. 566.

une vérification des conditions du texte répressif pour savoir si elle entre en voie de condamnation. La supériorité du bloc de conventionalité et l'abondance des condamnations de la Cour européenne ont eu raison du droit français, et la jurisprudence interne a dû accueillir les arguments en faveur de la « *super liberté d'expression* ». La recherche d'un équilibre ne doit jamais être négligée, si bien que les critères de débat d'intérêt général et de proportionnalité peuvent fournir des indices de mesure particulièrement efficaces, s'accordant au mieux aux évolutions temporelles. Somme toute, la complexité de la répression de la diffamation et de l'injure, infractions « stars » de la loi du 29 juillet 1881, illustre bien plus la recherche de cet équilibre fondamental qu'une insécurité juridique ou bien des dispositions liberticides ; au contraire elle renforce inévitablement leur grande légitimité au sein d'un arsenal répressif singulier …

Les infractions de provocation

Christophe ALLARD

1. On mesure la qualité d'une démocratie à la manière dont nos libertés sont garanties. Que devient cette démocratie, lorsque ceux-là même que le droit est censé protéger abusent de cette liberté fondamentale afin de restreindre celle d'une partie des concitoyens ?

2. C'est dans le « Monde » du XVIIIème siècle qu'apparait pour la première fois la Liberté d'expression pour tous les citoyens. Autrefois « dévolue aux seules autorités royales et religieuses[342] » elle s'étend progressivement en même temps que s'installe la République dans la France de 1789. Pour permettre le bon développement des idées et conserver la libre manifestation de la pensée qui peut se traduire par diverses représentations telles que l'écriture, le dessin ou la parole, le révolutionnaire des premières heures a érigé ce mode de communication en droit de l'Homme.

3. Mirabeau, écrivit le 04 Décembre 1788 « que la première de vos lois consacre à jamais la liberté de la presse, la liberté la plus inviolable, la plus illimitée, la liberté sans laquelle les autres ne seront jamais conquises, parce que c'est par elle seule que les peuples et les rois peuvent connaître leur droit de l'obtenir, leur intérêt de l'accorder ; qu'enfin votre exemple imprime le sceau du mépris public sur le front de l'ignorant qui craindra les abus de cette liberté. » Il annonce sans commune mesure toute la complexité que représente la liberté d'expression.

4. C'est dans l'article 11 de la déclaration des droits de l'Homme et du citoyen [que l'on va] assure[r] « la libre communication des pensées et des opinions [qui] est un des droits les plus précieux de l'homme ; tout citoyen peut donc parler, écrire, imprimer librement, sauf à répondre de l'abus de cette liberté dans les cas déterminés par la loi ».

---

342 Les nouveaux Cahiers du Conseil constitutionnel - n° 36 - page 137, Michel Verpeaux, La liberté d'expression dans les jurisprudences constitutionnelles, 1er Juin 2012.

5. L'article 10 de la Convention Européenne des droits de l'Homme énonce dans un premier paragraphe une portée que l'on peut croire sans limite à la liberté d'expression en précisant que « *toute personne a droit à la liberté d'expression. Ce droit comprend la liberté d'opinion et la liberté de recevoir ou de communiquer des informations ou des idées sans qu'il puisse y avoir ingérence d'autorités publiques et sans considération de frontière. Le présent article n'empêche pas les États de soumettre les entreprises de radiodiffusion, de cinéma ou de télévision à un régime d'autorisations.* »

6. Cependant, elle formule dans un second alinéa une limite à l'exercice de ces libertés qui comportent « des devoirs et des responsabilités p[ouvant] être soumis à certaines formalités, conditions, restrictions ou sanctions prévues par la loi, qui constituent des mesures nécessaires, dans une société démocratique, à la sécurité nationale, à l'intégrité territoriale ou à la sûreté publique, à la défense de l'ordre et à la prévention du crime, à la protection de la santé ou de la morale, à la protection de la réputation ou des droits d'autrui, pour empêcher la divulgation d'informations confidentielles ou pour garantir l'autorité et l'impartialité du pouvoir judiciaire ».

Toutefois, il ne faut pas s'y tromper, la liberté d'expression ne va s'acquérir qu'au terme d'un très long parcours de lutte, de succession de régimes, en passant par la très redoutée période rouge post révolutionnaire : la Terreur. Les différentes périodes postérieures, bien que moins violentes, s'attachent à museler la presse. Il convient de relever que sous la très longue période révolutionnaire, les premiers journalistes ne sont autres que des politiciens souhaitant donner une large publicité à leurs idées. Tel sera le cas pour Desmoulins avec le journal « le vieux cordelier » dont la devise le glorifiait d'un « vivre libre ou mourir ». Dans un registre plus provocateur, il faut citer Jean-Paul Marat auteur du journal « l'ami du peuple » qui lui valut bien des malheurs judiciaires notamment pour excitation aux violences, sans oublier l'inestimé Jacques-René Hébert qui prêta sa plume acerbe au « père Duchesne », journal dont la violence des propos n'a rien à envier à celles de nos contemporains. Tous trois participèrent à leur manière à desserrer le bâillon d'une censure voulue par les régimes politiques. La presse, qui prévient les abus et corrige les excès d'une classe politique détournant à son profit une charge qu'elle devrait assumer avec toute la probité attendue[343], est désignée par Chateaubriand comme « la parole à l'état de foudre ; [c'est] l'électricité sociale », puis sera désignée bien des décennies plus tard comme « le chien de garde de la démocratie » mission qui a été reconnue par la CEDH dans son arrêt Goodwin c/ Royaume-Uni.

7. Pourtant, bien qu'un nombre important de décideurs publics envisageaient de contrôler l'information, certains législateurs de la IIIème République, lors des débats houleux relatifs à l'adoption de la loi de 1881, souhaitaient que la presse soit libre de toute tentation de censure *a priori* comme *a postériori*. Estimant que « la presse sans l'impunité ce n'est pas la presse libre, c'est la presse tolérée, c'est la

---

343 Voir par exemple le vieux cordelier n° 04 dans lequel Desmoulins dénonce l'emprisonnement de quelques deux cent mille citoyens embastillés par le Comité de justice de Robespierre *« O mes chers concitoyens ! serions-nous donc avilis à ce point que de nous prosterner devant de telles divinités ? Non, la liberté, cette liberté descendue du ciel, ce n'est point une nymphe de l'Opéra, ce n'est point un bonnet rouge, une chemise sale ou des haillons ; la liberté, c'est le bonheur, c'est la raison, c'est l'égalité, c'est la justice, c'est la déclaration des droits, c'est votre sublime constitution ? Voulez-vous que je la reconnaisse, que je tombe à ses pieds, que je verse tout mon sang pour elle ? ouvrez les prisons (1) à ces deux cent mille citoyens que vous appelez suspects, car dans la déclaration des droits il n'y a point de maison de suspicion, il n'y a que des maisons d'arrêt. Le soupçon n'a point de prisons, mais l'accusateur public ; il n'y a point de gens suspects, il n'y a que des prévenus de délits fixés par la loi; et ne croyez pas que cette mesure serait funeste à la république, ce serait la mesure la plus révolutionnaire que vous eussiez jamais prise. »* **source** : http://levieuxcordelier.fr/le-vieux-cordelier-n-4/, ou plus récemment les affaires dévoilées par le **Canard enchainé** : l'affaire Elf-Dumas **source** : https://www.google.com/imgres?imgurl=http%3A%2F%2Flecanardenchaine.free.fr%2Fjournal%2Fcanard%2Felf.jpg&imgrefurl=http%3A%2F%2Fmalcolminthemusic.free.fr%2Ftraitementinfo_laffaireelf.html&docid=PXp23sSosII8XM&tbnid=fJzQ7q7WrQWuoM%3A&vet=10ahUKEwiQxPDm8eTkAhVB1eAKHUfdAZ8QMwhFKAAwAA..i&w=900&h=439&itg=1&client=avast&bih=642&biw=1422&q=l%E2%80%99affaire%20Elf-Dumas%20le%20canard%20enchain%C3%A9&ved=0ahUKEwiQxPDm8eTkAhVB1eAKHUfdAZ8QMwhFKAAwAA&iact=mrc&uact=8, **Médiapart :** affaire de Rugy **source :** https://www.mediapart.fr/journal/france/030919/affaire-rugy-un-ete-d-intox?onglet=full

presse ayant pour juges l'arbitraire, l'ignorance et l'intolérance[344] », ce débridage sans contrainte ne fut pas repris par les deux assemblées.

8. Cette garantie dorénavant posée dans une règle dérogatoire au droit commun va répondre à des particularités procédurales et substantielles qui devraient permettre le libre exercice de l'expression.

9. L'article 23 de la loi de 1881 permet d'entrer en voie de condamnation contre les auteurs exhortant à la provocation aux crimes et délits dès lors qu'elle est suivie d'effet. L'article 24 permet, quant à lui, de retenir dans les liens de la prévention la provocation non suivie d'effet.

10. Qu'est-ce qui pourrait caractériser la provocation et l'apologie si ce n'est l'abus de notre exercice du droit d'expression ? Quelle déduction peut-on faire entre, d'un côté les personnes qui usent de leur liberté d'expression et celles qui en repoussent les limites – au péril de leur vie – pour défendre une liberté fondamentale : celle des droits naturels.

11. Peut-on et doit-on véritablement faire une distinction juridique entre la liberté de pensée corolaire de la liberté d'expression, l'opinion – y compris lorsqu'elle est idéologique en se manifestant sous le prisme du racisme – et la liberté d'expression ?

12. Sans entrer dans un débat sémantique, il convient de simplifier la perception du message en incluant dans la liberté d'expression aussi bien l'opinion que la pensée. Certes, bien qu'il soit loisible de penser que le caractère abstrait des idées puisse se confondre avec celui plus identifiable de l'opinion, tous deux participent à la Liberté d'expression et ne peuvent en aucune manière être dissociés. C'est semble-t-il à ces différentes questions qu'a souhaité répondre la loi de 1972 relative à la lutte contre le racisme en créant le délit de provocation à la discrimination, à la haine et à la violence raciales. Le juge a permis de prolonger par son interprétation la préservation de la liberté d'expression.

---

[344] Question préalable posée par Émile de Girardin qui souhaitait que la presse soit libre de toute contrainte en un article unique, elle fut rejetée par les deux assemblées.

13. Le délai de prescription est également une cause nourrissant un sentiment d'impunité puisque d'abord porté à 3 mois il ne permettait pas de traduire le prévenu dans les délais impartis devant les juridictions compétentes. La pratique amène à considérer que le contentieux s'effectue, non pas par la mise en œuvre de la procédure initiée par le parquet mais procède plutôt par voie de citation ou de constitution de partie civile. Bien que le législateur ait finalement augmenté, pour certaines provocations, le délai de 3 mois à un an en 2017[345], il en résulte que cette modification va entrainer des disparités entre les différentes infractions prévues par la loi.

14. Les nouvelles technologies ont contribué à banaliser les comportements qui trouvent, dans le prolongement de la parole, des écrits prônant d'une manière générale la provocation à commettre une infraction. Par conséquent, il devient de plus en plus difficile d'opérer un contrôle sur la pensée humaine. La multiplication du réseau internet et de ses différentes plateformes d'expressions, dont elle en est le support, transforme la nature même de l'abus. Autrefois, pour rendre les propos visibles et leur donner ainsi la publicité inhérente à la constitution de l'infraction, il fallait être soit un personnage public invité des plateaux de télévision ou de radiophonie, soit appartenir au monde de l'édition ou de la presse. Dorénavant, il suffit de posséder une connexion internet, un quelconque moyen audiovisuel pour transcrire ses idées et ses opinions au risque d'heurter ou choquer la sensibilité d'une partie des lecteurs. Cette rapidité et cette spontanéité de la communication ne permettent plus de distinguer la pensée privée de la pensée publique. Faut-il conserver les provocations à l'infraction dans le cadre d'une loi dérogatoire au droit commun, au risque d'engendrer une surenchère prétorienne et légale sur la notion d'abus, ou faut-il au contraire permuter dans le droit commun des règles qui par nature risquent de générer des difficultés d'application en prévoyant une répression beaucoup plus sévère ?

15. Sans conteste, la liberté d'expression demeure un fondement essentiel de notre démocratie, et s'inscrit dans un contexte où les infractions de provocation irriguent la communication dans le cadre établi des réseaux sociaux. Toutefois, il convient de noter que celle-ci est loin d'être figée : si l'incrimination demeure une norme

---

[345] Art. 65-3 Loi du 29 juillet 1881 sur la liberté de la presse.

comportementale qui peut se manifester d'une manière directe ou indirecte, il est inévitable de la restreindre du fait du développement anarchique des réseaux sociaux, même s'il convient de préciser qu'elle évolue avant tout dans un cadre juridique dont les contours – principalement ceux relatifs à l'élément matériel – disparaissent peu à peu.

16. Même si les infractions de provocation restent une limite contestable à la liberté de pensée, la loi de 1881 permet d'établir leurs caractéristiques (I) dont la mise en œuvre demeure néanmoins discutable (II).

I. Des caractéristiques de l'infraction de provocation établies

17. La loi de 1881 encadre d'une manière précise les abus que peut nourrir une liberté d'expression trop libre. Si le contexte de l'acte infractionnel est encadré (A), il est possible de mesurer de multiples conséquences des infractions de provocation (B).

A. Un contexte de l'acte infractionnel encadré

18. La publication condition essentielle de la caractérisation de l'infraction de provocation : La liberté d'expression ne peut être un droit fondamental qui s'exerce sans limite ni restriction. Victor Hugo estimait que « *la liberté de la presse, c'est la raison de tous cherchant à guider le pouvoir dans les voies de la justice et de la vérité*[346] ». Faut-il y voir un appel à une manifestation de la liberté d'expression sans réserve ni limite ? S'il était fallacieux de s'enfermer dans une réponse monolithique, il serait en revanche plus judicieux d'y apporter une réponse nuancée. Près d'un siècle et demi après leur publication, les contours des règles permettant la réalisation de l'infraction continuent de s'établir. Il est néanmoins possible d'expliciter deux éléments préalables à la caractérisation de l'infraction de provocation : d'une part, la publicité, d'autre part, l'intention.

---

[346] Projet de décret sur l'état de siège ayant pour objet de transmettre au pouvoir judiciaire le droit de suspendre les journaux, discours de Victor Hugo à l'Assemblée Nationale, le 11 sept.1848.

19. Cependant, il faut mettre l'accent sur le fait que la loi de 1881, bien qu'elle revête le nom d'infractions de presse, intègre dans sa compétence tous les propos dont la publicité et l'intention détermineront son application, peu importe le mode de diffusion ou le support.

20. La liberté d'expression est l'élément central par lequel il est possible de mesurer la réalité d'une démocratie. Si la pensée intrinsèquement liée à la personne peut rester confinée dans son for intérieur, son approbation – ou sa réprobation – ne pourra s'analyser que lorsqu'elle s'exprime par l'un des moyens visés à l'article 23 de la loi de 1881. Sa manifestation peut prendre diverses formes, soit par le fait de discours, cris ou menaces, soit par le fait d'écrits, d'imprimés, de dessins, de gravures, de peintures, d'emblèmes, d'images ou tout autre support de l'écrit, de la parole ou de l'image vendus ou distribués, mis en vente ou exposés, soit encore par des affiches ou tout autre moyen de communication[347]. A partir de cette liste limitativement posée par le législateur, il est nécessaire que les propos soient rendus publics.

21. Que faut-il entendre par publicité ? Est-ce que l'on peut considérer que les propos transmis par SMS, par mail ou bien une conversation tenue entre amis dans un bar puissent satisfaire à la publicité énoncée par l'article 23 ? Le droit prétorien a permis de poser un cadre plus clair de cette notion, même si celui-ci continue d'être précisé. Ainsi, faut-il opposer le caractère confidentiel des propos, qui peut s'étendre au-delà d'un échange entre deux personnes, à celui de la publicité qui requiert que soit relevé « *la mise à disposition du public un message.* » ? Ou au contraire doit-on simplement relever le caractère public du message et qualifier ainsi la publicité dès l'instant où les propos sont accessibles à des tiers et tenus dans un lieu public ? Que faut-il entendre par les tiers ? Ces questions, dont les réponses peuvent apparaitre évidentes, soulèvent des problématiques complexes, ce que confirme la jurisprudence.

---

[347] Article 23 de la Loi de 1881.

22. La difficulté de la notion de publicité a traversé les époques et a dû s'adapter à un développement empirique des moyens de communication et des lieux publics. Afin de lisser les difficultés liées à la liberté d'expression, que pose la notion de lieu, classiquement on peut retenir trois types de lieux publics[348]. Tout d'abord, les lieux publics par nature, facilement reconnaissables par leur ouverture permanente au public. Seront considérés comme telles les rues, routes ou promenades. Ensuite, les lieux publics par destination qui seront ouverts au public sous certaines conditions : contre le paiement d'une somme ou accessible durant des heures définies. Ainsi, les terrasses d'un café sont considérées comme publiques, il en va de même pour les salles de cinéma, et d'une manière générale les établissements publics tels que les collèges, les centres des impôts etc... Enfin, reste les lieux publics par accident, qui sont des lieux privés qui provisoirement et ponctuellement, en raison de circonstances particulières, deviennent accessibles sans contrôle à des personnes extérieures[349] ».

23. La notion de publicité s'entend non seulement par le lieu où se tiennent et/ou circulent les propos litigieux, mais elle s'apprécie également en fonction des personnes atteintes[350]. Pour autant, la jurisprudence a dégagé, à propos de certains groupements de personnes, une jurisprudence dominante[351] tendant à écarter le caractère public, dès lors que les propos sont tenus « dans un cercle restreint de personnes liées entre elles par une communauté d'intérêts[352] ». Ainsi tous les groupements reliés par une communauté d'intérêts échapperont à la provocation publique prévue par les articles 23 à 24 bis de la loi de 1881. Il ne serait pas opportun d'en lister les groupements concernés tant l'entreprise est importante.

---

348 Lamy droit des médias et de la communication, Partie 2 Presse et édition - Infractions et responsabilité - Etude 233 Les infractions de presse définies par la loi du 29 juillet 1881 - Section II Les questions communes aux différentes infractions à la loi de 1881, 233-10 - La publicité.

349 Ibid.

350 Cass. crim., 20 janv. 1883 : DP 1884, 1, jurispr. p. 137)

351 Voir par exemple Crim., 15 juill. 1981, Bull, crim., n° 232 ; 21 févr. 1995, ibid., n° 76.

352 De la mise en cause diffamatoire d'une gestion municipale : l'enjeu de publicité – Yves Mayaud – RSC 98, p.104

Je renvoie chacun, chacune, à la jurisprudence très abondante en ce domaine.

24. La qualification du caractère public ou non des propos est une question de fait qui relève de la seule appréciation des juges du fond. Néanmoins, le juge régulateur conserve son entier contrôle et il attend que soit motivée la qualification des faits afin de permettre l'effectivité de son examen[353].

25. La publication fait le délit, c'est ce qu'affirmait sans ambiguïté Barbier[354]. La publication est certes un élément essentiel à la constitution de l'infraction, elle n'est toutefois pas suffisante en soi. Sans être fausse elle nécessite, dans certains cas, que soit caractérisée l'intention puisque le délit ne pourra être établi dans tous ses éléments préalables que lorsque l'intention sera relevée par les juges du fond. Certes, l'intention dans la plupart des infractions de provocations s'induit de cette publicité, elle n'est toutefois pas si évidente avec le développement des réseaux internet. En effet, les articles 42 à 46 instituent une présomption de responsabilité[355] afin d'éviter toute discussion quant à l'intention de publicité de l'auteur. C'est la responsabilité en cascade qu'un de mes collègues aura le plaisir d'évoquer avec vous.

26. L'ouverture des frontières et le développement d'Internet contribuent à complexifier un droit de la presse qui s'affranchit mal des frontières juridiques. Le cadre juridique de la frontière est d'autant plus important qu'il est posé par l'accessibilité des propos diffusés par un site situé dans un pays tiers, sans qu'elle ait été nécessairement voulue par le provocateur. Les juridictions répressives peuvent-elles décliner leur compétence surtout lorsque les propos sont considérés comme une provocation publique ? Plus précisément peuvent-elles retenir le caractère intentionnel de l'auteur lorsque les propos incriminés sont diffusés par un journal sur son site internet ?

---

[353] P. Guerder, Le contrôle de la Cour de cassation en matière de délit de presse, Gaz. Pal Rec. 1995.

[354] G. Barbier, Code expliqué de la presse : Imprimerie et Librairie générale de jurisprudence, 1911, 2e éd., t. 1, n° 243.

[355] Article 42 à 46 de la loi de 1881.

27. L'accord étroit de la publicité et l'intention : Une affaire qui a occupé l'espace judiciaire, par le très controversé Eric ZEMMOUR, vient précisément apporter un éclairage sur la combinaison nécessaire entre la caractérisation de la publicité et celle de l'intention. C'est ce que j'ai envie de nommer « l'union libre » entre la publicité et l'intention. Il ne s'agit pas, ici, d'une présomption de responsabilité mais de la caractérisation du délit de provocation. Au-delà de la présomption simple de l'intention posée par la loi de 1881, l'auteur pourra démontrer l'absence de volonté à rendre les propos publics pour échapper à la répression. Tandis que cette « union libre » transforme cette présomption simple en présomption irréfragable. Le domaine du journalisme emporte avec lui bien des difficultés sur la frontière qu'il peut y avoir entre la liberté d'expression et l'abus dont la presse frôle régulièrement les parois floues. Rappelons préalablement que la Cour Européenne des droits de l'Homme oblige, s'agissant des entretiens et émissions, que soit démontré par les juridictions internes que le journaliste « poursui[t] un objectif raciste[356] ». A défaut, l'intention ne pourra être caractérisée et la condamnation du journaliste entrera par voie de conséquence en violation avec l'article 10 de la CESDH[357].

28. Ainsi, quelle sera la solution juridique qui s'impose, lorsqu'un ressortissant français tient des propos hostiles aux musulmans de France face à un journaliste de la presse étrangère ? Pour y répondre, il faudra se poser un certain nombre de questions. Tout d'abord, les propos sont-ils tenus en français ou en langue étrangère ? Ensuite, l'auteur souhaitait-il s'adresser à la presse écrite du pays voulait-il ou savait-il que ses propos seraient diffusés sur le site internet du journal ? Enfin, la dernière question à laquelle il faudra répondre c'est la connaissance qu'avait l'auteur, que sa diffusion sur internet serait publiée ou non en France. C'est un peu la combinaison de tout qui va caractériser la condition préalable de l'infraction de provocation.

29. Pour illustrer mes propos, il faut citer une décision récente de la Cour de cassation qui sanctionna les juges du fond pour ne pas avoir suffisamment caractérisé l'intention. Déduire de la publicité des propos de Monsieur ZEMMOUR une intention de vouloir s'adresser

---

[356] Voir en ce sens CEDH, 23 sept. 1994, §36, Jersild c/ Danemark.
[357] Ibid.

au public français est selon le juge régulateur impropre à caractériser pleinement le délit[358] et ceci alors que des exemplaires du quotidien étaient également disponibles en France[359]. Poursuivi et condamné comme auteur, pour provocation à la haine ou à la violence à l'encontre d'un groupe de personnes, sur le fondement de l'alinéa 7 de l'article 24 de la loi de 1881, il se pourvût en cassation et sans surprise sa demande fut accueillie.

30. Comme le souligne la doctrine[360], la requalification par les juges du fond sur le fondement d'un fait de complicité réalisé sciemment aurait permis de retenir dans les liens de la prévention l'auteur des propos : sans que cela n'entraine une cassation.

31. Les infractions de provocation ne sont toutefois pas constituées par la simple caractérisation de la publication des propos et de son intentionnalité. Afin de déterminer l'objet de la poursuite, il faut savoir si la provocation doit être directe ou indirecte et si elle doit être suivie d'effet ou non ?

B. De multiples conséquences de la provocation

32. Les infractions de provocation sont régies par les dispositions des articles 23 à 24 bis de la loi de 1881. Le législateur ayant décidé de procéder à une classification en distinguant la provocation directe de celle qui ne l'est pas, elles feront donc l'objet de ce second point.

33. La provocation directe : On entend par provocation directe, celle qui place auditeurs ou lecteurs dans un état d'esprit qui porte à l'infraction[361]. Directement prévue par l'article 23 de la loi de 1881, le législateur a voulu sanctionner le provocateur ayant poussé autrui à commettre un crime ou un délit. Elle vise ceux qui par le fait de discours, cris ou menaces, le fait d'écrits, d'imprimés, de dessins, de gravures, de peintures, d'emblèmes, d'images ou tout autre support de

---

[358] Crim. 23 Janv. 2018, n° 17-80.323.

[359] Voir sur ce point, Compétence territoriale de la loi pénale française en matière de presse – Emmanuel Dreyer – RSC 2019. 109.

[360] Erreur au-delà des Alpes, vérité en deçà, Stéphane Detraz, Gaz. Pal. 30 avril 2018, n° 321w6, p. 52, Compétence territoriale de la loi pénale française en matière de presse – Emmanuel Dreyer – RSC 2019. 109.

[361] Rouen, 14 déc. 2005 : JCP 2006. IV. 2412.

l'écrit, de la parole ou de l'image vendus ou distribués, mis en vente ou exposés, par des affiches ou tout autre moyen de communication, auront directement provoqué à commettre des faits qualifiés de crime ou de délit par la loi. Cette provocation peut être ou non suivie d'effet.

34. La provocation suivie d'effets : Ici le législateur recherche à retenir la responsabilité du provocateur sur le terrain de la complicité. Cependant, il n'est pas nécessaire qu'elle soit qualifiée, en ce sens qu'il n'est pas utile pour caractériser la complicité qu'elle soit accompagnée de l'un des adminicules prévus par l'article 121-7 du Code pénal : don, promesse, menace, ordre, abus d'autorité ou de pouvoir.

35. La question de la complicité : Pourquoi ne pas exiger que l'acte de complicité ne soit pas qualifié ? Tout simplement « car on estime que la persuasion qui résulte des discours ou des écrits est suffisante sur l'esprit des gens pour caractériser une incitation[362] ».

36. Une subtile articulation du droit commun et dérogatoire pour la qualification de la complicité : Tout d'abord, le rapprochement du droit commun avec le droit dérogatoire entraine que soit préalablement établi un acte principal qui soit qualifié de crime ou de délit : peu importe qu'il soit commis ou tenté[363].

37. Ensuite, le caractère spécial de l'incrimination oblige à relever que l'auteur de la provocation ait agi avec la volonté de commettre l'acte infractionnel, qu'il ait agi en toute connaissance de cause en ayant la volonté de pousser autrui à commettre une infraction. Pour retenir la complicité prévue par l'article 23, il faut que l'auteur ait procédé à une incitation directe. Sur ce point, le ministère public devra démontrer le lien entre la provocation reprochée et le fait infractionnel[364]. Concernant la répression, il faudra se référer à celles

---

[362] Répertoire de droit pénal et de procédure pénale, Provocation – Jean-Yves LASSALLE – Novembre 2016 (actualisation : Février 2019), n° 68.

[363] Alinéa 2, de l'article 23 de la loi de 1881.

[364] Crim. 5 janv. 1883, DP 1884. 1.55 ; 18 oct. 1900, DP 1901. 1.283 ; 25 févr. 1954, Bull. crim. n° 89 ; 28 mars 1955, Bull. crim. n° 184 ; 21 nov. 1957, Bull. crim. n° 162 ; T. corr. Paris, 10 nov. 1992, Gaz. Pal. 1993. 1. Somm. 149, note J.-P. Doucet.

prévues par le droit commun, conformément à l'article 52 de la loi de 1881, la détention provisoire est possible.

38. Enfin, afin de résoudre les éventuels concours de qualification, il faudra appliquer la règle commune et fondamentale selon laquelle la règle spéciale déroge au général[365]. Toutefois, la frontière entre les deux modes de complicité n'est pas si aisée à caractériser.

39. Pour illustrer la difficulté prenons un exemple concret. Un syndicat lance un appel à l'attention des producteurs de lait afin d'exprimer leur mécontentement sur le prix du lait, qu'ils entendent augmenter à leur profit. Il s'exprime publiquement en tenant les propos suivants : « *organisez les tracteurs qui seront préalablement vidés, d'accord. Et une fois que l'on sera là, tout le monde va éviter de se garer n'importe où et surtout pas de se garer chez Lactalis, propriété privée ; enfin, faites-moi confiance. Personne ne se gare chez Lactalis sauf les pneus, d'accord. Donc, on a organisé le rangement des pneus et ensuite on se rejoint au rond-point, je vous y attendrai...* ». Comme il est dorénavant coutume, le conflit dégénère et les producteurs après avoir bloqué l'entrée de l'usine par des pneus, les ont brûlés. Cette action ayant entrainé la destruction des équipements de fermeture, la société Lactalis a assigné le syndicat en responsabilité. Afin de se dédouaner de sa responsabilité, le syndicat, après avoir été condamné par une Cour d'appel considérant que les propos tenus relevaient d'une complicité par instruction, se pourvût en cassation.

40. Au moyen de son pourvoi, le syndicat fit valoir que les abus de la liberté d'expression ne peuvent être réparés sous le fondement de l'article 1240 du Code civil, en raison des propos caractérisant une provocation directe à la commission d'actes illicites et que seul était applicable pour réprimer cette provocation l'article 23 de la loi de 1881.

---

[365] Specialia generalibus derogant.

41. Saisie de ce pourvoi, particulier en ce qu'il invoquait pour la première fois l'application de la loi de 1881, le premier Président ordonna la réunion d'une Chambre mixte[366]. Cette décision témoigne de la difficulté de l'articulation de la loi de 1881 avec le droit commun de la responsabilité, ou plus largement des rapports entre les fautes civiles et pénales[367].

42. De la provocation non suivie d'effets : « La provocation non suivie d'effets doit être une incitation directe, non seulement par son esprit mais par ses termes[368] », c'est de cette manière que le droit prétorien définit la provocation non suivie d'effets. Cette infraction prévue par les alinéas 1 et 2 de l'article 24, n'est caractérisable que lorsqu'elle porte sur des infractions déterminées par la loi de 1881 : vol, meurtre, pillage, incendie, coups et blessures les plus graves, sévices sur enfant, destructions d'objets mobiliers ou immobiliers, crimes et délits contre la sûreté de l'État. S'agissant de la répression, elle est punie d'une peine d'emprisonnement pouvant aller jusqu'à 5 ans et d'une d'amende assez conséquente puisque son montant s'élève à 45 000 € d'amende.

43. Voler n'est pas provoqué lorsque l'infraction n'est pas caractérisée : Une illustration importante semble mettre en exergue le particularisme de la loi de 1881 et notamment de la mise en œuvre de l'article 24. Ce dernier impose, pour que soit constituée l'infraction de provocation au délit de vol, que soit constatée la soustraction frauduleuse de la chose d'autrui. Ici encore la technologie génère des difficultés d'application qu'il appartient à la jurisprudence de régler.

44. Ainsi peut-on se rendre coupable d'une provocation au délit de vol d'un programme de télévision ? En l'espèce, Canal + avait mis au point un décodeur permettant de décrypter la chaine de télévision qu'elle proposait à la location moyennant une contrepartie financière. C'est ce que l'on nomme les chaines à péage. Un journaliste avait

---

366 La réunion des première et deuxième chambres civiles et des chambres sociale et criminelle de la Cour de cassation, cependant elle eut lieu après avoir rendu une décision le constatant : Civ. 1ère, 05 Avril 2018, n° 17-16.047.

367 Actes illicites commis à l'occasion d'une manifestation : de l'imbroglio des responsabilités à l'imbrication des fautes – Sébastien Pellé – D. 2019, p. 563.

368 T. corr. Beauvais, 20 déc. 1950 : Gaz. Pal. 1951. 1. 200 ; Crim. 17 févr. 1998, n° 96-85567.

fourni à ses lecteurs, en 1987, le mode opératoire permettant de fabriquer soi-même « un décodeur pirate » capable de visionner la chaine cryptée. Poursuivi pour provocation au vol, les juges d'appel n'ont pas souhaité procéder par analogie en refusant de considérer que la jurisprudence sur le vol de courant électrique était applicable. En effet, « le branchement frauduleux du décodeur n'a pas pour effet une appropriation du courant électrique, permettant de le transformer en une énergie utilisable, mais seulement celui de modifier les caractéristiques audiovisuelles du "programme" qu'il transporte lorsque ce dernier est livré, crypté, à l'ensemble des téléspectateurs ». De même, selon les juges, « le vol d'électricité, le vol d'une donnée informatique, supposent l'existence d'un "support" matériel quelconque, qui n'existe pas en l'espèce ; que l'onde hertzienne, fût-elle porteuse d'un "signal" codé ou non, est projetée dans l'espace où elle se perd, […] que la nature de cette onde et l'intervention de tous ces facteurs illustrent bien son caractère immatériel et l'absence de tout "support" comme il existe dans le cas de vol de courant électrique, de photocopies ou de données informatiques[369] ». De sorte que ne saurait être caractérisé le délit de vol et par voie de conséquence qu'il ne pourra pas être reproché au journaliste la provocation de ce délit.

45. Distinction entre provocation, critique, opinion : Il n'est pas si aisé, lorsque l'on parle de la liberté d'expression, de distinguer l'opinion et la simple critique de l'abus. Le domaine de la religion comporte de nombreuses illustrations concernant la provocation non suivie d'effet. Un sujet vient régulièrement cristalliser les tensions, s'agissant des droits de la femme tant au sein du couple qu'en ce qui concerne la place qu'elle occupe dans la société.

46. À l'occasion d'une interview donnée à un imam, le journaliste pose une question dont la réponse peut s'avérer évidente. Pourtant, quelquefois, cette évidence ne semble pas être partagée par tous. Ainsi, « êtes-vous pour la lapidation des femmes ? », celui-ci répond : « *Oui, car battre sa femme, c'est autorisé par le Coran et notamment si la femme trompe son mari. Dans ce cas, le mari peut la frapper.* »

---

[369] CA, PARIS, 11ème Ch., 24 juin 1987, jurisData : 1987-601134.

Le journaliste rappelle que la loi française interdit les violences de quelque nature qu'elles soient, y compris sur sa compagne, ce dernier rétorque : « Oui mais pas dans le Coran. Mais attention, l'homme n'a pas le droit de frapper n'importe où. II ne doit pas frapper au visage mais viser le bas, les jambes ou le ventre. Et il peut frapper fort pour faire peur à sa femme, afin qu'elle ne recommence plus. »

47. Ses propos caractérisent-ils une simple opinion ou au contraire sont-ils de nature à faire naître dans l'esprit du lecteur un état d'esprit qui incite à commettre l'infraction ? Les juges du fond, sans trop de surprise, retiennent dans les liens de la prévention l'intransigeant frondeur. La Cour de cassation valide la condamnation de l'imam pour provocation directe à la commission d'une atteinte à l'intégrité physique d'une personne, non suivie d'effet. La distinction entre les différentes notions se résout de manière casuistique et il appartiendra aux juges du fond d'analyser les propos pour déterminer s'ils sortent du cadre de la liberté d'expression.

48. Comme nous l'avons vu, la provocation peut être directe, qu'elle soit ou non suivie d'effet et elle demeure répréhensible. Cependant, la provocation peut également être indirecte.

49. La provocation indirecte : La loi de 1881 retient deux formes de provocation indirecte, en premier lieu l'apologie, en second lieu, les chants et cris séditieux.

50. L'apologie : Prévue par l'alinéa 3 de l'article 24 de la loi de 1881, elle punit tous ceux qui auront fait l'apologie des crimes visés au premier alinéa : des crimes de guerre, des crimes contre l'humanité, des crimes de réduction en esclavage ou d'exploitation d'une personne réduite en esclavage ou des crimes et délits de collaboration avec l'ennemi, y compris si ces crimes n'ont pas donné lieu à la condamnation de leurs auteurs. La peine est identique à celle prévue pour la provocation directe non suivie d'effet.

51. L'apologie se distingue à bien des égards de la provocation non suivie d'effet dont nous avons pu faire état précédemment. La Cour de cassation a donné une définition claire de l'apologie du terrorisme qui consiste « dans le fait d'inciter publiquement à porter sur ces infractions ou leurs auteurs un jugement favorable »[370]. Cette définition se rapproche fortement de celle donnée par les juges du fond. L'apologie d'un acte délictueux, « *c'est le justifier complètement en le présentant comme étant parfaitement normal et licite ou encore en faire l'éloge en le présentant comme glorieux et méritoire* »[371]. En d'autres termes, l'apologie consiste dans « la glorification d'un crime ou de ses auteurs »[372].

52. Les exemples de propos apologétiques sont relativement importants, ils visent principalement les approbations des actes qualifiés de crimes contre l'humanité. En matière d'apologie, plus que dans une autre, il est très facile de passer de la liberté d'expression à l'apologie. Cependant, il convient de relever que la distinction entre propos apologétique et opinion demeure très fine et difficile à déceler.

53. Ainsi, le fait pour le journal « Libération » de proposer un article intitulé « BRAVO POUR LE COUP D'ALDEBERT » et de souhaiter que le « cambrioleur ne se fasse jamais piquer », au motif que le « joailler [est] plein de fric » et que « l'on ne peut vraiment rien trouver à redire à propos d'un coup comme ça », est constitutif d'une apologie du crime de vol[373]. Ici, la Cour de cassation considère qu'une « telle présentation tendait à faire dans l'esprit des lecteurs une appréciation favorable audit crime et à le justifier »[374].

54. La question de l'apologie punissable sous l'angle de la CEDH : La Convention Européenne des droits de l'Homme (CESDH) consacre pleinement la liberté d'expression[375]. Ainsi, alors qu'elle préserve une liberté fondamentale, elle souscrit à la possibilité d'en

---

[370] Pour une définition et une illustration de l'apologie d'actes de terrorisme – Cour de cassation, crim. 25 avril 2017 – AJ pénal 2017. 349.
[371] T. corr. Agen, 8 sept. 1971, Gaz. Pal. 1972. 1, p. 377.
[372] Crim., 11 juill. 1972, no 85-93.308, Bull. crim., no 236, p. 618).
[373] Crim., 2 nov. 1978, n° 78-90.571.
[374] Crim., 2 nov. 1978, n° 78-90.571.
[375] **Article 10 de la CESDH : § 1 :** Toute personne a droit à la liberté d'expression. Ce droit comprend la liberté d'opinion et la liberté de recevoir ou de communiquer des informations ou des idées sans qu'il puisse y avoir ingérence d'autorités publiques et sans considération de frontière. Le présent article n'empêche pas les États de soumettre les entreprises de radiodiffusion, de cinéma ou de télévision à un régime d'autorisations.

fixer une limite[376]. Quant à l'article 17 de la CESDH relatif à l'abus de droit, il précise que l'interprétation de la Convention par les juges ne peut conduire à la destruction des droits et libertés reconnus par celle-ci[377].

55. La combinaison des deux dispositions constitue un guide très important pour permettre une interprétation garantissant un équilibre entre d'une part, le droit d'user de sa liberté d'expression et d'autre part, de préserver la réputation et la sécurité d'autrui.

56. Ainsi, la Cour utilisera tantôt les dispositions de l'article 17 de la CESDH[378], pour déclarer irrecevable la requête, tantôt elle préférera user de l'article 10 § 2 pour mesurer la nécessité et la proportionnalité de l'ingérence étatique[379]. Alors qu'une certaine doctrine considère comme justifiée la limitation de la liberté d'expression[380], y compris lorsqu'elle a recours à la « guillotine »[381] procédurale de l'article 17, une autre s'interroge sur son utilité[382].

---

[376] **Article 10 de la CESDH : § 2 :** L'exercice de ces libertés comportant des devoirs et des responsabilités peut être soumis à certaines formalités, conditions, restrictions ou sanctions prévues par la loi, qui constituent des mesures nécessaires, dans une société démocratique, à la sécurité nationale, à l'intégrité territoriale ou à la sûreté publique, à la défense de l'ordre et à la prévention du crime, à la protection de la santé ou de la morale, à la protection de la réputation ou des droits d'autrui, pour empêcher la divulgation d'informations confidentielles ou pour garantir l'autorité et l'impartialité du pouvoir judiciaire. »

[377] **Article 17 de la CESDH :** Aucune des dispositions de la présente Convention ne peut être interprétée comme impliquant pour un Etat, un groupement ou un individu, un droit quelconque de se livrer à une activité ou d'accomplir un acte visant à la destruction des droits ou libertés reconnus dans la présente Convention ou à des limitations plus amples de ces droits et libertés que celles prévues à ladite Convention.

[378] Déc. 24 juin 2003, Garaudy c. France, Req. N° 65831/01.

[379] CEDH, 23 sept. 1998, n° 55/1997/839, Lehideux et Isorni c/ France.

[380] Epilogue européen dans l'affaire Garaudy : les droits de l'homme à l'épreuve du négationnisme – Damien Roets – D. 2004. 239.

[381] Expression utilisée par J.-F. Flauss, in L'abus de droit dans le cadre de la Convention européenne des droits de l'homme, RUDH 1992, p. 464.

[382] La Cour européenne des droits de l'homme et la notion de tolérance : de l'esprit de sacrifice au sacrifice de l'esprit, Marc Sztulman, Presses de l'Université Toulouse 1 Capitole, 2013, p.113 à 133.

57. S'agissant de l'ingérence étatique et de la proportionnalité, il semble opportun de relever deux décisions ayant conduit à la condamnation de la France pour violation de l'article 10 de la CESDH. Premièrement, dans une affaire où le journal « le Monde » publia un encart publicitaire présentant le Maréchal Pétain comme soldat puis comme chef d'Etat sous le régime de Vichy, dans un angle favorable. Des poursuites furent engagées contre le président de l'Association « pour la défense de la mémoire du Maréchal Pétain » et contre l'auteur du texte. Après une longue bataille judiciaire, dans laquelle ils étaient tour à tour relaxés puis condamnés, un pourvoi fut formé contre l'arrêt de la Cour d'appel de renvoi qui faisait prévaloir essentiellement l'article 10 de la CESDH et ceux-ci dénoncèrent un délit d'opinion. La Cour de cassation rejeta le pourvoi, considérant, dans un premier temps, que le texte litigieux présentait « comme digne d'éloge une personne condamnée pour intelligence avec l'ennemi, l'écrit a magnifié son crime et, ainsi, fait l'apologie dudit crime ». Les juges régulateurs ont dans un second temps indiqué que les juridictions du fond n'avaient pas méconnu les dispositions de l'article 10 de la CESDH, considérant que la nécessité d'une restriction à la liberté d'expression était caractérisée[383].

58. Pour condamner la France, les juges strasbourgeois se fondèrent tout d'abord sur la disproportion de la sanction pénale non nécessaire dans une société démocratique[384], pour ensuite en déduire l'inapplicabilité de l'article 17 de la CESDH[385].

59. Concernant la seconde affaire, les juridictions internes ont dû se prononcer sur l'apologie de crimes de guerre et complicité de ce délit reprochés à Monsieur Aussaresses et son éditeur. Condamnés en première et seconde instance, les prévenus contestèrent, devant la Cour de cassation, l'applicabilité de l'article 24 alinéa 3 de la loi de 1881, à l'apologie de la torture ou des exécutions sommaires pratiquées à l'occasion de la guerre d'Algérie. Le pourvoi fut rejeté[386].

---

[383] Crim., 16 Nov. 1993, 90-83.128, Publié au bulletin.
[384] CEDH, 23 sept. 1998, n° 55/1997/839, Lehideux et Isorni c/ France, §58.
[385] *Ibid.*
[386] Crim. 7 déc. 2004, Bull. crim. n° 310 ; D. 2005. Jur. 1341, note Roets.

60. L'éditeur saisit la Cour Européenne des droits de l'Homme (CEDH), les juges des libertés fondamentales estimèrent que le requérant en publiant l'ouvrage qui contenait les écrits ayant conduit à sa condamnation n'avait pas pour but de justifier les crimes de guerre, mais de « contribuer à un débat historique » en apportant son témoignage direct qui relevait de l'intérêt général[387]. Ce faisant, elle refuse d'apprécier l'applicabilité de la loi de 1881 pour le délit d'apologie de crimes de guerre.

61. Le législateur de la IIIème République, puis tous ceux qui lui ont succédé, ont dû faire un choix entre une liberté d'expression que les uns souhaitaient sans limite tandis que les autres n'y voyaient, dans ce débat, qu'un danger pour le pouvoir et ainsi appelaient de leur vœux une censure. Or, il appartient aux différents instruments juridiques d'une part et aux juges d'autre part de restituer sur sa forme la plus perfectible des limites qui peuvent paraitre attentatoires à la liberté de pensée, d'opinion et plus largement d'expression. Donner la possibilité d'exprimer son opinion sur des situations ou évènements qui se sont déroulés est une des missions dévolues à la liberté d'expression participant ainsi, à une meilleure application de la Démocratie.

62. Les chants et cris séditieux : Prévue par l'alinéa 7 de l'article 24 de la loi de 1881, cette infraction ne constitue pas un délit mais une contravention de 5ème classe punie de 1 500€ maximum[388].

63. Nous l'avons vu, la naissance de la liberté d'expression entraîne des conséquences relativement importantes lorsque celle-ci est utilisée à des fins contraires tant à l'article 11 de la Constitution qu'à l'article 10 de la CESDH. Cependant, il convient de noter que la mise en œuvre des infractions de provocation demeure, dans certains cas, discutable.

---

[387] CEDH, 15 janv. 2009, n° 20985/05, Orban et a. c/ France, §35.

[388] Article 131-13 du Code pénal.

II. Une mise en œuvre des infractions de provocation discutable

64. La liberté d'expression représente une garantie permettant de circonscrire la censure, toutefois cette liberté ne saurait être absolue. Ainsi, afin de garantir une meilleure protection, le droit prétorien a instauré une délimitation quant à l'objet du seuil de l'abus (B). Cependant, pour bien en mesurer l'impact, une analyse des infractions de provocation permet de préciser qu'une nuance tenant à la qualité des auteurs est nécessaire (A).

A. Une nuance tenant à la qualité des auteurs

65. Une liberté d'expression aux services des artistes et des agitateurs de la pensée : La liberté d'expression parce qu'elle est un pilier mais aussi un outil façonnant la démocratie doit s'exprimer dans la sécurité, il faut donc s'en prévaloir avec insolence et impertinence au risque de blesser la sensibilité de certains. La garantie de la liberté d'expression est en premier lieu assurée par les juridictions judiciaires internes à qui il appartient de faire appliquer les normes à la lumière des dispositions internationales. C'est un contrôle *a postériori* qui va permettre d'apprécier la nature des propos tenus. Le droit prétorien qui devra se prononcer sur l'objet de l'infraction, doit-il tenir compte de la profession exercée par l'auteur des propos, qu'il soit artiste, humoriste ou qu'il soit un journaliste polémiste ? Ce, d'autant que la nature même du polémiste est de bousculer les lignes et de faire sortir de sa zone de confort un public traditionnaliste. Mauriac disait déjà en son temps qu' « aucune loi sur la presse n'empêchera le polémiste-né d'aboyer aux chausses des puissants qu'il hait et de tout ramasser de ce qui peut leur nuire[389] » ; en d'autres termes d'être un agitateur de la pensée.

66. Appartient-il à la justice de s'immiscer dans les interprétations historiques et de sanctionner ce qui peut apparaitre comme étant des accusations haineuses et discriminatoires ? Appartient-il à la justice de voir dans les réflexions sur la France contemporaine, notamment sur sa composition, et les différences qui les opposent, une provocation à la haine raciale ? L'historien Georges Bensoussan en a fait

---

[389] François Mauriac, Journal, Editions Bernard Grasset, 1950, p. 286.

l'expérience. Alors qu'il participait à une émission diffusée sur France Culture[390], l'historien qui débattait sur les questions de société liées à la République avec Patrick WEIL – historien également – avait tenu des propos que certaines associations de défense qualifiaient de provocation à la haine et à la violence raciale[391], délit prévu et sanctionné, par l'alinéa 7 des dispositions de l'article 24 de la loi de 1881. Rappelons que le délit est sanctionné par une peine pouvant aller jusqu'à 5 ans d'emprisonnement et de 45 000 € d'amende. Parmi les passages faisant l'objet de la plainte, il peut être relevé celui-ci lorsque Georges BENSOUSSAN parle de l'antisémitisme : « *c'est une honte de maintenir ce tabou, à savoir que dans les familles arabes en France, et tout le monde le sait mais personne ne veut le dire, l'antisémitisme on le tète avec le lait de la mère* ».

67. Précisons, s'agissant du contexte de l'époque, que la France vient d'être frappée par deux fois de l'intérieur. Tout d'abord, avec le massacre des journalistes de Charlie Hebdo par les frères Kouachi et de la prise d'otages du magasin Hyper Cacher de la porte de Vincennes par Amedy Coulibaly en Janvier 2015. Ensuite par les attentats du 13 novembre 2015 et les multiples fusillades dans les restaurants, la prise d'otage du Bataclan et celle du Stade de France. La France est donc entrée dans des débats passionnés concernant des sujets, tels que l'immigration, la religion, qui par nature sont épidermiques.

68. C'est précisément dans ces moments-là, que l'on peut mesurer la qualité d'une démocratie qui par souci de sécurité entrave de manière discutable nos libertés fondamentales. Outre celle d'aller et venir qui va être restreinte et pour ne parler que de celle qui nous occupe aujourd'hui, la liberté d'expression, les autorités et diverses Associations de défense ont tendance à vouloir museler une partie des individus et à délier de la censure une autre frange de la société. Ce qui peut apparaitre, en apparence, comme contradictoire aboutit

---

[390] Il s'agit d'une émission radiophonique « Répliques » du 10 octobre 2015, produite et animée par Alain Finkielkraut.

[391] Il s'agit notamment du CCIF, de la LICRA, du MRAP, de la LDH et de SOS Racisme.

inexorablement à un délitement de la Nation en communautés catégorielles[392].

69. La justice peut-elle se substituer à des professionnels, analysant les faits sociétaux à la lumière d'un travail de recherche et s'exprimant dans une radio réputée, pour satisfaire la quête parfois chimérique de quelques Associations ? Et ce d'autant plus pertinemment que les propos ainsi relatés sont partagés par de grands intellectuels maghrébins[393].

70. A cette question, le juge des libertés fondamentales semble y avoir répondu par la négative[394]. Cette réalité est rappelée dans de nombreuses décisions aux termes desquelles la Cour prend soin de préciser qu'il « incombe [à la presse] néanmoins de communiquer des informations et des idées sur les questions d'intérêts publics. À sa fonction qui consiste à en diffuser, s'ajoute le droit, pour le public, d'en recevoir. » Ce qui lui permet de jouer son rôle de « chien de garde » public[395]. Ce principe bien qu'énoncé originairement pour la presse écrite s'applique néanmoins à l'ensemble des médias audiovisuels[396].

71. Toutefois, il convient de nuancer le propos. Ainsi, l'analyse de la jurisprudence européenne tend à prendre en compte la qualité des émissions et de celles des auditeurs afin de permettre une libre communication des idées et des opinions[397]. À cet égard, je renvoie à l'appréciation de chacun d'apprécier la qualité et le sérieux que peut représenter la Radio France culture. Cependant, il est à noter que l'affaire BENSOUSSAN a connu une fin heureuse puisque les juridictions du premier degré et d'appel l'ont relaxé purement et

---

[392] Il s'agit notamment de regroupement par genre, par religion, par affinité intellectuelle.

[393] Quand dénoncer l'antisémitisme est considéré comme raciste : le procès fait à Georges Bensoussan, Jacques Tarnero, Presses Universitaires de France | « Cités », Presses Universitaires de France | « Cités », p.164.

[394] CEDH, Cour (Grande Chambre), 23 sept. 1994, n° 15890/89 §34 et suivants.

[395] Voir notamment : Bladet Tromsø et Stensaas c. Norvège [GC], n° 21980/93, §§ 59 et 62, CEDH 1999-III, et Pedersen et Baadsgaard c. Danemark [GC], no 49017/99, § 71, CEDH 2004-XI).

[396] En ce sens voir la décision Jersild c. Danemark, 23 septembre 1994, § 31, série A n° 29.

[397] En ce sens voir la décision Jersild c. Danemark, 23 septembre 1994, § 36, série A n° 29.

simplement des fins de la poursuite. Les juges d'appel avaient estimé que la formule précitée, était « une figure de style, en l'occurrence une « catachrèse[398] », et non l'expression d'un « racisme biologique[399] ».

72. Certes dans cette affaire l'historien n'a pas été condamné, toutefois la procédure qui a été initiée à son encontre peut conduire à refreiner la critique et à modérer les propos voir à ne pas les exprimer afin d'éviter toute poursuite judiciaire.

73. La problématique des chroniqueurs médiatiques : Une autre illustration permet de relever une nuance tenant à la qualité des auteurs sur les propos bien souvent polémiques des chroniqueurs tels qu'Éric Zemmour. Alors que la jurisprudence des juges du fond[400], du début des années 1990, suivie par celle de la Cour de cassation[401] adoptèrent une position relativement souple à l'égard d'Éric Zemmour et plus largement dans le cadre de propos satiriques, elles se sont finalement durcies ces dernières années. S'agissant de la position européenne sur la question de la liberté artistique, elle n'a reconnu aucune « marge d'appréciation des Etats », comme le souligne les opinions dissidentes de deux juges[402] en 2007, lesquels œuvrent pour que les Etats ne puissent pas s'ingérer dans cette thématique.

74. En effet, la XVIIème Chambre correctionnelle de Paris, en estimant qu'il « n'est pas excessif de revendiquer et d'admettre à l'occasion, l'exercice d'un droit à l'irrespect et à l'insolence, notamment en matière politique, dès lors que **le bouffon** remplit une fonction sociale éminente et salutaire [en] particip[ant] à sa manière à la défense des libertés », redonne à la liberté d'expression ses lettres de noblesse.

---

[398] La catachrèse est un procédé qui étend l'emploi d'un terme au-delà de ce que permet son sens strict. À cheval sur un mur : https://www.cnrtl.fr/definition/catachr%C3%A8se.

[399]https://www.lepoint.fr/justice/affaire-bensoussan-une-catachrese-pas-une-provocation-a-la-haine-07-03-2017-2110058_2386.php

[400]Voir notamment TGI Paris, 17e ch., 9 janvier 1992, D. 1994, somm. p. 195, obs. C. Bigot.

[401] Cass. ass. plén., 12 juillet 2000, pourvoi no 99-19004, Automobiles Citroën c/ Société Canal +, Bull. ass. plén., n° 7, D. 2000, somm. comm., p. 463, obs. P. Jourdain.

[402] CEDH, 25 janvier 2007, req. N° 68354/01, Vereinigung Bildender Künstler c/ Autriche. Opinion dissidente commune aux juges Spielmann et Jebens.

75. Ces dernières années la prépondérance de l'industrie audiovisuelle, couplée à l'avènement des réseaux sociaux, a permis de démultiplier la force des propos considérés comme provocants voir choquants. La tribune offerte à des polémistes comme Eric ZEMMOUR a permis à diverses associations de défense de différentes origines culturelles ou religieuses d'initier des procédures judiciaires.

76. Ainsi, en 2014, Eric Zemmour peut-il revêtir le costume du « bouffon et assumer une fonction sociale » en défendant à sa manière la liberté d'expression ?

Le point d'ancrage de la critique acerbe de Zemmour que représentent l'immigration et la religion musulmane le conduit à affirmer que : « les musulmans ont leur code civil, c'est le Coran. Ils vivent entre eux, dans les périphéries. Les Français ont été obligés de s'en aller », et de surenchérir à la question posée par un journaliste : « que suggérez-vous de faire ? Déporter 5 millions de musulmans français ? » en répondant que c'est « irréaliste mais l'histoire est surprenante ».

77. Immédiatement, les différents groupes de pression ou de défense, offusqués par une liberté d'expression qu'ils estiment outrageante, saisissent le Procureur de la République d'une plainte pour provocation à la discrimination, à la haine ou la violence à l'égard d'une personne ou d'un groupe de personnes à raison de leur origine ou de leur appartenance ou de leur non-appartenance à une ethnie, une nation, une race ou une religion déterminée, en l'espèce les personnes de confession musulmane[403]. Force est de remarquer que le chroniqueur zélé fait un constat en opposant une nationalité – être français – à une religion déterminée – être musulman – dès lors la question de la pertinence des propos conduit à s'interroger sur « sa bouffonnerie intellectuelle. »

78. La question posée par les propos rapportés consiste à savoir si la justice peut s'immiscer dans le débat sociétal – s'agit-il ici d'une provocation à la haine peu importe qu'elle soit ou non suivie d'effet ou d'une simple opinion acerbe suscitant une réprobation intellectuelle ? – dès lors que l'objet du débat entraine ou peut

[403] Article 24 alinéa 7 de la loi de 1881.

entrainer des troubles à l'ordre public par une frange de la population peu encline à accorder à la liberté d'expression un zèle provocateur ?

79. A cette question, les juges du fond ont répondu par l'affirmative puisqu'ils ont condamné Zemmour pour provocation à la haine. Saisie d'un pourvoi, la Cour de cassation censura l'arrêt pour avoir omis de préciser « s'il avait contribué ou s'il savait que les propos litigieux donnés au quotidien italien, étaient aussi destinés à être publiés en France et diffusés sur le site du journal, accessible par le réseau internet[404] ».

80. En tout état de cause, l'épilogue judiciaire Zemmour a conduit à le relaxer des fins de la poursuite pour provocation à la haine. En effet, la Cour d'appel de renvoi a estimé que « *la preuve n'éta[it] pas rapportée de ce qu'il savait que ses propos seraient diffusés en France et sur le site internet du Corriere della Sera*[405] »

81. Une application nuancée des infractions de provocation par la jurisprudence : Les domaines de la satire, de la plaisanterie et d'une manière plus globale de la scène peuvent-ils s'émanciper des règles posées par la loi de 1881 sur la liberté de la presse ? Ou au contraire la création artistique devrait-elle s'exercer sans limite pour permettre le libre exercice de la pensée satirique ou créatrice ? Les principales victimes initiant les procès sont des associations féministes et de lutte contre le racisme. Certes, il s'agit de sujets sensibles mais parce qu'ils sont sensibles, ils doivent être libres. Ce qui émane de l'analyse des motivations de ces différentes organisations est cette volonté de lisser la morale : il semble que l'on confonde la provocation à la violence ou à la haine avec l'atteinte aux bonnes mœurs : délit abrogé depuis 1994[406].

82. Les infractions de provocation, s'agissant de la discrimination, à la haine ou à la violence mais plus encore s'agissant de l'apologie des crimes semblent vouloir circonscrire la pensée pour qu'elle ne puisse s'exprimer que lorsqu'elle cherche à nuire à autrui. Les

---

[404] Crim. 23 Janv. 2018, n° 17-80.323.
[405] https://www.lepoint.fr/societe/eric-zemmour-relaxe-en-appel-apres-des-propos-polemiques-sur-les-musulmans-29-11-2018-2275365_23.php, consulté le 11 Juin 2019 à 10h00.
[406] Article 283 et suivants du Code pénal de 1810.

différentes manifestations des opinions peuvent conduire à ce que la caricature soit également prise dans le giron de la loi pénale. Le débat public, concernant les caricatures de Mahomet, ont permis de remettre sur le devant la scène, outre la question du blasphème, celle qui nous intéresse actuellement : la problématique controversée de la provocation à la haine[407].

83. Au-delà de la problématique de la caricature, la provocation à l'infraction vient heurter un domaine particulièrement riche en matière de liberté de création : celui de la chanson. Faut-il y voir une volonté de censure de la part des autorités sous le lobbying des diverses associations féministes et de lutte contre le racisme ? De la vulgarité sexiste à la provocation à la haine en raison du sexe, il n'y a, semble-t-il, qu'un pas.

84. Le domaine de l'art musical n'échappe donc pas à cette volonté de censure dont les journaux ont à maintes reprises relayé les prétendus excès des paroles chantées[408]. Pour ne citer que les deux illustrations qui relèvent tantôt de la caricature tantôt du monde musical et qui permettent d'appréhender l'atteinte portée à la liberté d'expression, l'analyse qui s'en déduit démontre à elle seule la nature discutable de la provocation.

85. S'agissant des artistes de variété, les exemples sont moins prégnants tout en étant plus percutants. Une affaire retiendra l'attention, celle de Patrick Sébastien, auteur bien connu de la parodie qui détourna une chanson pour en faire un véritable plaidoyer du racisme. Pour les besoins de son numéro, il prit le déguisement de Jean-Marie LE PEN habitué à ce genre d'exercice. Pour ce faire, il développa un véritable « appel » au meurtre avec le titre d'une chanson intitulée : « casser du noir », parodiant ainsi la chanson à succès de Patrick Bruel « casser la voix ». *Le texte indiquait « Si ce soir j'ai pas envie de rentrer tout seul / Si ce soir j'ai pas envie de*

---

[407]https://www.lemonde.fr/societe/article/2012/09/21/caricatures-de-mahomet-appel-au-calme-en-france_1763534_3224.html ,
https://www.lemonde.fr/idees/article/2012/09/24/mahomet-lui-meme-ignorait-la-provocation_1764596_3232.html, consultées le 16 Mai 2019 à 19h15.

[408] http://www.lefigaro.fr/musique/2018/09/27/03006-20180927ARTFIG00251-de-ntm-a-nick-conrad-vingt-ans-d-incitation-au-meurtre-et-a-la-haine-dans-le-rap-francais.php, consulté le 16 Mai 2019 à 18h23.

rentrer chez moi / Si ce soir j'ai pas envie de fermer ma gueule / Si ce soir j'ai envie d'casser du noir... / J'peux plus croire tout ce qui est écrit sur les murs / J'peux plus voir les étrangers en peinture ... » Et la chanson se terminait par *: « Allumez les briquets, on va leur foutre le feu !*[409]» Suite à une plainte de deux Associations[410], l'artiste fut condamné par la Cour d'appel de Paris pour provocation à la haine raciale et son pourvoi fut rejeté[411].

86. Beaucoup plus nombreuses furent les polémiques nourries par le monde du hip-hop qui portent sur deux thèmes principaux : la police et la femme. La plus récente concerne le chanteur Nick Conrad condamné en première instance pour provocation publique à la commission d'un crime ou d'un délit[412]. Il s'agit de paroles beaucoup plus provocatrices et le titre « Pendez les blancs[413] » ne laisse planer aucun doute quant à son contenu ». En revanche, le groupe de RAP Z.E.P. fut relaxé[414] pour sa chanson « Nique la France » dont la presse s'est fait l'écho relayant ainsi le débat considéré par la Cour de cassation d'intérêt général[415]. Moins chanceux, Orelsan fut condamné pour provocation à la violence à l'égard d'un groupe de personnes en raison de leur sexe en première instance comme en appel, pour plusieurs chansons dont celle intitulée « différent[416] » où il aborde les

---

[409]https://www.francedimanche.fr/actualites/patrick-sebastien-chanter-casser-du-noir-a-failli-briser-sa-carriere, consulté le 17 Mai à 22h39.

[410] Le MRAP et la LICRA.

[411] Crim.04 Nov. 1997, n° 96-84.338.

[412] http://www.lefigaro.fr/musique/2018/09/27/03006-20180927ARTFIG00251-de-ntm-a-nick-conrad-vingt-ans-d-incitation-au-meurtre-et-a-la-haine-dans-le-rap-francais.php, consulté le 18 Mai 2019 à 00h19.

[413] « Je rentre dans les crèches, je tue des bébés blancs (…), pendez leurs parents, écartez-les pour passer le temps», proclamaient notamment les paroles. « Fouettez-les fort, faites le franchement, que ça pue la mort, que ça pisse le sang » : https://www.lemonde.fr/police-justice/article/2019/03/19/pendez-les-blancs-le-rappeur-nick-conrad-condamne-pour-provocation-au-crime_5438406_1653578.html consulté le 18 Mai 2019 à 10h34.

[414] Crim. 11 Déc. 2018 , n° 18-80.525.

[415]http://www.leparisien.fr/faits-divers/nique-la-france-la-condamnation-du-rappeur-saidou-annulee-en-cassation-12-12-2018-7967202.php, consulté le 18 Mai 2019 à 10h44.

[416] CA Versailles, 8e ch., 18 févr. 2016, Assoc. Chiennes de garde & a. c/ Aurélien Cotentin, dit Orelsan : passage concerné : Renseigne-toi sur les pansements et les poussettes J'peux t'faire un enfant et t'casser le nez sur un coup d'tête. (Mais ferme ta gueule) ou tu vas t'faire marie-trintigner (...) J'respecte les schnecks avec un Qî

violences faites aux femmes d'une manière qui est destinée à heurter. Ainsi, « renseigne-toi sur les pansements et les poussettes J'peux t'faire un enfant et t'casser le nez sur un coup d'tête. (Mais ferme ta gueule) ou tu vas t'faire marie-trintigner », constitue l'essence même de ses textes.

87. N'est-ce pas aussi là une manière de museler par l'intimidation et la peur l'usage de la liberté d'expression pour en faire une nouvelle forme de procédure- bâillon ? En l'espèce, détourner les infractions de provocation sous couvert d'appel ou d'exhortation à la violence ou à la haine afin de contraindre une omerta sur les sujets sensibles pouvant faire polémique ?

88. On en vient à restreindre des activités qui par essence ont besoin, pour se développer et toucher un large public, parfois d'heurter, de choquer voire d'offusquer en repoussant les limites du politiquement correct. La création artistique permet en outre de créer un espace d'expression à certains auteurs, leur servant d'exutoire. De plus, elle permet de prendre part aux différents débats publics au sujet de la place qu'occupe la femme dans nos sociétés modernes, de celle de la Nation à l'heure de l'européanisation des peuples et enfin du rôle d'une police dont les abus relevés parfois entachent son image.

89. Les infractions de provocation peuvent-elles se substituer à la morale de chacun et établir ainsi une pensée dénuée de toute parole choquante ? Le seuil de l'abus ne semble pas définitivement fixé et participe quelque peu à une insécurité juridique qui conduit à une auto-censure afin de pas choquer tel groupe ou de ne pas se voir affubler de l'infamante étiquette de « raciste ». Les disciples de Jean de La Fontaine ne peuvent même pas se réfugier dans les fables et autres figures pour éviter une censure et permettre ainsi à la création artistique de combattre par la satire les injustices sociales ou politiques.

Cependant, il convient d'ajouter que la jurisprudence participe à la complexification de l'application des infractions de provocation.

---

en déficit Celles qui encaissent jusqu'à finir handicapées physiques (...) Moi d'abord je lèche et j'te tèje, et puis tu pars au tri sélectif.

B. Une délimitation quant à l'objet du seuil de l'abus

90. En référence au principe posé par l'article 111-4 du Code pénal, la loi répressive est d'interprétation stricte. Même si l'on peut concevoir que le juge doit s'appuyer sur la méthode téléologique pour lui permettre de juger, il existe des domaines où il va devoir élargir son interprétation, au-delà de cette méthode, pour lui permettre de condamner l'auteur. Le droit de la presse et plus précisément les articles 23 à 24 de la loi de 1881 en sont une parfaite illustration.

91. L'insécurité juridique, dans la caractérisation de l'infraction, s'agissant de l'élément matériel, va permettre d'opposer deux conceptions : la première va s'affranchir de son interprétation stricte tandis que la seconde se conformera à l'esprit du droit pénal.

92. La première difficulté est de savoir ce que l'on entend par provocation. À en croire les différents sens donnés par le dictionnaire, la provocation et l'incitation sont deux termes synonymes. Comment est-il possible alors pour tout citoyen de savoir à quel moment les propos tenus – quelle que soit la forme qu'ils revêtent – entrent dans le giron de la provocation ? Une fois n'est pas coutume, le législateur ne donne aucune définition de la provocation. La seconde difficulté consistera à se pencher sur le droit prétorien pour savoir quel sens y a été donné. Une brève analyse de la jurisprudence permet de relever une approche restrictive de la notion garantissant ainsi le principe de légalité[417]. Selon le dictionnaire Larousse[418], l'exhortation est le fait d'exciter, d'encourager une personne ou un groupe de personnes, par ses écrits ou ses paroles, à adopter un comportement interdit.

93. En procédant à une étude du droit prétorien, il en résulte deux courants dont le premier reste à peu près constant jusqu'en 2014. À partir de cette date, la jurisprudence va fluctuer et les juges du fond approuvés par les juges régulateurs vont infléchir leur jurisprudence pour l'élargir et donner de la souplesse à l'abus caractérisant ainsi les

---

[417] Voir par exemple, Humanisme et justice : mélanges en l'honneur de Geneviève Giudicelli-Delage, Damien ROETS, la provocation à la discrimination, à la haine ou à la violence en raison de l'origine, de l'appartenance à une ethnie, une nation, une race ou une religion déterminée : une incrimination insaisissable, 2016, p.648.
[418] Le petit Larousse grand format, édition de 1995 p.48.

limites de la liberté d'expression. Ce qui apparait – à tout le moins – contestable. Relevons d'ores et déjà que la Cour de cassation a circonscrit la provocation à l'infraction à une personne ou groupe de personnes déterminé. Il s'en déduit que les propos mettant l'accent « *sur le monde islamo-arabe qui actuellement pénètre dans notre pays" et le "danger mortel" pour les français de se voir ainsi "colonisés"* »[419] ne relèvent d'aucune provocation faute de viser une personne ou groupe de personnes déterminé.

94. Exhorter n'est pas simplement inciter : Dans cette première veine jurisprudentielle, le sens donné à la provocation traduit la volonté des juges de respecter l'interprétation stricte. Les juges du fond, approuvés par la Cour de cassation, ont considéré que les propos allégués se distinguent de la simple « opinion sur l'immigration **exclusive d'exhortation** ou **d'incitation hostiles** envers les immigrés et ne constituaient pas une provocation au sens de la loi »[420]. Dans une autre affaire, les juges rejettent le pourvoi contre un arrêt ayant prononcé la relaxe. Était en cause un tract du Front national fustigeant le comportement des immigrés. Ici, les juges régulateurs ont approuvé l'absence de provocation en relevant que « *les termes employés (...) ne comportent **aucune exhortation ou provocation caractérisée** à la discrimination à la haine ou à la violence à l'égard de la communauté islamique* »[421]. Dernière illustration, la jurisprudence du juge du fond tend à respecter l'exigence du texte en imposant que les propos de nature « violente tendent à provoquer un sentiment de répulsion à l'égard de l'auditoire »[422]. Bien que dans cette espèce l'exhortation ne soit pas visée expressément, il convient de mettre l'accent sur le caractère particulièrement percutant des propos. La violence des termes employés doit être de nature à conduire autrui à se révolter.

95. Inciter n'est pas exhorter : Un second courant prétorien sonne le glas d'une interprétation restreinte de la provocation. La Cour d'appel de Paris considèrera qu'il suffit de susciter « **un sentiment de rejet** vis-à-vis de la communauté juive »[423] pour caractériser la

---

[419] Crim., 08 juin 1993, n° 89-83.298.
[420] Crim. 03 juil. 1987, n° 86-93.434.
[421] Crim. 28 Janv.1992 n° 91-81.778.
[422] CA Paris, 11ème Ch. B, 15 Nov.2007, juridata 2007-349401.
[423] CA, Paris, Pôle 2, Ch. 7, 17 Avril 2013 - n° 12/03497.

provocation à l'infraction. Le tribunal de Paris va par une décision du 26 Septembre 2014[424] entraver la liberté d'expression. Il suffit dorénavant de « *susciter un fort sentiment de rejet, d'hostilité, voire de haine, et un état d'esprit de nature à provoquer la violence.* » La Cour de cassation emboite le pas et confirme qu'il suffira désormais que les propos « tendent à susciter un sentiment de rejet ou d'hostilité »[425].

96. La sécurité juridique bafouée : Comme il a été évoqué, les juges ont participé à créer un flou juridique en participant à restreindre, puis étendre la notion de provocation pour finalement revenir à une interprétation plus stricte en 2017. Dorénavant, il est nécessaire que les propos visés par la prévention soient de nature à exhorter à commettre des actes illicites[426]. Comment alors permettre une caractérisation des infractions de provocation dans le cadre des discussions s'inscrivant dans le contexte très particulier des réseaux sociaux ?

97. La loi de 1881 écrite sous le régime de la IIIème République n'a guère été modifiée depuis. Les articles 23 à 24 bis ont, en effet, connu très peu de changements. Avec ses trois modifications majeures, elle semble bien résister à l'évolution des sociétés actuelles[427]. Pourtant contrairement à l'apparition de l'audiovisuel, l'essor du réseau internet a créé des bouleversements que le législateur a eu beaucoup de difficultés à prendre en compte et qui « ont nécessité **des adaptations plus importantes** » lors de l'élaboration de la loi de 2004 sur la confiance dans l'économie numérique[428].

98. De l'aveu même du législateur « *l'équilibre entre liberté d'expression et répression des abus de cette liberté n'est pas assuré sur Internet* »[429] et il considère que « les effets sont beaucoup plus

---

[424] TGI, Paris, Corr., 26 Sept. 2014 - n° 13221000555.
[425] Crim. 17 mars 2015, n° 13-87.922, Crim., 1er févr. 2017, n° 15-84.511.
[426] Crim., 7 juin 2017, n° 16-80.322, Crim., 14 nov. 2017, n° 16-84.945, pour le caractère homophobe Crim., 9 janv. 2018, n° 16-87.540.
[427] Fasc. 124 : APOLOGIES ET PROVOCATIONS DE CRIMES ET DÉLITS, Jacques-Henri Robert, p. 5.
[428] L'équilibre de la loi du 29 juillet 1881 à l'épreuve d'Internet, Rapport d'information du 6 Juil. 2016, Sénat n° 767, p. 8.
[429] *Ibid.*, p. 66.

graves »[430] que s'ils avaient été commis dans un organe de presse traditionnel. L'heure est donc à l'aggravation des actes à l'encontre des auteurs de provocation à la haine et plus largement à l'extension des différentes circonstances aggravantes pour les infractions de provocation. L'anonymat conféré par l'utilisation de pseudonymes confère à l'internaute un sentiment d'impunité qui va lui permettre de proférer de manière intempestive des propos tendant directement à la commission d'une infraction. Si autrefois seule une infime partie de la population avait accès à un support de presse, aujourd'hui, comme il a été dit, tout citoyen peut donner une très large publicité à des propos haineux et racistes.

99. Internet offre une multitude de plateformes qui permettent l'expression de la pensée. Qu'il s'agisse des réseaux sociaux tels que Facebook ou l'espace à peine contrôlé des blogs ou encore ceux liés à des applications telles que Twitter, il devient de plus en plus difficile de réguler le monde virtuel. Véritable vecteur de polémique, cet outil peut très vite être une résultante d'un désordre social. La vitesse à laquelle une information se propage et se développe peut très rapidement dégénérer en des appels à la violence, à la haine quelle que soit la raison qui pousse à ces différents types de provocations. L'absence de régulateur permanent permet aux internautes de créer un monde totalement virtuel dans lequel le droit pénal a bien du mal à se faire une place.

100. Une problématique peut surgir concernant la qualification que peut revêtir le réseau Internet. C'est la loi du 1er Août 2000 qui va considérer cet espace comme un moyen de communication audiovisuelle[431]. Précision étant ici relevée que les articles 23 à 24bis de la loi de 1881 ont été modifiés afin de suivre l'évolution technique relative à la communication nouvelle qu'offre internet[432]. L'un des éléments constitutifs de l'infraction de provocation est sa diffusion : publique elle constitue un délit sinon elle sera qualifiée de contravention. La provocation lorsqu'elle a été suivie d'effet entraine la poursuite de son auteur en qualité de complice, peu importe

[430] *Ibid.*
[431] Au sens de l'article 2 de la loi no 86-1067 du 30 septembre 1986 relative à la liberté de communication.
[432] L. n° 2004-575, 21 juin 2004, pour la confiance dans l'économie numérique.

l'infraction qui a été commise. Si elle n'a pas été suivie d'effet, il faudra alors se référer à la liste exhaustive de l'article 24.

101. Très vite d'autres difficultés surgissent avec le développement de ce nouveau mode de communication, notamment avec ce qui peut relever d'un espace public ou privé. Une première approche a permis de déterminer la nature d'un forum : un tribunal a considéré qu'un forum de discussion ne pouvait constituer ni un lieu public, ni un lieu privé, mais « un lieu ouvert au public » en raison des modes d'accès des internautes[433]. La particularité du réseau Internet c'est qu'il permet de multiplier à l'infini les messages postés, les pages ou les images publiées. Dans cet espace totalement incontrôlable, la seule condamnation ne suffit pas à faire disparaitre complètement le message délictueux. En effet, une fois posté, le message va pouvoir être vu par toutes les personnes disposant d'un ordinateur et d'un accès à internet. Le nombre de personnes pouvant être destinataires du message est extrêmement important, la population se compte rapidement en millions d'internautes et ce message peut être vu à n'importe quel endroit du Monde. Il suffira alors d'imprimer la page ou de faire une capture d'écran pour conserver l'objet du délit. C'est ce qui va véritablement permettre un profond changement avec les supports audiovisuels traditionnels.

102. Il est pratiquement impossible d'énumérer le contentieux véhiculé par le réseau Internet et généré par le comportement d'internautes se croyant à l'abri derrière un écran, un pseudo garantissant ainsi un anonymat bien provisoire. L'instantanéité et la spontanéité des commentaires associées à cet anonymat chimérique participent à l'absence de filtre des internautes alors qu'ils sont naturels dans la réalité. L'effet de groupe, une phrase mal lue ou incomprise entrainent très vite des dérapages et une surenchère menant rapidement à des insultes ou à des exhortations à la violence. C'est pour endiguer ce caractère dangereux lié à la diffusion sur le réseau internet que le législateur a prévu des mesures préventives tendant à empêcher leur diffusion. Les fournisseurs d'accès à internet sont tenus de mettre en place un dispositif permettant aux internautes de les avertir de messages provocants ou injurieux[434].

---

[433] TGI de Melun, 8 nov. 2005, CCE 2006. Comm. 41, obs. Lepage.

[434] Loi n° 2004-575 du 21 juin 2004.

103. Force est d'admettre que le législateur, conscient de la difficulté de contenir les réseaux sociaux, qu'il considère comme un « acquis démocratique majeur [déplore que], la liberté d'expression sert aujourd'hui de parapluie nucléaire à toutes sortes d'idées et de manipulations. Lieux de sociabilité, les réseaux sociaux sont souvent détournés et sont parfois devenus des lieux de perdition pour une partie de notre jeunesse[435], [qui n'arrive plus à communiquer sainement] » Pour étayer ces propos, il semble opportun de prendre en illustration la problématique des pages Facebook. Ces dernières permettent soit de promouvoir une entreprise, soit de faire connaître un thème particulier, soit encore de lancer un appel au don ou faire connaitre une maladie. En l'espèce, les parents d'un enfant atteint d'une maladie rare avaient créé une page Facebook dans le but de faire connaitre la maladie. Deux jeunes internautes âgés de 25 et 19 ans avaient posté des messages particulièrement virulents à l'encontre du jeune enfant[436], ce qui a conduit la justice à les condamner pour provocation non suivie d'effets à la commission d'atteintes volontaires à l'intégrité de la personne[437].

104. Cette illustration flagrante permet de constater qu'internet permet à chaque utilisateur de s'affranchir des règles de conduite, ce qui est favorisé par le caractère virtuel et instantané de la communication. Finalement, il convient de constater que la régulation des relations sociétales impose que soit contrôlée la liberté d'expression pour permettre de conserver une paix sociale difficilement acquise et dont le maintien ne tient qu'à un équilibre fragile entre les différents droits fondamentaux.

---

[435] Débat organisé au Sénat le 24 mars 2015 sur le thème « Internet et la loi du 29 juillet 1881 sur la liberté de la presse », Jacque Mézart p. 26.

[436] **Nicolas H.** a reconnu être l'auteur de la phrase "R., K., même combat ! L'euthanasie est de rigueur", mise en ligne, le 4 octobre 2010, sur le groupe "Castrons le père de R. afin qu'il ne reproduise plus d'autiste" à partir du compte "…" dont il est titulaire ; **Jessica C.** a, pour sa part, reconnu avoir créé une page Facebook "Castrons Toto afin qu'il ne reproduise plus de R. ", expliquant l'avoir fait après un échange vif avec Claude M., ayant été choqué de l'exposition publique de cet enfant.

[437] TGI Paris 17ème Ch. Corr. du 31 janvier 2013 accessible sur légalis : https://www.legalis.net/jurisprudences/tribunal-de-grande-instance-de-paris-17eme-chambre-correctionnelle-jugement-du-31-janvier-2013/

105.Conclusion : La complexité du droit pénal combinée aux particularismes de la Loi de 1881 peut conduire à une régulation hasardeuse de la liberté d'expression définissant une censure qui pourrait très facilement dégénérer en abus. Elle peut tout autant, par la multiplication des comportements contraires à ce qu'autorise la loi, léser les victimes qui n'auraient pas pu attraire dans des délais trop courts l'auteur des propos provocants. La question de l'utilité de la loi peut se poser en toute légitimité. Faut-il préserver le caractère répressif des infractions de presse ou privilégier une approche plus civiliste en substituant à la peine privative de liberté une condamnation pécuniaire ? Le caractère exponentiel des infractions tend finalement à laisser un nombre important de comportements impunis, ce qui renvoie un sentiment d'impunité à la masse populaire.

106.S'il fait le choix d'un durcissement de la répression, le législateur risque d'entrainer un accroissement des plaintes en surchargeant – parfois inutilement – les tribunaux. On peut citer en exemple l'abrogation de l'alinéa 6 de l'article 24 de la loi de 1881 en 2014, la provocation et l'apologie du terrorisme sont devenues des délits de droit commun[438]. Il a fait le choix de sortir de la loi de 1881 une disposition qui par essence exige que soit toujours caractérisée la publicité ; les litiges soumis au juge judiciaire continuent d'entretenir un certain flux jurisprudentiel[439]. Dorénavant prévu par les dispositions de l'article 421-2-5 du Code pénal, il n'est plus entouré des garanties procédurales spécifiquement prévues pour les délits de presse. L'apport principal consistera en un allongement de la prescription qui est désormais de six ans. Il est évident que le législateur n'a pas souhaité que les comportements d'une telle gravité puissent échapper à la répression en permettant à l'autorité de poursuite une temporalité plus importante, même si – *in fine* – la commission de l'infraction n'est plus entourée de toutes les garanties procédurales prévues par la loi de 1881. Le choix d'aggraver la règle

[438] CF La loi n° 2014-1353 du 13 novembre 2014 renforçant les dispositions relatives à la lutte contre le terrorisme, JO 14 nov. 2014, p. 19162, repris par les dispositions de l'article article 421-2-5 du Code pénal.

[439] APOLOGIE PUBLIQUE D'ACTES DE TERRORISME - Nouvelles applications de l'article 421-2-5 du Code pénal - Commentaire par Agathe LEPAGE, Communication Commerce électronique n° 2, Février 2019, comm. 10.

pénale pour les infractions n'emporte toutefois pas une qualification d'acte de terrorisme selon le Conseil constitutionnel[440].

107. Il n'est pas certain que le basculement d'une règle de droit pénale vers une règle de droit purement civile puisse garantir la confiance du justiciable qui attend du système judiciaire et principalement du juge pénal une réponse qui soit la plus efficace et juste. Faut-il basculer vers une conception civiliste et dans un système de réparation pour garantir une efficacité de traitement des infractions invitant la victime à saisir le juge civil dès lors qu'elle a un intérêt ? Ne risque-t-on pas de générer des abus qui conduiront à surcharger les tribunaux de plaintes civiles dont les issues seraient des plus incertaines, notamment pour la qualification de l'intérêt et de la qualité à agir ? Sans compter les sentiments d'impunité et d'abandon de la victime, naissant de l'absence de poursuite pénale qui pourraient conforter les auteurs dans leur vision erronée qu'ils ont de la violence de leurs propos. La loi de 1881 semble être un véritable compromis permettant de maintenir un équilibre entre l'opportunité des poursuites dévolue au Ministère public pour poursuivre les faits les plus graves et la liberté d'expression qui nécessite une certaine flexibilité.

[440] Cons. const., 18 mai 2018, n° 2018-706 QPC.

Les responsabilités pénales en droit de la presse

Mario PIRROTTA

1. Généralités. – Selon une vision commune et plus ou moins répandue, les notions de presse et de publication seraient synonymes. À cet égard, certains estiment que « *la presse est en premier lieu une publication, c'est à dire une manifestation de la pensée rendue publique au moyen d'un support qui en permette sa libre communication, mieux, sa diffusion* »[441]. La presse permet surtout de véhiculer une opinion ; elle est la matérialisation de la liberté d'expression, ce droit si particulier en vertu duquel toute personne peut manifester une opinion, une croyance, ou plus généralement une idée. Cette liberté d'expression très largement protégée au sein de notre société[442] « *constitue l'un* [de ses] *fondements essentiels (...), l'une des conditions primordiales de son progrès et de l'épanouissement de chacun* »[443] Ainsi, c'est parce que la publication est rendue publique et que « *la liberté consiste à pouvoir faire tout ce qui ne nuit pas à autrui* »[444] que certaines limites ont dû être fixées afin que cette liberté d'expression ne nuise pas à autrui. En effet, à la fin du XIXème siècle, les dispositions de l'ancien code pénal paraissaient totalement inadaptées aux infractions commises par voie de presse[445]. De ce fait, une intervention législative s'est rapidement imposée, en réponse à une volonté de répression des abus. La loi du 29 juillet 1881 a alors permis cette responsabilisation en créant un mécanisme de responsabilité unique, dérogeant au droit commun : la responsabilité « en cascade ».

---

[441] BEIGNIER B., DE LAMY B., et DREYER E., *Traité de Droit de la Presse et des Médias*, LexisNexis 2009.

[442] La liberté d'expression est à ce titre consacrée à l'article 10 de la Déclaration des Droits de l'Homme et du Citoyen du 26 août 1789 et également à l'article 10 de la Convention Européenne des Droits de l'Homme du 4 novembre 1950.

[443] CEDH, 7 déc. 1976, *Handyside c/ Royaume-Uni*, §. 49.

[444] DDHC, 26 août 1789, art. 4.

[445] V. sur ce point, BOSSAN J., *Responsabilité pénale en cascade dans la presse écrite et l'édition*, *JCl Communication*, fasc. 3050, 7 sept. 2014, n° 1 et s.

2. La ou les responsabilités « en cascade » ? – En matière de presse, la responsabilité est dite « en cascade ». Cette responsabilité fait intervenir différents acteurs qui seront tour à tour potentiellement responsables, suivant leur qualité au moment de la réalisation de l'infraction de presse. Ce mécanisme de la « cascade » permet alors d'attribuer selon l'échelle des responsabilités, et l'ordre des priorités, la qualité d'auteur d'une infraction de presse à un individu identifié[446]. Il en va ainsi par exemple, sans être exhaustif, des infractions de provocation commises par voie de presse telles que les délits de provocation au suicide[447], de provocation à l'usage de stupéfiants[448], ou encore de propagande ou publicité en faveur de moyens de se donner la mort[449], mais aussi des infractions de diffamation ou injures[450].

Ce régime de la responsabilité « en cascade » a initialement été imaginé, pensé, et créé pour la presse écrite. Il figure à l'article 42 de la loi du 29 juillet 1881, qui dispose que « *seront passibles, comme auteurs principaux, des peines qui constituent la répression des crimes et délits commis par la voie de la presse dans l'ordre ci-après, à savoir : 1° Les directeurs de publications ou éditeurs quelles que soient leurs professions ou leurs dénominations et, (...) les codirecteurs de la publication ; 2° A leur défaut, les auteurs ; 3° A défaut des auteurs, les imprimeurs ; 4° A défaut des imprimeurs, les vendeurs, les distributeurs et afficheurs.* » Par ailleurs, l'article 43 de ladite loi est quant à lui relatif à la complicité. En effet, outre ce mécanisme de « la cascade », la responsabilité pénale peut également être recherchée au titre de la complicité dans les formes et les conditions établies par l'article 43 de la loi du 29 juillet 1881, mais également dans celles des articles 121-6 et 121-7 du Code pénal.

Cependant, avec l'apparition de la radio, puis de la télévision et enfin de l'Internet, il est évident que le droit a dû s'adapter à ces nouveaux outils de diffusions. L'évolution de l'outil de communication a alors contraint le législateur à intervenir afin de maintenir cette responsabilisation des acteurs de la presse, nonobstant le support utilisé. De surcroît, la révolution technologique a libéralisé

---

[446] DREYER E., *Droit de la communication*, LexisNexis, collection « Manuels », 2018, n° 1368, p. 755.
[447] C. pén., art. 223-13.
[448] CSP, art. L. 3421-4.
[449] C. pén., art. 223-14.
[450] L. 29 juill. 1881, art. 29.

l'accès à l'information, et l'apparition des *blogs* ainsi que des réseaux sociaux a permis un véritable sursaut de la liberté d'expression. Tout citoyen peut désormais, et de manière aisée, véhiculer publiquement une opinion sur un sujet. Ce postulat tranche avec l'esprit initial de la loi de 1881 puisque, bien évidemment, les possibilités offertes par la technologie ne pouvaient pas être mesurées lors de sa rédaction. Ainsi, dans un premier temps, la loi n° 82-652 du 29 juillet 1982 sur la communication audiovisuelle a permis d'étendre le mécanisme de la responsabilité « en cascade » et de la complicité à la presse audiovisuelle[451]. À cet égard, l'article 93-3 de cette loi du 29 juillet 1982 permet d'engager la responsabilité pénale comme auteur principal de l'infraction, du directeur de publication ou du codirecteur de la publication, à défaut l'auteur des propos, et à défaut le producteur. Dans un second temps, la problématique liée à la responsabilité pénale en matière de presse sur les réseaux internet a, à l'inverse, été plus difficile à envisager. En effet, l'intervention du législateur a dû se faire à plusieurs reprises, avant que la presse internet ne connaisse un véritable régime de responsabilité pénale. En outre, les premières dispositions ont été introduites par la loi n° 2004-575 du 21 juin 2004 pour la confiance dans l'économie numérique (LCEN), et complété par la loi n° 2009-669 du 12 juin 2009 dite « HADOPI »[452]. L'apport principal de cette loi a été de permettre de distinguer la responsabilité pénale des éditeurs de contenus et des intermédiaires techniques, tel que les hébergeurs[453]. Pour autant, cette modification en couches législatives successives témoigne d'une certaine difficulté d'adaptation de la loi du 29 juillet 1881 au support immatériellement vaste que constitue l'Internet. À n'en plus douter, cette volonté d'une parfaite transposition du régime de la responsabilité pénale « en cascade » au support internet se révèle être

---

[451] À ce titre, il est important de préciser que l'article 2 de la loi n° 86-1067 du 30 septembre 1986, modifié par la loi n° 2004-575 du 21 juin 2004 assimile la communication audiovisuelle à la communication au public par voie électronique. En effet cet article dispose en son premier alinéa que l'on « *entend par communications électroniques les émissions, transmissions ou réceptions de signes, de signaux, d'écrits, d'images ou de sons, par voie électromagnétiques.* » De ce fait, la communication audiovisuelle regroupe donc aussi bien la radio que la télévision.

[452] La loi « HADOPI » a notamment permis de clarifier le régime de responsabilité des éditeurs de contenus et des intermédiaires techniques.

[453] BIGOT C., *Pratique du droit de la* presse, Victoires, 2ème éd., collection « Légipresse », 2017, p. 292.

particulièrement délicate, voire, inachevée[454], notamment en raison de l'intervention de nouveaux acteurs de l'Internet.

3. L'exclusion des personnes morales du mécanisme de la responsabilité « en cascade ». – En ce qui concerne l'imputation de la responsabilité « en cascade » aux personnes morales, l'article 43-1 de la loi du 29 juillet précise que « *les dispositions de l'article 121-2 du code pénal ne sont pas applicables aux infractions pour lesquelles les dispositions des articles 42 ou 43 de la présente loi sont applicables* ». Autrement dit, la pénalisation des personnes morales ne saurait être admise au titre de la responsabilité « en cascade ». À cet égard, la Chambre criminelle de la Cour de cassation estime de manière constante qu'une société d'édition ne peut être condamnée pour une infraction de presse envers un particulier ; cette infraction ne pouvant être imputée à une personne morale[455].

À l'instar de la presse écrite, en matière de communication audiovisuelle, l'exclusion des personnes morales est calquée sur le régime consacré par la loi du 29 juillet 1881. En effet, l'article 93-4 de la loi du 29 juillet 1982 dispose également qu'une société de communication audiovisuelle ne peut être condamnée sur le fondement d'une infraction de presse à laquelle la responsabilité « en cascade » est applicable.

Pour autant, outre la possibilité d'engager la responsabilité civile des personnes morales, il convient de préciser que ces dernières pouvaient être poursuivies pour des faits de diffamation[456] ou d'injure non publique[457] présentant un caractère raciste ou discriminatoire. Cependant, ces dispositions ont été abrogées le 3 août 2017.

---

[454] V. sur ce point, CAPPELLO A., « L'adaptation du régime de responsabilité pénale au support internet », *in « La réécriture de la loi sur la presse du 29 juillet 1881 : une nécessité ? »*, (sous la dir. de) DROIN N., et JEAN-BAPTISTE W., colloque, L.G.D.J., collection « GRANDSCOLLOQUES », 2017.

[455] V. Crim. 11 juill. 2017, n° 16.84859 : *AJ Pénal* 2017, p. 497, obs. THIERRY J.-B.

[456] C. pén., art. R. 624-3.

[457] C. pén., art. R. 624-4.

4. Problèmes et enjeux. – En droit de la presse, selon l'expression désormais classique, c'est la publication qui constitue l'infraction. Par déduction, en l'absence de publication il n'y aurait pas, a priori[458], d'infraction pénalement répréhensible. En cas d'infraction constituée dans les formes réprimées par la loi, la responsabilité pénale pourra alors être recherchée. Indubitablement, elle le sera suivant l'échelle des responsabilités issue de « la cascade ». Pour autant, et selon le support de presse utilisé pour la réalisation de l'infraction, il est incontestable que les différents intervenants dans l'échelle des responsabilités seront différents. En effet, le mécanisme de la responsabilité « en cascade » envisagé par la loi du 29 juillet 1881 se heurte à certaines difficultés, dès lors que le support infractionnel est immatériel. Ainsi diverses problématiques se posent lors de l'analyse de la loi de 1881, et plus particulièrement des articles 42 et 43. Tout d'abord, en matière de presse écrite, une analyse de l'imputabilité infractionnelle s'impose. En d'autres termes, comment se matérialise la responsabilité pénale dans ce cas ? Ensuite, lorsque le support utilisé est audiovisuel, comment s'articule l'échelle des responsabilités ? La responsabilité « en cascade » telle que prévue par la loi de 1881 est-elle transposable ? Enfin, lorsque la presse a pour source l'Internet, quelle responsabilité appliquée ? En l'état actuel des choses, ces mécanismes sont-ils suffisants ? La responsabilité « en cascade » d'origine doit-elle être réécrite ou réadaptée à ces nouveaux supports ?

De toute évidence, et de manière synthétique, il est nécessaire de se demander si les mécanismes de responsabilité pénale tels qu'envisagés par la loi du 29 juillet 1881 pour la presse écrite, sont adaptés à la presse électronique.

5. Plan. – Afin de répondre à ces quelques problématiques, les mécanismes de responsabilité de la presse écrite, issus de la loi du 29 juillet 1881 doivent être étudiés (I) afin de vérifier leur adaptabilité, sinon leur compatibilité avec les particularismes de la presse électronique (II).

---

[458] La responsabilité peut cependant être recherchée, mais elle ne relèvera pas des règles du droit de la presse telles que prévues par la loi du 29 juillet 1881.

I. Des mécanismes de responsabilité dévoués à la presse écrite

6. Une appréciation nécessaire des dispositions de la loi du 29 juillet 1881. – En matière de presse écrite, et en vertu de l'article 42 de la loi du 29 juillet 1881, c'est le mécanisme dit de la responsabilité « en cascade » qui s'impose. En effet, comme il a pu être démontré précédemment, la loi du 29 juillet 1881 a été conçue afin de faire face aux infractions pouvant se matérialiser par l'intermédiaire de ce type de support. Dès lors, et afin de pouvoir apprécier l'échelle des responsabilités selon la qualité des différents acteurs, une étude du domaine de la responsabilité dite « en cascade » (A), puis de son régime (B) est nécessaire.

A. Le domaine de la responsabilité « en cascade » en matière de presse écrite

7. La détermination du support infractionnel. – Puisque la loi du 29 juillet 1881 a été précisément élaborée afin de réprimer les infractions commises par voie de presse écrite, encore est-il pertinent d'étudier le type de support ici envisagé. Matériellement, « *c'est la publication qui constitue l'infraction* ». À l'égard de cette publication, deux précisions doivent être apportées. En premier lieu, la jurisprudence semble avoir érigée une condition tenant à la localisation du support infractionnel. En effet, selon une jurisprudence constante, la responsabilité « en cascade » telle qu'envisagée par l'article 42 de ladite loi ne s'applique que si le journal est imprimé et publié en France[459]. De ce fait, la responsabilité « en cascade » ne saurait s'appliquer au cas où les infractions de presse ont été commises dans un journal imprimé et publié dans un pays étranger[460]. De plus, l'expression de *publication* doit ici être appréciée assez largement, puisque par exemple, l'auteur d'un discours oral pourra faire l'objet de poursuites à l'instar de l'auteur écrit. Il est vrai que la loi du 29 juillet 1881 est plutôt éclectique en ce qu'elle précise différents moyens de diffusion au sein de ses articles[461] comme

---

[459] Cass. crim., 25 oct. 2005, n° 04-82.400, *D.* 2005, p. 2970.

[460] Cass. crim., 15 févr. 1894, Bull. crim., n° 46.

[461] V. DERIEUX E., *Droit des médias*, Lextenso, collection « manuel », 7ème éd., 2015, n° 1465 et s.

« *l'imprimerie et la librairie* », un « *écrit rendu public* », « *la distribution des imprimés* », les « *affiches* » ou encore « *tout journal ou écrit périodique* ».

8. La détermination délicate de l'auteur de l'infraction. – L'auteur de l'infraction est celui qui exécute « *physiquement les actes constitutifs du délit ou du moins les faits matériels tendant à la production immédiate et directe de l'effet préjudiciable du délit* [462] ». Ainsi, l'article 42 de la loi du 29 juillet 1881 évoque les différents intervenants pouvant être poursuivis en qualité d'auteur de l'infraction de presse suivant le mécanisme de la responsabilité « en cascade ». Cet article désigne successivement « *les directeurs de publications ou éditeurs » et « les codirecteurs de la publication* », « *les auteurs* », « *les imprimeurs* », « *les vendeurs, les distributeurs et afficheurs* ». Cette liste est limitative, si bien qu'une personne qui aurait une qualité différente ne pourrait voir sa responsabilité pénale engagée sur le fondement de l'article 42 de la loi du 29 juillet 1881. Pour autant, à la lecture de ces dispositions et de cette pléthore de potentiels responsables, il est indéniable que la détermination du véritable auteur de l'infraction, et du comportement effectivement répréhensible n'est pas évidente. En effet, chaque intervenant issu de cette liste limitative occupe une fonction différente les uns des autres ; il est alors particulièrement délicat de déterminer quel comportement est effectivement incriminable par la loi de 1881. Dès lors, cette précision accentue l'idée selon laquelle la loi du 29 juillet 1881 souffre d'une rédaction quelque peu lacunaire[463].

9. Le directeur de la publication ou l'éditeur : l'auteur principal de l'infraction. – À la lecture de l'article 42, il s'avère que le premier intervenant pouvant faire l'objet de poursuites suivant l'échelle de la responsabilité « en cascade » est le directeur de la

[462] BARBIER G., *Code expliqué de la presse* : *Traité général de la police de la presse et des délits de publication*, Marchal et Billard, 1887, t. 2, p. 330, n° 807.

[463] DREYER E., « L'auteur de l'infraction de presse : auteur naturel ou artificiel » *Dr. Pénal* n° 9, sept. 2008, étude 18. L'auteur indique ici que le seul fait de se demander qui est l'auteur des infractions de presse trahit une mauvaise rédaction des textes d'incrimination. Selon ce dernier, la loi du 29 juillet 1881 recèle beaucoup d'incertitudes.

publication[464] ou l'éditeur[465], selon que la presse soit périodique ou non. Ce directeur de la publication revêt alors différentes qualités selon les situations ; il est une personne physique qui est soit propriétaire, soit locataire-gérant d'une entreprise éditrice ou qui en détient la majorité du capital ou des droits de vote. La désignation du directeur de la publication pour « *toute publication de* presse » a été imposée par l'article 6 de la loi du 29 juillet 1881 si bien que de toute évidence, le législateur a souhaité hautement responsabiliser ce directeur pour tout ce qui peut être publié au sein de son entreprise. Cette responsabilisation est alors la matérialisation évidente d'un devoir de surveillance et de vérification du directeur avant toute publication[466] ; mais elle contredit l'expression selon laquelle « *c'est la publication qui constitue l'infraction* ». En effet, cet impératif de vigilance imposé au directeur de la publication dénature la matérialité des infractions de presse qui semblent alors être révoquées au rang des infractions d'expression[467]. Dès lors, si l'infraction de presse était matériellement constituée par la publication, et bien la responsabilité incomberait alors de ce fait à l'individu responsable de la diffusion du contenu litigieux. Pour autant, cette responsabilité principale du directeur de la publication repose sur des considérations purement

---

464 Si ce dernier est protégé par l'immunité parlementaire conformément à l'article 26 de la Constitution du 4 octobre 1958, l'article 6 de la loi du 29 juillet 1881 dispose que « *l'entreprise éditrice doit nommer un codirecteur de la publication choisi parmi les personnes ne bénéficiant pas de l'immunité parlementaire, et lorsque l'entreprise éditrice est une personne morale, parmi les membres du conseil d'administration, du directoire ou les gérants suivant la forme de ladite personne morale* ». De la sorte, le codirecteur de la publication se substituera dans l'échelle des responsabilités au directeur de la publication.

465 Ce terme ne sera pas repris par la suite car la responsabilité inhérente à la qualité d'éditeur est identique à celle du directeur de la publication. De la sorte, en matière de presse non périodique l'éditeur assume la responsabilité en lieu et place du directeur de la publication.

466 « *Le directeur de la publication d'un écrit périodique, dont le devoir est de surveiller et de vérifier tout ce qui y est inséré, est de droit responsable, en cette qualité, comme auteur principal, de tout article publié par la voie de cet écrit et dont le caractère délictueux est démontré* ». V. Cass. crim., 16 juill. 1992, *Bull. crim.* 1992, n° 273.

467 DREYER E., *Droit de la communication*, *op. cit.*, p. 757, n° 1371. L'auteur indique ici en outre que l'ordre des priorités imposé par le mécanisme de la cascade « *renvoie à la formulation du message en amont au lieu d'atteindre en aval le responsable de la diffusion effective qui, pour réaliser matériellement la publication, devrait assumer cette responsabilité subsidiaire.* »

pragmatiques. De la sorte, la seule présence d'un directeur de la publication exonère, en principe[468], les imprimeurs, les vendeurs, les distributeurs et afficheurs de leur responsabilité[469].

10. Les responsables subsidiaires. – Suivant l'échelle des responsabilités issue de l'article 42, la responsabilité pénale des intervenants subsidiaire peut être recherchée dès lors qu'il est impossible d'identifier le directeur de la publication ou la personne ayant exercé les fonctions d'éditeur. Ainsi, le devoir de vigilance et de vérification des propos qui incombait alors au directeur de la publication se transmet aux responsables subsidiaires. Ces individus sont successivement l'auteur, l'imprimeur, les distributeurs, vendeurs ou afficheurs.

L'auteur est celui qui est à l'origine de la création d'une œuvre. Cette responsabilité de l'auteur est une responsabilité quasi automatique[470] puisque, soit en l'absence de directeur de la publication ou d'éditeur il est poursuivi en sa qualité d'auteur principal de l'infraction, soit en vertu de l'article 43 de la loi du 29 juillet 1881 il est poursuivi en qualité de complice[471]. Néanmoins, à la différence du directeur de la publication, l'identification de l'auteur peut se révéler particulièrement délicate. En effet, en matière de presse écrite, l'auteur n'a pas d'obligation légale de dévoiler son identité[472], et peut donc utiliser un pseudonyme. Dès lors, en l'absence

---

[468] Sauf à démontrer que la diffusion du support litigieux résulte d'une initiative individuelle. V sur ce point, Cass. crim., 3 oct. 1995.

[469] AUVRET P., « La détermination des personnes responsables » *Gaz. Pal.,* 14 Mai 2002, n° 134, p. 17.

[470] Toutefois, la bonne foi semble être l'unique possibilité pour l'auteur d'être exonéré de sa responsabilité. V. CONTE Ph., « La bonne foi en matière de diffamation : notion et rôle », *Mélanges Chavanne*, Litec, 1990, p. 49. L'auteur pourra par exemple invoquer *l'exceptio veritatis* prévue à l'article 35 de la loi de 1881 permettant de prouver que ses dires étaient vrais. V. sur ce point LEVASSEUR G., « Réflexions sur l'exceptio veritatis », *Mélanges Chavanne*, Litec 1990, p. 111.

[471] V. *supra* n° 12.

[472] Auparavant, l'ordonnance du 26 août 1944 sur l'organisation de la presse française disposait en son article 10 que « *les auteurs qui utilisent un pseudonyme, sont tenus d'indiquer par écrit, avant insertion de leurs articles, leur véritable nom au directeur de la publication. En cas de poursuites contre l'auteur (...) le directeur est relevé du secret professionnel à la demande du Procureur de la République saisi d'une plainte, auquel il devra fournir la véritable identité de l'auteur (...)* ». Cependant, cette ordonnance a été abrogée par l'article 21 de la loi n° 86-897 du 1er août 1986 portant réforme du régime juridique de la presse.

d'identification de l'auteur, la responsabilité sera recherchée auprès des autres intervenants dans l'échelle des responsabilités, à savoir l'imprimeur[473] puis enfin les distributeurs, vendeurs ou afficheurs.

B. Le régime de la responsabilité « en cascade » en matière de presse écrite

11. Le mécanisme de la responsabilité « en cascade ». – L'article 42 de la loi du 29 juillet 1881 dispose que « *seront passibles, comme auteurs principaux,* (…) *: 1° Les directeurs de publications ou éditeurs et, (...) les codirecteurs de la publication ; 2° A leur défaut, les auteurs ; 3° A défaut des auteurs, les imprimeurs ; 4° A défaut des imprimeurs, les vendeurs, les distributeurs et afficheurs* ». À l'appui de ce texte, force est de constater que l'intervenant désigné ne sera responsable qu'*à défaut* de celui qui le précède. Ce terme « à défaut » conditionne alors l'entier régime de la responsabilité « en cascade », puisque la responsabilité pénale est transférée au responsable suivant, conformément à l'échelle des intervenants. Pour autant, il convient de préciser les particularités entourant ce critère du « défaut ». Selon le langage courant l'expression « à défaut de » évoque l'absence, le manque ou l'insuffisance de ce qui serait nécessaire[474]. En l'occurrence, appliquée au régime de la responsabilité « en cascade » cette définition ne saurait être suffisante. En effet, ce terme « *à défaut* » évoqué au sein du mécanisme de la « cascade » est particulièrement éclectique, si bien qu'il doit s'interpréter différemment selon la qualité de l'auteur présumé de l'infraction. Dans tous les cas, ce terme doit être apprécié au moment de la publication[475], puisque « *c'est la publication qui constitue l'infraction* ».

---

[473] Il convient de préciser que l'identification de l'imprimeur est facilitée par la loi du 29 juillet 1881 puisque l'article 3 dispose en outre que « *tout écrit rendu public, à l'exception des ouvrages de ville ou bilboquets, portera l'indication du nom et du domicile de l'imprimer, à peine contre celui-ci, d'une amende de 3 750 euros.* » À cet égard, il convient de préciser que cette obligation ne concerne pas les imprimés destinés à un usage privé.

[474] V. Dictionnaire Larousse définition « *défaut* ».

[475] L'appréciation de ce terme au moment de la publication est fondamentale, puisque les circonstances postérieures à la publication n'auront pas d'incidence sur l'échelle des responsabilités. Par exemple, si le décès du directeur de la publication survient après la publication, cela aura pour incidence d'éteindre l'action publique à l'encontre de l'auteur de l'infraction désigné par le mécanisme de la responsabilité en cascade ; l'auteur de l'écrit sera alors poursuivi comme complice de l'infraction.

De la sorte, au regard de l'échelle des responsabilités, ce n'est qu'à « défaut » du directeur de la publication, du codirecteur, ou de l'éditeur que l'auteur sera responsable à titre principal de l'infraction ; ce qui revient à dire que ce terme doit ici s'analyser comme un acte de substitution au profit de l'auteur des propos, si et seulement les premiers intervenants sont inexistants au jour de la publication. En d'autres termes, la notion de « *défaut* » vise ici les hypothèses où l'écrit périodique n'a pas de directeur de la publication, ou à l'inverse si l'écrit non périodique a été publiée sans l'aide d'un éditeur, ou encore si l'écrit a été publié avec le concours d'un éditeur inconnu[476]. Dans ces cas précis, l'auteur de la publication pourra être poursuivi comme auteur principal de l'infraction[477]. Également, pour ce qui est des autres personnes physiques susceptibles d'être poursuivies *à défaut* des premiers, ce terme produira ses effets si l'intervenant précédent, dans l'échelle des responsabilités, est inconnu. Dans ce cas précis, ces derniers engageront leur responsabilité pénale faute d'identification du responsable les précédents, et suivant le mécanisme de « la cascade ». Toutefois, en pratique, il est certain que l'engagement de la responsabilité des distributeurs, vendeurs ou afficheurs se révèle être très exceptionnelle. En effet, certains ont notamment pu considérer qu'édifier une responsabilité à leur encontre n'est en réalité qu'un « *pis-aller* »[478], puisque la seule identification d'un individu se trouvant en amont dans la « cascade » suffira à les exonérer de cette responsabilité. En réalité, la loi du 29 juillet 1881 a ici, semble-t-il, souhaité une responsabilisation quasi-systématique, ce qui justifie cette profusion d'auteurs potentiels de l'infraction. La loi du 29 juillet 1881 se veut alors nettement répressive.

V. sur ce point BOSSAN J., *Responsabilité pénale en cascade dans la presse écrite et l'édition, op. cit.*, n° 24.

476 BARBIER G., *Code expliqué de la presse* : *Traité général de la police de la presse et des délits de publication, op.cit.*, p.326, n° 809.

477 Il convient de préciser que la responsabilité pénale de l'auteur peut également être recherchée si ce dernier s'est chargé lui-même de publier son texte en démarchant un imprimeur sans avoir recours à un autre intermédiaire, et pareillement s'il est impossible de traduire devant les juridictions françaises le directeur de la publication ou l'éditeur. V. sur ce point DREYER E., *Droit de la communication, op. cit.*, p. 755, n° 1370.

478 DREYER E., *Responsabilités civiles et pénale des médias : presse, télévision, Internet*, LITEC, 3ème éd., 2012, p. 395, n° 799.

12. Responsabilité pénale et complicité en matière de presse écrite. – Au surplus, il convient de préciser que les intervenants subsidiaires dans l'échelle de la responsabilité « en cascade » peuvent voir leur responsabilité pénale engagée au titre de la complicité. En effet, en vertu de l'article 43 de la loi du 29 juillet 1881, les auteurs peuvent être poursuivis comme complice lorsque les directeurs ou codirecteurs de la publication, ou bien les éditeurs, seront en cause. Cet article précise également que la complicité de l'article 121-7 du code pénal pourra s'appliquer à l'encontre de toute personne, si les conditions d'application de cet article sont réunies[479]. Enfin, la complicité des imprimeurs pour faits d'impression ne pourra être appliquée, sauf si une décision d'irresponsabilité pénale est prononcée par les tribunaux à l'encontre du directeur ou du codirecteur de la publication, ou dès lors que le directeur de la publication bénéficie d'une immunité parlementaire et qu'il ne dispose pas d'un codirecteur de la publication[480]. En conséquence, cet article 43 édicte un nouveau fait générateur de responsabilité à l'égard de cette « cascade » d'intervenants.

En premier lieu, vis-à-vis de l'auteur de l'écrit, le texte est explicite puisque la complicité de ce dernier sera recherchée exclusivement lorsque les directeurs ou codirecteurs de la publication, ou bien les éditeurs peuvent être en cause[481], suivant le mécanisme de la « cascade ». La particularité de cette complicité tient en ce qu'elle n'exige pas la réunion des conditions de la complicité de droit commun. En effet, par l'intermédiaire de cet article 43, le législateur a souhaité ériger une sorte de présomption de complicité de l'auteur de l'écrit, dispensant la partie poursuivante de prouver la matérialité et l'intentionnalité de l'acte de complicité. En d'autres termes, par la

---

[479] Cet article dispose qu'« *est complice d'un crime ou d'un délit la personne qui sciemment, par aide ou assistance, en a facilité la préparation ou la consommation. Est également complice la personne qui par don, promesse, menace, ordre, abus d'autorité ou de pouvoir aura provoqué à une infraction ou donné des instructions pour la commettre.* »

[480] La complicité de l'imprimeur pourra également, en vertu de l'article 43 alinéa 2 de la loi du 29 juillet 1881, être retenue « *dans le cas et les conditions prévus par l'article 431-6 du code pénal sur les attroupements* ».

[481] Toutefois, il convient de préciser que la poursuite de l'auteur de l'écrit comme complice, n'est pas subordonnée à la mise en cause simultanée du directeur de la publication, ou de l'éditeur, comme auteur principal. V. Cass. crim., 8 oct. 1979, n° 77-92297, *Bull. crim.* n° 272, p. 735; Cass. crim., 3 mars 2015, *Bull. crim.* 2015, n° 43, *D. 2015*, p. 283, obs. DREYER E.

seule lettre du texte, la complicité de l'auteur de l'écrit est automatique. Finalement, cette présomption de complicité est cohérente. En effet, inévitablement, l'auteur de l'écrit est présumé avoir consenti à la diffusion de l'écrit en l'état, et si modifications il y a, avoir consenti à ces modifications. Pour autant, il semble que cette présomption soit simple puisque l'auteur de l'écrit pourra, semble-t-il, échapper aux responsabilités soit en prouvant sa bonne foi, soit en prouvant l'absence de consentement. À ce titre, la chambre criminelle de la Cour de cassation a notamment pu estimer que « *l'auteur d'un ouvrage ne peut s'exonérer de sa responsabilité comme complice qu'en démontrant qu'il n'a ni voulu ni permis que les propos fussent publiés sous sa signature.* »[482]

En second lieu, vis-à-vis de l'imprimeur l'hypothèse de poursuites pénales au titre de la complicité est sans commune mesure fortement réduite. De facto, le législateur lors de la rédaction de l'article 43 de la loi de 1881 a souhaité privilégier la liberté d'expression. En effet, « *les Républicains qui connaissaient bien le régime antérieur de contrainte sur la presse redoutaient spécialement la censure de l'imprimeur. Celui-ci, qui n'a ni les moyens ni les connaissances juridiques pour apprécier les conséquences sur sa propre responsabilité du contenu de ce qu'il imprime, peut être tenté de refuser tout texte lui semblant présenter un certain risque.* »[483] C'est notamment pour ces raisons que le législateur de 1881 a fortement restreint, voir annihilé[484], l'hypothèse de la complicité de l'imprimeur. Cette restriction ne jouera que pour les « *faits d'impression* », ce qui suppose donc que l'imprimeur ne pourra voir sa responsabilité pénale engagée pour complicité dans le cadre de ses fonctions. Néanmoins, dès lors que l'imprimeur outrepasse ses fonctions d'impression, sa responsabilité au titre de la complicité de droit commun redevient applicable dans les conditions prévues par l'article 121-7 du Code pénal.

---

482 Cass. crim., 20 mai 2014, deux arrêts n° 13-82.831 et 13-82.830 : *Dr. pénal* 2014, comm. 119, obs. VÉRON M.

483 AUVRET P., « La détermination des personnes responsables », *op. cit.*

484 Certains ont, à cet égard, estimé que cette restriction est comparable à une *immunité de l'imprimeur*, qui ne peut être poursuivi comme complice pour faits d'impression. V. GUERDER P., *Presse : procédure*, *Rep. pén.* 2011, n° 282.

En tout état de cause, le législateur par le biais de l'article 43 de la loi de 1881 a souhaité d'un côté responsabiliser de manière quasi constante l'auteur de l'écrit litigieux, et d'un autre côté protéger la liberté d'expression en accordant une protection légale à l'imprimeur.

13. Transition. – La presse écrite dispose d'un régime de responsabilité particulièrement dérogatoire en vertu des articles 42 et 43 de la loi du 29 juillet 1881. En effet, cette loi érige un nouveau mécanisme de responsabilité, celui de la cascade, qui permet d'engager précisément la responsabilité d'un individu *à défaut* d'un autre selon un cheminement légal. Pour autant, les articles 42 et 43 de la loi du 29 juillet 1881 ont été précisément écrits pour la presse écrite, sans bien évidemment prendre en compte les évolutions techniques et technologiques. Ainsi, le droit a dû prendre en compte ces nouveaux défis exposés par la modernité afin d'adapter la loi de 1881 à un nouveau support de presse, celui de la presse électronique.

II. Des mécanismes de responsabilité pénale adaptés à la presse électronique

14. Une adaptation recherchée de la loi du 29 juillet 1881 aux médias électroniques[485]. – La loi n° 82-652 du 29 juillet 1982 sur la communication audiovisuelle, modifiée par la loi n° 2004-575 du 21 juin 2004 pour la confiance dans l'économie numérique, a eu la volonté d'étendre le mécanisme de la responsabilité pénale « en cascade » au support électronique, par l'intermédiaire de ses articles 93-2 et 93-3. Le support électronique, tel qu'envisagé par la loi du 29 juillet 1982, vise à la fois la presse audiovisuelle, mais aussi la presse en ligne. Dans tous les cas, pour que ce support soit identifié comme un support de presse électronique, il est nécessaire qu'il y ait une « communication au public par voie électronique ». Cette communication suppose alors une « *mise à disposition du public ou de catégories de public, par un procédé de communication électronique, de signes, de signaux, d'écrits, d'images, de sons ou de messages de toute nature qui n'ont pas le caractère d'une correspondance*

[485] Par médias électroniques il est ici entendu à la fois la radio, la télévision, mais aussi le support internet.

privée [486]». Il convient dès lors de distinguer ces deux supports de presse.

Tout d'abord, la presse audiovisuelle est celle de la radio et de la télévision. À cet égard, la radio peut être définie comme un « *service de communication au public par voie électronique destiné à être reçu simultanément par l'ensemble du public ou par une catégorie de public et dont le programme principal est composé d'une suite ordonnée d'émissions comportant des sons* »[487]. La télévision est quant à elle définie comme un « *service de communication au public par voie électronique destiné à être reçu simultanément par l'ensemble du public ou par une catégorie de public et dont le programme principal est composé d'une suite ordonnée d'émissions comportant des images et des sons* »[488]. À l'inverse, la presse en ligne s'opère par le biais de l'Internet. Cette communication en ligne doit être entendue comme « *toute transmission, sur demande individuelle, de données numériques n'ayant pas un caractère de correspondance privée, par un procédé de communication électronique permettant un échange réciproque d'informations entre l'émetteur et le récepteur* »[489].

L'évolution des nouvelles technologies d'information et de communication a contraint le législateur d'adapter la législation sur la presse telle qu'imaginée par la loi de 1881. À l'égard de ces nouveaux supports de communication, le législateur a eu pour volonté d'adapter la responsabilité en cascade de 1881 d'une part au support audiovisuel (A) et d'autre part à la presse en ligne. Néanmoins, à l'égard de ce second support, il est incontestable que le régime de la « cascade » paraît assurément inadapté (B).

---

[486] L. n° 86-1067, 30 sept. 1986, relative à la liberté de communication, art. 2 al. 2
[487] L. n° 86-1067, 30 sept. 1986, relative à la liberté de communication, art. 2 al. 5.
[488] L. n° 86-1067, 30 sept. 1986, relative à la liberté de communication, art. 2 al. 4.
[489] L. n° 2004-575, 21 juin 2004, pour la confiance dans l'économie numérique, art. 1-IV al. 4.

A. L'adaptation recherchée de la responsabilité « en cascade » au support audiovisuel

15. Une responsabilité « en cascade » 2.0. – Face à l'inadaptation du régime traditionnel de la responsabilité « en cascade » au support audiovisuel[490], le législateur est intervenu par l'intermédiaire de la loi n° 82-652 du 29 juillet 1982 afin de créer un nouveau régime de responsabilité. Cette nouvelle cascade s'inspire manifestement de la loi du 29 juillet 1881, et vise tous les services de « *communication au public par voie électronique* ». En d'autres termes, cette responsabilité « en cascade » réadaptée s'applique aussi bien à la presse audiovisuelle, qu'à celle qui est communiquée en ligne[491]. Finalement, cette nouvelle responsabilité « en cascade » n'est pas novatrice puisque son régime est, à quelques différences, calqué sur celui de 1881. De ce fait, il ne s'agit pas réellement d'une adaptation mais véritablement d'une transposition du régime de la responsabilité « en cascade » de presse écrite. Ceci est problématique puisque les supports de presse n'étant pas identiques, le régime de cette responsabilité « en cascade » rééditée souffre tantôt d'insuffisances, tantôt de redondances ; surtout en matière de communication en ligne[492].

Dès lors, l'article 93-3 de la loi de 1982 dispose que « *le directeur de publication*[493] *ou (...) le codirecteur de la publication*[494] *sera*

---

[490] La Cour de cassation a pu notamment déclarer inapplicable à la radiodiffusion et à la télévision, les articles 42 et 43 de la loi du 29 juillet 1881. V. sur ce point, Cass. crim., 8 oct. 1979, *Bull. crim.* n° 272; Cass. crim., 2 déc. 1980, *Bull. crim.* n° 328.

[491] En effet, l'article 93-3 de la loi n° 82-652 du 29 juillet 1982 évoque les infractions de presse commise « par un moyen de communication au public par voie électronique ». À cet égard, il convient de préciser que c'est la loi n° 2004-575 pour la confiance dans l'économie numérique du 21 juin 2004 qui a permis de regrouper sous le vocable « communication au public par voie électronique », la communication audiovisuelle et la communication en ligne. Cette loi a en effet substitué l'expression « communication audiovisuelle » au profit de « communication au public par voie électronique ».

[492] V. *supra* n° 18 et s.

[493] L'article 93-2 al. 1er de la loi du 29 juillet 1982 dispose que « *tout service de communication au public par voie électronique est tenu d'avoir un directeur de la publication* ».

[494] Selon l'article 93-2 de la loi du 29 juillet 1982, la responsabilité pénale du codirecteur de la publication est engagée en lieu et place du directeur de la publication, « *lorsque le directeur de la publication jouit de l'immunité*

poursuivi comme auteur principal, lorsque le message incriminé a fait l'objet d'une fixation préalable à sa communication au public. À défaut, l'auteur, et à défaut de l'auteur, le producteur sera poursuivi comme auteur principal. » Ainsi, à l'instar de la loi de 1881, celle de 1982 détermine un ordre des responsabilités en fonction des divers intervenants dans la communication par voie électronique. Finalement, force est de constater que les acteurs dans l'échelle des responsabilités en matière de communication par voie électronique, sont pour ainsi dire identiques à ceux envisagés par l'article 42 de la loi de 1881. La seule distinction repose sur *le producteur*. En effet, l'article 93-3 de la loi du 29 juillet 1982 fait intervenir le producteur dans « la cascade », en lieu et place de l'imprimeur de la presse écrite. Ce dernier peut être définit comme « *la personne physique ou morale qui prend l'initiative et la responsabilité de la réalisation de l'œuvre* »[495]. Pour autant, à la différence de l'imprimeur, et à la seule lecture de l'article 93-3 de la loi de 1982, il s'avère que le producteur ne dispose pas du régime de protection octroyé par l'article 42 de la loi de 1881[496]. De toute évidence, sa responsabilité pénale pourra donc être engagée *à défaut* des précédents dans l'échelle des responsabilités.

16. L'incidence liée à la « *fixation préalable* ». – L'article 93-3 de la loi du 29 juillet 1982 dispose que « *le directeur de la publication ou,* (…) *le codirecteur de la publication sera poursuivi comme auteur principal lorsque le message incriminé a fait l'objet d'une fixation préalable à sa communication au public* ». Par l'intermédiaire de ce critère de la « fixation préalable », la responsabilité pénale de l'article 93-3 s'émancipe de la responsabilité « en cascade » d'origine. Dès lors, le directeur de la publication pourra être poursuivi comme auteur principal de l'infraction de presse si et seulement si le message incriminé aura fait l'objet d'une fixation préalable à sa communication au public[497]. Pour autant, il convient de s'interroger sur cette notion de

---

parlementaire dans les conditions prévues par l'article 26 de la Constitution et par les articles 9 et 10 du protocole du 8 avril 1965 sur les privilèges et immunités des communautés européennes ».

[495] CPI, art. L. 132-23.

[496] V. *infra* n° 12.

[497] À cet égard, il convient de préciser que ce régime de la fixation préalable est conforme à la Convention Européenne des Droits de l'Homme et des Libertés Fondamentales et a été déclaré comme tel dans un arrêt rendue par la Cour

fixation préalable. Il semblerait que cette notion fasse implicitement référence au devoir de vigilance et de vérification à l'égard du contenu diffusé, dont doit répondre le directeur de la publication en matière de presse écrite[498]. Ainsi, par analogie, en matière de communication électronique est entendu par fixation préalable, le contrôle que le directeur de la publication a pu exercer sur le contenu informationnel d'un enregistrement. Le directeur de la publication en matière de communication électronique est donc également tributaire d'un devoir de surveillance, et de vérification, qui doit s'exécuter sur un enregistrement. De deux choses l'une, soit le directeur de la publication a pu exercer un contrôle sur le contenu litigieux, et s'est abstenu de retirer ou faire retirer le message, dans ce cas il pourra être poursuivi[499], soit le directeur de la publication n'a pas pu exercer de contrôle, et dans ce cas, c'est la responsabilité subsidiaire qui sera recherchée. Par exemple, en matière radiophonique, un message répété sera considéré comme ayant fait l'objet d'une fixation préalable à sa diffusion[500], puisque le directeur de la publication a pu exercer un contrôle sur la diffusion du message. À l'inverse, en matière d'émissions télévisées diffusées *en direct*, le directeur de la publication ne peut exercer de contrôle sur les messages communiqués, c'est donc l'auteur de ces messages qui sera poursuivi comme auteur principal de l'infraction. À l'égard de cet auteur, le législateur considère qu'ont « *la qualité d'auteur d'une œuvre audiovisuelle, la ou les personnes physiques qui réalisent la création intellectuelle de cette œuvre* »[501]. La notion d'auteur recouvre alors une conception large, qui ne doit pas se circonscrire qu'à la simple profération de paroles.

17. La complicité en matière de communication audiovisuelle. – La complicité en matière de communication audiovisuelle est identique à celle prévue par l'article 43 de la loi de 1881. En effet,

---

Européenne des Droits de l'Homme le 30 mars 2004. V. sur ce point, CEDH., 30 mars 2004, n° 53984/00, *Radio-France c/ France*.

[498] V. *infra* n° 9.

[499] « *Le directeur de publication dont le devoir est de surveiller et vérifier tout ce qui est diffusé à l'antenne dès lors qu'il s'agit d'une émission pré-enregistrée est de droit responsable des propos tenus au cours de celle-ci* (…) ». V. Cass. crim., 7 mars 2000, n° 99-86646.

[500] Cass. crim., 8 juin 1999, *Bull. crim.*, n° 128 ; *RSC*. 2000. 194, obs. BOULOC B.

[501] CPI, art. L. 113-17.

l'article 93-3 de la loi du 29 juillet 1982 dispose en son alinéa 3 et 4 que « *lorsque le directeur ou le codirecteur de la publication sera mis en cause, l'auteur sera poursuivi comme complice. Pourra également être poursuivie comme complice toute personne à laquelle l'article 121-7 du code pénal sera applicable.* » L'automaticité de la complicité de l'auteur des propos est ici équipollente que ce soit en matière de presse écrite, qu'en matière de communication audiovisuelle. Cependant, l'alinéa 4 de cet article relatif à la complicité de droit commun peut être vecteur de quelques interrogations. À ce titre, peut-on imaginer, dans le cadre d'une émission télévisuelle n'ayant pas fait l'objet d'une fixation préalable d'engager la responsabilité du directeur de la publication en sa qualité de complice ? Puisque l'article 93-3 de la loi du 29 juillet 1982 prohibe la poursuite du directeur de la publication comme auteur principal de l'infraction en l'absence de fixation préalable, peut-il être poursuivi pour complicité ? En effet, le directeur de la publication, conformément à l'article 121-7 du code pénal fournit les moyens de commettre l'infraction. L'élément matériel de la complicité est donc bel et bien caractérisé. Cependant, c'est véritablement l'élément intellectuel de la complicité par fourniture de moyens qui fera manifestement défaut ici, puisqu'en l'absence de fixation préalable, le directeur de la publication n'a pas pu objectivement exercer son devoir de vérification du contenu litigieux ; l'intention coupable ne peut alors ici être caractérisée. Pour autant, la complicité du directeur de la publication a pu être retenue, alors même que le contenu était diffusé *en direct*, en raison d'une faute personnelle de celui-ci qui ne pouvait ignorer, en raison des conditions particulières de la diffusion, de la personnalité des animateurs, et de l'enregistrement préalable du sujet, qu'une infraction allait être constituée[502]. De la sorte, le devoir de vigilance incombant au directeur de la publication semble être apprécié très strictement par la jurisprudence, à tel point que même en présence d'une émission ne pouvant être fixée préalablement, la responsabilité de ce dernier peut être recherchée si une faute personnelle peut lui être imputée.

---

[502] TGI Paris, 17ème Ch., 21 sept. 2000.

B. L'inadaptation effective des mécanismes de responsabilité pénale au support internet

18. Une identification délicate des responsables sur l'Internet. – La loi n° 82-652 du 29 juillet 1982, modifiée par la loi du 21 juin 2004 pour la confiance en l'économie numérique a étendu la responsabilité en cascade au support internet. Les articles 93-2 et 93-3 de la loi de 1982 ont pour vocation à s'appliquer à tous les services de « *communication au public par voie électronique* »[503], ce qui inclut l'Internet. Nous l'avons affirmé, cette loi a été initialement envisagée pour le seul support audiovisuel[504]. Il est alors évident que cette transposition à ce nouveau support de communication se révèle être parfaitement inadaptée en plusieurs points, et notamment celui de l'identification des responsables. En effet, selon l'article 93-3 « *le directeur de la publication ou (…) le codirecteur sera poursuivi comme auteur principal (...) À défaut, l'auteur, et à défaut de l'auteur, le producteur sera poursuivi comme auteur principal.* » À la lecture de ces dispositions, la première difficulté à laquelle le justiciable peut être confronté est liée à la détermination des intervenants.

Tout d'abord, sur ce support, la détermination du directeur de la publication et du producteur est délicate. Le texte n'apporte aucune précision, ni aucune définition générique à l'égard de ces deux intervenants, si bien qu'il est particulièrement délicat de les identifier de façon concrète. Ainsi, afin d'avoir une définition textuelle il est indispensable de se reporter à la loi du 29 juillet 1881 relative à la presse écrite. À l'égard du directeur de la publication, l'article 6, affirme qu'il est le « *propriétaire ou locataire-gérant d'une entreprise éditrice (…) ou en détient la majorité du capital ou des droits de vote* » ou encore est directeur de la publication « *le représentant légal de l'entreprise éditrice* ». Or, appliqué à internet, il est évident que

---

[503] Ces services de communication au public par voie électronique doivent être fournis depuis la France. En effet, « *de même que la responsabilité en cascade prévue par l'article 42 de la loi du 29 juillet 1881 sur la liberté de la presse ne s'applique que lorsque le journal est imprimé et publié en France, la responsabilité en cascade prévue par l'article 93-3 de la loi du 29 juillet 1982 sur la communication audiovisuelle ne s'applique que lorsque le service de communication au public par voie électronique est fourni depuis la France.* » v. Cass. crim., 18 juin 2019, n° 18-85.298, *D.* 2019, p. 1338.

[504] V. *infra* n° 15.

cette définition n'en reste pas moins très obscure, voire inadaptée, et ne peut être transposée, en l'état, au support internet. Par conséquent, une appréhension du directeur de la publication à l'aune du support internet serait légitime. En définitive, il semblerait que le directeur de la publication sur internet soit en réalité, l'individu chargé de diriger le site, autrement dit celui qui décide de rendre public le message, qu'il soit professionnel ou non-professionnel.

En outre, la détermination du producteur connaît les mêmes problématiques, puisque le producteur entendu en matière audiovisuelle ne peut ici voir sa définition transposée au support internet. Selon la jurisprudence, il semble que le producteur sur internet soit la personne « *ayant pris l'initiative de créer un service de communication au public par voie électronique* » [505]. En clair, pour être producteur au sens de l'article 93-3 de la loi de 1982, il suffit que ce dernier ait pris l'initiative de mettre à disposition du public un site internet [506]. La qualité de producteur est donc appréciée très largement par le législateur ainsi que par la jurisprudence.

Concernant l'auteur, ce n'est pas tant l'absence de définition qui est problématique, puisque sur internet l'auteur est toujours celui qui est à l'origine de la création intellectuelle d'une œuvre, mais c'est véritablement sa détermination physique, voire patronymique, en tant qu'individu qui est délicate. En réalité, sur internet, l'hypothèse d'une pluralité de fonctions exercées par l'auteur est récurrente, surtout sur les réseaux sociaux où l'auteur est fréquemment dépositaire des fonctions de directeur de la publication, voire de producteur. Par exemple, sur le réseau social *Twitter*, la personne physique propriétaire du compte sera tour à tour directeur de la publication, producteur et également auteur, pour chaque *tweet*[507] publié sur ce réseau. Il est évident que de ce seul point de vue, le mécanisme de la responsabilité pénale « en cascade » serait sensiblement facilité, puisqu'une seule et même personne se verrait poursuivre. Cependant, et cela constitue la seconde difficulté majeure qu'il est possible de rencontrer sur l'Internet, l'anonymisation des auteurs est constante, voire systématique. Si l'auteur de la publication, ou du message, est

---

[505] Cass. crim., 16 févr. 2010, n° 09-81064, *Bull. crim.* n° 31.

[506] DREYER E., « Responsabilité du producteur qui refuse de modérer les messages transmis par des tiers », *D.* 2010, p. 2206

[507] Le *Tweet* est un message court, limité par un nombre de caractères, et publié sur le réseau social *Twitter*.

anonyme, et si d'autant plus il revêt la qualité de tous les intervenants dans l'échelle des responsabilités, il est évident que le mécanisme de « la cascade » se retrouverait nécessairement fragilisé, voir anéanti. Saisie de cette question, certaines propositions ont pu être faites visant en premier lieu à limiter aux seuls auteurs de contenus professionnels l'application du régime de la cascade prévue par l'article 93-3 de la loi de 1982[508], et dans un second temps, vis-à-vis des auteurs de contenus non-professionnels, à augmenter le quantum des peines encourues pour les prestataires techniques en cas d'absence de réponse à une demande d'identification formulée par l'autorité judiciaire[509]. Cette épineuse problématique d'actualité, et ce souhait de la part des pouvoirs publics d'une fin de l'anonymat sur Internet[510] reste extrêmement préoccupante, notamment d'un point de vue de la liberté d'expression. De la sorte, ce levé de l'anonymat serait indubitablement une atteinte à ce droit fondamental[511] ; d'autant plus qu'anonymat et expression sur internet vont généralement de pair. En outre, exiger la disparition de l'anonymat en matière de communication sur Internet est en contradiction avec les particularités de la presse écrite. En effet, comme il a pu être précédemment démontré[512], en matière de presse écrite, l'auteur n'a pas d'obligation légale de dévoiler son identité, et peut donc utiliser un pseudonyme. Finalement, cette « *désanoymisation* » sur internet créerait fatalement une différenciation majeure entre les deux types de presse. Se pose alors le traditionnel équilibre entre l'impératif de répression et la

---

508 Sénat, Rapport d'information fait au nom de la commission des lois constitutionnelles, de législation, du suffrage universel, du Règlement d'administration générale, relatif à l'équilibre de la loi du 29 juillet 1881 sur la liberté de la presse à l'épreuve d'Internet, n° 767, juillet 2016, proposition n° 9.

509 *Ibid.*, proposition n° 10.

510 En effet, à l'occasion du Grand débat National, le Président de la République, Monsieur Emmanuel Macron, a pu notamment, le 18 janvier 2019, à Souillac, préciser qu'il faut « *aller vers une levée progressive de toute forme d'anonymat* » car « *beaucoup d'informations fausses, relatives, décontextualisées circulent* ».

511 Un rapport du Conseil des droits de l'Homme des Nations Unies du 22 mai 2015 a pu notamment préciser que « *le cryptage et l'anonymat offrent aux personnes et aux groupes une zone de confidentialité en ligne leur permettant d'exprimer leurs opinions et d'exercer leur liberté d'expression sans inférence ni attaque arbitraire et illégale* ». V. sur ce point, *Human Rights Council Twenty-ninth session, Report of the Special Rapporteur on the promotion and protection of the right to freedom of opinion and expression*, n° 16 et s.

512 V. *infra* n° 10.

préservation des libertés fondamentales. Pour autant, en matière de presse en ligne, il est évident que cette balance d'intérêts doit pencher dans le sens de la préservation de la liberté d'expression ; l'amoindrissement des libertés fondamentales n'étant pas la solution, inexorablement la création d'un régime de responsabilité pénale spécifique à l'Internet s'impose.

19. Un régime de responsabilité « en cascade » inadapté au directeur de la publication et au producteur. – La loi du 29 juillet 1982 en son article 93-3 dispose que le directeur de la publication « *sera poursuivi comme auteur principal, lorsque le message incriminé a fait l'objet d'une fixation préalable à sa communication au public* ». Ce critère de la fixation préalable a été, à l'instar de l'entier mécanisme de l'article 93-3, initialement envisagé pour la communication audiovisuelle. Aussi, la volonté d'associer cet article à la communication au public par la voie de l'Internet se révèle être particulièrement audacieuse. La fixation suppose en effet un contrôle exercé par le directeur de la publication sur un contenu informationnel enregistré. Comment se matérialise alors cette fixation sur l'Internet ? Ici, par fixation, il semble que soit sous-entendu une certaine « modération » avant que le message soit diffusé par l'intermédiaire du réseau, de telle sorte que le directeur de la publication puisse exercer ses obligations de vigilance et de vérification. Le directeur de la publication joue alors un rôle de modérateur sur internet. Néanmoins, il est évident que le directeur de la publication ne dispose pas d'un pouvoir omniscient lui permettant d'accomplir sa mission de modérateur sur tout le réseau Internet. C'est pourquoi, *in fine*, la loi HADOPI 1 du 12 juin 2009[513] a créé un alinéa 5 à l'article 93-3 de la loi du 29 juillet 1982 qui dispose que « *lorsque l'infraction résulte du contenu d'un message adressé par un internaute à un service de communication au public en ligne, et mis par ce service à la disposition du public dans un espace de contributions personnelles identifié comme tel, le directeur ou le codirecteur de publication ne peut pas voir sa responsabilité pénale engagée comme auteur principal s'il est établi qu'il n'avait pas effectivement connaissance du message avant sa mise en ligne ou si, dès le moment où il en a eu connaissance, il a agi promptement pour retirer ce message.* » Cet

[513] L. n° 2009-669, 12 juin 2009, favorisant la diffusion et la protection de la création sur internet.

alinéa est venu fortement réduire la responsabilité du directeur de la publication, et l'a rendu irresponsable pénalement lorsque l'infraction de presse est notamment constituée sur des *forums* en ligne.

À l'égard du producteur, la situation a été plus litigieuse. En effet, si la responsabilité du directeur de la publication ne peut être recherchée, et si l'auteur ne peut être identifié, force est de constater qu'en vertu de la responsabilité « en cascade », le producteur assumera la responsabilité des précédents. Pour autant, ceci aboutirait nécessairement à une hyper-responsabilisation du producteur à tel point que sa responsabilité pénale serait engagée indéfiniment. C'est pourquoi le 16 septembre 2011 le Conseil Constitutionnel saisi par une question prioritaire de constitutionnalité (QPC), a affirmé par le biais d'une réserve d'interprétation, au demeurant très vague[514], que le régime dont bénéficie le directeur de la publication devait profiter au producteur[515]. Par la même, le Conseil Constitutionnel, en se substituant au législateur, a créé un nouveau cas d'exonération de responsabilité, que la Cour de cassation ne manque pas d'appliquer[516], en alignant le régime de responsabilité du directeur de la publication sur celui du producteur. En conséquence, en l'état, le mécanisme de la responsabilité en cascade de l'article 93-3 se retrouve neutralisé par des obstacles légaux, jurisprudentiels, et tenant à la spécificité du support internet.

---

514 DREYER E., « Nouvelle responsabilité du producteur sur internet », *D.* 2013, p. 160.

515 Cons. const., 16 sept. 2011, n° 2011-164 QPC, §. 7 ; « *Compte tenu, d'une part, du régime de responsabilité spécifique dont bénéficie le directeur de la publication en vertu des premier et dernier alinéas de l'article 93-3 et, d'autre part, des caractéristiques d'internet (...) les dispositions contestées ne sauraient, sans instaurer une présomption irréfragable de responsabilité pénale en méconnaissance des exigences constitutionnelles précitées, être interprétées comme permettant que le créateur ou l'animateur d'un site de communication au public en ligne mettant à la disposition du public des messages adressés par des internautes, voie sa responsabilité pénale engagée en qualité de producteur à raison du seul contenu d'un message dont il n'avait pas connaissance avant la mise en ligne* ; »

516 Cass. crim., 30 oct. 2012, n° 10-88825. La Cour de cassation considère ici que « *la responsabilité pénale du producteur d'un site de communication au public en ligne mettant à la disposition du public des messages adressés par des internautes n'est engagée, à raison du contenu de ces messages, que s'il est établi qu'il en avait connaissance avant leur mise en ligne ou que, dans le cas contraire, il s'est abstenu d'agir promptement pour les retirer dès le moment où il en a eu connaissance* ».

20. Une nouvelle responsabilité pénale envisagée : l'hébergeur responsable. – Face à cette cacophonie législative, reste qu'une responsabilité infiniment subsidiaire peut être envisagée : celle des hébergeurs. Les hébergeurs sont des « *personnes physiques ou morales qui assurent, même à titre gratuit, pour mise à disposition du public par des services de communication au public en ligne, le stockage de signaux, d'écrits, d'images, de sons ou de messages de toute nature fournis par des destinataires de ces services* »[517]. Finalement, il est évident que l'hébergeur, à la différence des autres intervenants dans l'échelle des responsabilités de l'article 93-3 de la loi de 1982, a un rôle technique, passif et n'exerce pas de contrôle sur le contenu des publications[518] ; il n'a aucune obligation ou devoir de surveillance. Ces hébergeurs sont donc tous les prestataires techniques qui n'entretiennent aucun rôle actif sur le contenu même des publications, ce qui sera par exemple le cas pour les principaux opérateurs de réseaux sociaux[519].

Pour autant, les hébergeurs ne sont pas irresponsables pénalement, même s'il est possible d'en douter. En effet, pour ne pas voir leur responsabilité pénale engagée, si ces hébergeurs ont connaissance d'un contenu illicite, ils doivent agir afin de faire cesser ce trouble et retirer ces données ou en rendre l'accès impossible[520], tel que l'envisage la loi du 21 juin 2004 pour la confiance dans l'économie numérique[521]. Ceci réduit donc très fortement les hypothèses de poursuites pénales des hébergeurs, puisque dans la majorité des cas il est certain que les hébergeurs feront cesser le trouble illicite. En outre, il semble que cette responsabilité pénale, indépendante de la responsabilité « en cascade » se heurte à divers obstacles majeurs ne

---

[517] L. n° 2004-575, 21 juin 2004, « pour la confiance dans l'économie numérique », art. 6-I-2.

[518] CJUE, 23 mars 2010, *Google*, C236/08, C237/08 et C238/08.

[519] AUROY B. et STELLA E., « La liberté d'expression face aux réseaux sociaux », *Dr. pénal* n° 6, étude 13, juin 2017.

[520] BENOIT N., « La mise en œuvre de la responsabilité des prestataires d'hébergement toujours incertaine », *Légipresse*, juin 2015, n° 328.

[521] L'article 6-I-3 de la loi n° 2004-575 du 21 juin 2004 pour la confiance dans l'économie numérique dispose que les hébergeurs « *ne peuvent voir leur responsabilité pénale engagée à raison des informations stockées à la demande d'un destinataire de ces services si elles n'avaient pas effectivement connaissance de l'activité ou de l'information illicites ou si, dès le moment où elles en ont eu connaissance, elles ont agi promptement pour retirer ces informations ou en rendre l'accès impossible.* »

favorisant pas la répression. En premier lieu, à l'instar du directeur de la publication et du producteur, les hébergeurs bénéficient de la même cause d'exonération de responsabilité liée à la méconnaissance du contenu illicite. Ces derniers seront également exonérés de leur responsabilité s'ils ont agi promptement afin de faire cesser le trouble. En second lieu, et cela constitue la problématique majeure, la plupart des hébergeurs se situent à l'étranger. Dans ce cas, leur mise en cause se révèle être difficilement possible, voire impossible. Finalement, il paraît ardu d'établir un véritable mécanisme de responsabilité à l'égard des hébergeurs, tant les obstacles à la répression sont nombreux, et les conditions de mise en cause restrictives.

21. Une réécriture nécessaire de la loi ? – Pour conclure, il est évident que les mécanismes de responsabilités pénales en matière de presse, quel que soit le support utilisé, ont tous pour origine la loi du 29 juillet 1881 relative à la presse écrite. Par la suite, et suivant le support utilisé, cette loi été adaptée tantôt à la presse audiovisuelle, tantôt à la presse sur Internet. Si en matière de communication audiovisuelle, la loi du 29 juillet 1982 semble être plus ou moins efficace, en matière de presse sur Internet, cette loi ne saurait satisfaire. En effet, les dispositions de la loi de 1989 ne prennent pas en compte les évolutions techniques et technologiques, ainsi que l'intervention de nouveaux acteurs de l'Internet. Par là même, l'adaptation constante de la loi de 1881 à un nouveau support ne semble pas être une solution adéquate. Mais alors, existe-t-il une véritable solution adaptée à un tel support ? Fatalement, il ne semble pas qu'il y ait de véritable réponse à cette problématique au vu des difficultés précédemment exposées. La frénésie de l'évolution technologique étant sans commune mesure plus rapide que l'intervention du législateur, toute tentative de responsabilisation sur internet semble alors irrémédiablement vouée à l'échec.

Les spécificités procédurales en droit de la presse

Loïc BIENVENU

> *J'avoue que je ne porte point à la liberté de la presse cet amour complet et instantané qu'on accorde aux choses souverainement bonnes de leur nature. Je l'aime par la considération des maux qu'elle empêche bien plus que pour les biens qu'elle fait.*
>
> Alexis de TOCQUEVILLE, De la démocratie en Amérique, 1835, Part. II, Chap. III.

1. Origines. — Fruit d'une longue gestation, la loi sur la liberté de la presse fut le point d'orgue d'une réflexion débutée en 1876. La IIIe République nouvellement proclamée, était sans aucun doute la condition préalable et nécessaire qui conduisit cette année-là Alfred NAQUET à soumettre devant la Chambre des députés, une proposition de loi qui suggérait ni plus ni moins d'abroger toute législation en la matière[522]. Bien qu'écartée, cette concise suggestion promut l'idée d'une réforme, et commanda la formation d'une commission chargée d'élaborer un nouveau texte.

2. La France qui voyait se succéder depuis la Révolution des régimes politiques assujettis à la versatilité de son peuple, fut longtemps réticente à l'idée d'une presse libre. L'insuffisante légitimité des gouvernements acculés par le spectre d'une presse trop irrévérencieuse à leur endroit, avait conduit ceux-ci à cumuler plusieurs dizaines de lois et décrets[523] le plus souvent liberticides, et

---

[522] Cité par Eugène LISBONNE, Alfred NAQUET considérait qu'en « *fait de presse* […] *la meilleure des lois est l'absence de loi* », JOCD, déb. parl., 25 janv. 1881, p. 31, spéc. p. 33.

[523] AVENEL H., Histoire de la presse française depuis 1789 jusqu'à nos jours, 1900, Paris, Flammarion, p. 766 ; BELLESCIZE D., Analyse des débats parlementaires de la loi du 29 juillet 1881 : pourquoi une loi pénale spéciale ?, *in* DROIN N. et JEAN-BAPTISTE W. (dir.), La réécriture de la loi sur la presse du 29 juillet 1881 : une nécessité ?, 2017, LGDJ, Grands colloques, p. 11 et s. ; CELLIEZ H. et LE SENNE Ch., Loi de 1881 sur la presse accompagnée des travaux de rédaction, 1882, Paris, Chevalier-Marescq, p. 694. Ces derniers auteurs avaient recensé 42 textes épars dans la période comprise entre 1728 et 1880 !

dont l'applicabilité était devenue pour le moins incertaine. La destination première du nouveau texte était donc de faire table rase de ce désordre législatif. Au terme de plusieurs années de travail, le projet de loi soumis en première lecture le 24 janvier 1881, ambitionnait donc de proposer un texte harmonieux. Son rapporteur, Eugène LISBONNE, n'hésitait d'ailleurs pas à le présenter comme un « *Code des crimes et délits commis par la voie de la presse et de la parole* »[524]. Outre cette épuration juridique, l'éveil républicain dont l'esprit arrivait à maturité, offrait désormais l'opportunité tant espérée d'une libéralisation de la presse. Ce texte, que son rapporteur qualifiait lui-même de « *loi d'affranchissement et de liberté* »[525], ne devait toutefois pas s'enfermer dans une déclaration d'intentions, mais assurer l'effectivité de cet ambitieux projet. En effet, l'histoire n'avait que trop démontré l'impuissance des grandes déclarations purement nominales[526]. Aux fins d'assurer la pérennité de cette liberté, le législateur se plaça dans une démarche répressive tout en cessant de poursuivre les délits d'opinion. Il abolissait par là même les mesures préventives, telles que la censure et le cautionnement[527]. Sur le plan

---

[524] LISBONNE E., Rapport général sur les propositions de loi relatives à la liberté de la presse, Ch. dép., doc. parl., n° 2865, 5 juill. 1880 : JO n° 195, 18 juill. 1880, p. 8289, spéc. p. 8291.

[525] *Ibid.*, p. 8289.

[526] L'article 11 DDHC avait déjà consacré cette liberté : « *La libre communication des pensées et des opinions est un des droits les plus précieux de l'homme : tout citoyen peut donc parler, écrire, imprimer librement, sauf à répondre de l'abus de cette liberté dans les cas déterminés par la loi.* », DDHC, 26 août 1789, Collection générale des décrets rendus par l'Assemblée nationale, Vol. 1, Baudouin, Imprimeur de l'Assemblée nationale, p. 71 et s. De même, l'article 7 de la Charte constitutionnelle de la monarchie de Juillet disposait : « *Les Français ont le droit de publier et de faire imprimer leurs opinions en se conformant aux lois. La censure ne pourra jamais être rétablie.* », Charte constitutionnelle, 14 août 1830, Bulletin des lois du royaume de France, Série IX, Partie IX, Tome I, n° 5. Sur cette évolution, voy. not. LEPRETTE J. et PIGEAT H. (dir.), La Liberté de la presse. Le paradoxe français, 2003, PUF, Cahiers des sciences morales et politiques, p. 29-37 et 73-74.

[527] La démarche antérieure se voulait préventive, en ce sens que les écrits étaient soumis à autorisation préalable. LISBONNE insistait sur ce caractère répressif en faisant sienne une citation du juriste anglais William BLACKSTONE : « *La liberté de la presse, consiste à ne pas permettre de restrictions antérieures aux publications et non à les exempter de poursuites criminelles quand la publication à eu lieu.* » : voy. LISBONNE E., Rapport général sur les propositions de loi relatives à la liberté de la presse, préc., p. 8291 ; voy. égal. BELLESCIZE D., La loi du 29 juillet 1881 à l'aube de l'an 2000, *in* Collectif, Clés pour le siècle, 2000, Dalloz, p. 1413, spéc. p. 1416-1417.

substantiel, les infractions visées par la loi étaient quantitativement restreintes, et aujourd'hui encore, l'injure et la diffamation constituent l'écrasante majorité du contentieux en la matière[528].

3. Loin de se limiter au droit pénal de fond, le législateur considéra également que le salut de la presse devait venir de règles procédurales dérogatoires au droit commun. Lors de la première délibération devant la Chambre des députés, LISBONNE précisait ainsi, que lorsqu'il « *s'agira de déterminer les juridictions, la procédure, la durée de la prescription, alors, dans l'intérêt de la presse, au lieu de se rapprocher du droit commun, il faudra s'en éloigner essentiellement* »[529]. Ces règles dont la fonction n'est autre que de conduire la marche du procès, devaient donc dans tous leurs aspects, concourir étroitement à l'épanouissement de la presse.

4. Controverses. — Adoptée le 29 juillet 1881, la loi sur la liberté de la presse promut par ses spécificités, ou sa « *condition privilégiée* »[530], le libéralisme qu'elle devait encourager. Elle le fit si bien, que la jeune république devint le théâtre d'abus incontestables, dont l'affaire DREYFUS fut sans doute l'une des manifestations les plus ignominieuses[531]. Plus que la loi, il semble surtout que ce soit une tolérance ambiante, qui autorisa les excès de l'époque[532]. L'historien

---

528 BIGOT Chr., Pratique du droit de la presse : presse écrite, audiovisuel, internet, 2e éd., 2017, Victoires Éditions, Guide Légipresse, p. 281-282. Selon cet auteur, injures et diffamations formeraient 90% du contentieux de la presse, mais il n'avance toutefois aucune source précise à l'appui de ce pourcentage.

529 JOCD, déb. parl., 25 janv. 1881, p. 34.

530 Telle était l'expression employée par le garde des Sceaux de l'époque, Jules CAZOT : voy. Circ., 9 nov. 1881 : BOMJ 1881, n° 24, p. 122, spéc. p. 123.

531 Émile ZOLA, qui allait devenir l'ardent défenseur du capitaine déchu, déclarait déjà en 1888 en des mots qui décriraient tout aussi bien la presse contemporaine : « *Mon inquiétude unique, devant le journalisme actuel, c'est l'état de surexcitation nerveuse dans lequel il tient la nation.* [...] *Aujourd'hui, remarquez quelle importance démesurée prend le moindre fait. Des centaines de journaux le publient à la fois, le commentent, l'amplifient.* [...] *De là, des secousses continuelles dans le public, qui se propagent d'un bout du pays à l'autre. Quand une affaire est finie, une nouvelle commence, car les journaux ne peuvent vivre sans cette existence de casse-cou. Si des sujets d'émotion manquent, ils en inventent...* », Le Figaro, Supplément Littéraire, 24 nov. 1888.

532 ALBERT P., Un siècle de liberté de la presse : que reste-t-il de la loi de 1881 ?, Rev. pol. parl. 1982, n° 896, p. 53, spéc. p. 55 ; ALBERT P., Histoire de la presse, 12e éd., 2018, PUF, Que sais-je ?, p. 68 : « *Le libéralisme de la loi fut encore*

Christophe CHARLE, avance le nombre moyen de 16,8 poursuites par an en matière de presse[533], entre 1871 et 1913[534]. Difficile ainsi d'imaginer que cette procédure exorbitante du droit commun ait été l'unique responsable de ce maigre rendement. En effet, à cette époque la presse périodique faisait état de nombreuses diffamations et injures le plus souvent antisémites, et pour le moins virulentes[535]. Une loi aussi libertaire soit elle, que celle de 1881, ne saurait suffire à expliquer les largesses qui ont été témoignées à l'égard de la liberté d'expression.

5. Pourtant depuis lors, l'idée d'un passe-droit octroyé en faveur de la presse est intimement associée à ce texte. La doctrine contemporaine converge comme rarement vers l'unité, pour affirmer que la procédure en la matière aurait pour conséquence de rendre les poursuites illusoires. À cette fin, les auteurs se sont montrés démesurément féconds pour formuler des expressions très imagées fustigeant toutes, les unes plus que les autres, une procédure qu'ils considèrent à la solde de la défense. Ainsi évoque-t-on communément les « *chausse-trappes procédurales* »[536], ou plus spécialement les « *pièges procéduraux* »[537], les « *embûches* »[538] et « *carcan*

---

accentué par son application : les poursuites judiciaires furent très rares et les journaux étaient en fait assurés d'une véritable impunité. Au nom de la liberté, on tolérait la licence. ».

[533] CHARLE Chr., Le siècle de la presse : 1830-1939, 2004, Seuil, p. 136.

[534] Une étude historique plus détaillée et référencée, serait sans aucun doute utile afin d'évaluer à quel point la presse a bénéficié, par-delà la loi, de libertés.

[535] JOLY L., Les débuts de l'Action française (1899-1914) ou l'élaboration d'un nationalisme antisémite, RH 2006/3, n° 639, p. 695 ; JOLY L., D'une guerre l'autre. L'Action française et les juifs, de l'union sacrée à la révolution nationale (1914-1944), RHMC 2012/4, n° 59-4, p. 97.

[536] DREYER E., L'opportunité d'une sortie des infractions de presse de la loi du 29 juillet 1881 au regard d'un exemple précis : le cas du délit d'apologie du terrorisme et de provocation aux actes de terrorisme, *in* DROIN N. et JEAN-BAPTISTE W. (dir.), La réécriture de la loi sur la presse du 29 juillet 1881 : une nécessité ?, *op. cit.*, p. 37, spéc. p. 41 ; GUINCHARD S. (dir.), L'ambition raisonnée d'une justice apaisée. Rapport au garde des Sceaux. Commission sur la répartition des contentieux, 2008, Doc. fr., Rapports officiels, p. 289.

[537] DERIEUX E., Actes du Forum Légipresse du 29 sept. 2005 : "Le droit de la presse : une spécialité légitime ou dépassée ?". Introduction générale, Légicom 2006/1, n° 35, p. 3, spéc. p. 5.

d'exigences »[539] procédurales, voire une « *tératologie juridique* »[540] ! D'autres ont encore évoqué une « *procédure scélérate* »[541], un « *traquenard procédural* »[542], un « *champ de mines* »[543], ou bien, un véritable « *parcours d'obstacles* »[544]. De manière plus acerbe, le professeur DREYER a parlé de « *piège à c…* »[545], celui-ci ayant caviardé lui-même cet argument peu juridique.

6. Une telle fronde doctrinale est-elle alors véritablement justifiée ? Devant pareille énergie dépensée par des commentateurs en quête du sens de la formule, on serait nécessairement tenté d'acquiescer. Néanmoins, la réalité semble toute autre. En effet, en 2011, suite à une vieille suggestion du professeur DERIEUX[546], le magistrat Nicolas BONNAL[547] a entrepris une étude[548] statistique particulièrement rigoureuse, sur l'incidence des exigences procédurales en la matière. Méconnu – délibérément ? – de la littérature juridique[549], le résultat de ce travail fut sans appel : sur

---

538 HASSLER Th., À propos des limites au champ d'application de la loi de 1881 sur la presse et particulièrement de ses règles procédurales, RLDI 2012/79, n° 2630, p. 34.

539 DUPEUX J.-Y. et MASSIS Th., La conduite du procès de presse, Légicom 2002/3, n° 28, p. 5, spéc. p. 7.

540 DOMINGO M., Atteintes à la réputation : la protection judiciaire pénale, Gaz. Pal. Rec. 1994, 2, doct. p. 999.

541 BEIGNIER B., L'honneur et le droit, Thèse, 1995, LGDJ, Bibl. droit privé, Tome 234, p. 180.

542 MOUYSSET O., Diffamation et prescription de l'action publique, D. 2001, Jur., p. 160.

543 KIEJMAN G., Actes du Forum Légipresse du 29 sept. 2005 : "Le droit de la presse : une spécialité légitime ou dépassée ?". Un regard sur la rénovation de la procédure en matière de presse, Légicom 2006/1, n° 35, p. 39.

544 FRANCILLON J., Médias et droit pénal. Bilan et perspectives, RSC 2000, p. 59, spéc. p. 63.

545 DREYER E., Droit de la presse, D. 2017, Pan., p. 181, spéc. p. 189.

546 DERIEUX E., Faut-il abroger la loi de 1881 ?, Légipresse 1998, n° 154, II, p. 93, spéc. p. 97.

547 Ancien président de la 17e chambre du TGI de Paris, laquelle est spécialisée dans les affaires de presse.

548 BONNAL N., Les "chausse-trappes" procédurales de la loi de 1881 : mythe ou réalité ? Essai d'étude statistique, Légipresse 2011, n° 289, p. 665.

549 Seul le praticien Christophe BIGOT mentionne cette étude dans son ouvrage, pour en tirer une conclusion qui se veut naturellement modérée, au regard de ce qu'il qualifie comme étant désormais une « réalité judiciaire » : voy. BIGOT Chr., Pratique du droit de la presse, *op. cit.*, p. 282. En revanche, il est très étonnant de

237 jugements rendus, 25,30 % statuaient sur un moyen de procédure, et seulement 7,60 % des décisions échouaient sur un motif de procédure. Cela conduisait ce magistrat à affirmer très naturellement que : « *le fait que moins de 8 % des poursuites de presse échouent sur un motif de procédure est en lui-même très significatif. Il prive de réelle substance la dénonciation des "chausse-trappes" procédurales de la loi.* »[550] Bien sûr un tel examen aurait tout intérêt à être renouvelé sur une période beaucoup plus étendue[551]. Pour autant, ce résultat discrédite toute analyse dogmatique[552] ou approximation[553]. C'est qu'en effet, la question de la légitimité du régime procédural de la presse, devenue marronnier[554] juridique, semble être

---

voir d'autres auteurs non moins influents, mais plus virulents, tels les professeurs DERIEUX et DREYER, ne pas commenter dans leurs ouvrages respectifs et à jour, cette étude qui parait pourtant importante.

550 BONNAL N., Les "chausse-trappes" procédurales de la loi de 1881, préc., p. 667.

551 Une étude officielle sur une période temporelle plus allongée permettrait d'anéantir toute espèce de contestation. Celle-ci passerait également par une comparaison avec une étude statistique concernant le droit procédural commun.

552 BIGOT Chr., JCl. Lois pénales spéciales, V° Presse et communication, Fasc. 140 : Procédure. – Généralités. Prescription, 2019, n° 2. L'auteur évoque très justement une « *opposition idéologique qui tend à se crisper entre les pourfendeurs d'une presse jugée irresponsable, et les défenseurs de la liberté de l'information.* ».

553 En effet, l'absence de statistiques n'a jamais empêché les auteurs d'affirmer de manière hasardeuse que la procédure était source de nombreuses nullités. Maître KIEJMAN évoquait ainsi « *les archaïsmes de la loi de 1881 et son excessive complication, qui fait que, de manière "parfaitement statistique"* [mais quelles statistiques ?], *plus de la majorité des procès ne vont pas jusqu'à leur terme, en raison des causes de nullité innombrables de la loi* » : voy. Actes du Forum Légipresse du 30 sept. 1999 : "Le droit de la presse de l'an 2000". Compte rendu, Légipresse 1999, n° 165, II, p. 140, spéc. p. 141. De même, le professeur VÉRON n'hésitait pas à affirmer que « *nombre* [mais quel nombre ?] *de procès de presse s'achèvent après une âpre bataille de procédure sans même que le fond de l'affaire ne soit abordé et encore moins tranché* » : voy. VÉRON M., Le parcours procédural en matière d'injures et de diffamations envers les particuliers, *in* AFDP, Liberté de la presse et droit pénal, XIIIe journées de l'Association française de droit pénal, 1994, PUAM, p. 67. Les « statistiques » relevaient donc plus de l'assertion, que de la démonstration.

554 Dans le domaine de la presse, les marronniers sont des sujets ou articles « *récurrents donc prévisibles, fédérateurs mais attendus* ». Cette expression tire son origine d'un « *article annuel sur un marronnier à fleurs rouges fleurissant sur la tombe de gardes suisses tués le 10 août 1792 aux Tuileries, à Paris. Une occasion pour les journaux de regretter ou pas l'Ancien Régime* » : voy. DUFOUR Fr., Les 100 mots du journalisme, 2018, PUF, Que sais-je ?, V° Marronnier. On nous pardonnera donc ce calembour auquel on n'a su résister !

essentiellement une affaire d'opinion animée d'intentions funestes à l'égard de la profession de journaliste, dont les privilèges sont jugés désuets[555]. Or, c'est oublier que la loi de 1881, malgré sa dénomination, n'est pas une loi sur la presse[556], ni sur le journalisme[557]. En effet, cette loi est essentiellement une loi sur la liberté d'expression, circonscrite à la manifestation de certaines de ses formes considérées comme répréhensibles, et dans laquelle l'acte de publicité occupe une place cardinale[558]. Elle ne se limite donc pas à l'activité de journalisme[559], et réciproquement l'activité de journalisme ne se limite pas à la loi de 1881[560].

---

[555] DERIEUX E., Droit des médias, 8e éd., 2018, LGDJ, Manuel, p. 42, n° 30 ; DERIEUX E., Règles de procédure applicables à la poursuite des abus de la liberté d'expression. Garantie de la liberté d'expression ou privilège des médias ?, RLDI 2013/89, n° 2983, p. 60.

[556] Mais qu'est-ce que la presse ?! En effet, le terme est très souvent relié à l'activité de journalisme, ce qui n'aide pas à la compréhension : voy. BALLE F., Lexique d'information communication, 2006, Dalloz, V° Presse, [2.] : « *ensemble des publications imprimées ou des activités journalistiques* ».

[557] BIGOT Chr., Le journaliste saisi par le droit, *in* AUVRET P. (dir.), Les médias et l'Europe. Le contenu de l'information : entre errance et uniformisation, 2009, Larcier, Europe(s), p. 341, spéc. p. 350-351 ; ALBERT P., Un siècle de liberté de la presse : que reste-t-il de la loi de 1881 ?, préc., p. 61 ; LEPRETTE J. et PIGEAT H. (dir.), Liberté de la presse : le paradoxe français, *op. cit.*, p. 45-46.

[558] LEPAGE A. (dir.), Le droit de savoir. Étude, *in* Rapp. C. cass. 2010, p. 63, spéc. p. 281 : « *loin de ne pouvoir être commises que dans la presse ou par des professionnels de la presse, ces infractions peuvent être commises par n'importe qui, pourvu qu'elles le soient de façon publique* ».

[559] Contribution de Christophe BIGOT, *in* TOURRET A. et FENECH G., Rapport d'information sur la prescription en matière pénale, JOAN, doc. parl., n° 2778, 20 mai 2015, p. 342 : « *Les journalistes ne sont pas les seuls à contribuer à l'information du public. De nombreuses personnes qui ne sont pas détentrices de cartes de presse y contribuent : les auteurs de livres, des personnalités de tous bords, les blogeurs, les hommes politiques, les syndicalistes, ou les simples citoyens, pour ne citer que quelques exemples.* ».

[560] Nombreuses sont les infractions commises par voie de presse qui peuvent concerner le journalisme, et qui ne répondent pas du régime de responsabilité dérogatoire. Ainsi en est-il notamment de la provocation au suicide (C. pén., art. 223-15), de l'atteinte à la vie privée (C. pén., art. 226-2), des atteintes à la représentation de la personne (C. pén., art. 226-8), de la mise en péril des mineurs (C. pén., art. 227-24 et 227-28), des atteintes aux institutions (C. pén., art. 412-8) et à la défense nationale (C. pén., art. 413-3 et 413-4 ; CJM, art. L. 332-1), de la provocation à des actes de terrorisme (C. pén., art. 421-2-5), de la rébellion (C. pén.,

7. Analyse. — Évoquer les spécificités procédurales en droit de la presse suppose donc de sortir de postures trop idéologiques, pour examiner ce qu'il convient d'appeler non pas des « pièges », mais des exigences qu'il ne faut ni sous-estimer, ni diaboliser. La présente contribution n'entend donc pas entrer dans une étude manichéenne, dont l'objet serait d'accréditer de manière partisane une thèse plutôt qu'une autre. La sauvegarde de la liberté d'expression confrontée au droit à un recours effectif au juge, est une équation trop complexe à résoudre pour la traiter au « pile ou face ». Ces intérêts sont inconciliables et tout aussi impérieux, c'est pourquoi une lecture dépassionnée semble de mesure. Celle-ci permettra de constater que, par-delà les prétendus « privilèges » concédés, les contraintes formulées par cette loi en font il est vrai un objet juridique rigide, peu lisible, et enserré dans des délais exigeants.

8. Annonce. — Ainsi que l'observe Christophe BIGOT, « *la spécificité de ce bloc de procédure ne tient pas au nombre d'exigences posées, mais bien plus à leur combinaison avec la prescription trimestrielle qui donne à la nullité de procédure un effet couperet*[561] ». Sur ce modèle, et sans prétendre s'attarder sur toutes les spécificités procédurales, l'étude analysera les exigences formelles – **I** – et temporelles – **II**.

I. Les spécificités procédurales formelles

9. Annonce. — Critiquée pour son excès de formalisme, la loi du 29 juillet 1881 érige il est vrai des conditions particulièrement abstruses lors de l'engagement de l'action de presse – **A.** Ce constat de complexité se prolonge d'ailleurs jusqu'aux exigences requises dans l'acte introductif lui-même – **B.**

---

art. 433-10), des entraves (C. pén., art. 434-16) et atteintes (C. pén., art. 434-25) à la justice, ou encore de la provocation à l'usage de stupéfiants (CSP, art. L. 3421-4).

[561] BIGOT Chr., La Cour de cassation remet en cause l'uniformisation des procédures civile et pénale en matière de presse, D. 2010, Jur., p. 1673.

A. L'opacité des règles d'introduction des actions

10. Limite au droit d'option. — Conformément aux articles 3 et 4 CPP, l'action civile peut être engagée soit exclusivement devant les juridictions civiles, soit par voie d'action civile accessoire à l'action publique, devant les juridictions répressives. Bien que d'essence pénale, la loi du 29 juillet 1881 n'échappe pourtant pas à ce principe[562]. Il est donc naturellement possible d'orienter son action devant les juridictions civiles[563], en saisissant le plus souvent le TGI[564]. À défaut, lorsque la voie pénale est adoptée, le respect de la répartition tripartite des infractions[565] est de rigueur. Le tribunal correctionnel[566] y est le plus fréquemment compétent, eu égard à la nature essentiellement délictuelle des infractions de presse.

11. Ce principe du droit d'option remémoré, l'attention doit alors être portée sur l'article 46 de la loi du 29 juillet 1881. En effet, cette disposition érige une dérogation propre à la matière. En application de celle-ci, l'action civile résultant des délits de diffamation prévus par les articles 30[567] et 31[568] de la même loi – qui protègent les

---

[562] BEIGNIER B., LAMY B. et DREYER E. (dir.), Traité de droit de la presse et des médias, 2009, Litec, Traités, p. 749 et s., n°s 1293 et s.

[563] BIGOT Chr., Pratique du droit de la presse, *op. cit.*, p. 325-326.

[564] Celui-ci a compétence matérielle pour les infractions les plus courantes de diffamation et d'injure (COJ, art. R. 211-4). En dehors de ces hypothèses, le droit commun reprend tout son empire (COJ, art. L. 221-4).

[565] Jusqu'en 1944 les assises étaient seules compétentes en la matière. Le législateur voyait dans le jury populaire le garant idoine, et surtout complaisant, de la liberté de la presse. Néanmoins, l'article 45 de la loi du 29 juillet 1881 est depuis lors revenu à une lecture plus orthodoxe de la procédure. En ce sens, voy. Ord. 6 mai 1944, relative à la répression des délits de presse : JO n° 0042, 20 mai 1944, p. 402.

[566] Tribunal correctionnel qui, par exception, statue en formation collégiale (CPP, art. 398 et 398-1).

[567] L'article 30 de la loi du 29 juillet 1881 a trait aux diffamations commises envers les cours, les tribunaux, les armées de terre, de mer ou de l'air, les corps constitués et les administrations publiques.

[568] L'article 31 de la loi du 29 juillet 1881 a trait aux diffamations commises envers le président de la République, les membres du Gouvernement, les parlementaires, les fonctionnaires publics, les dépositaires ou agents de l'autorité publique, les ministres de l'un des cultes salariés par l'État, les citoyens chargés d'un service ou d'un mandat public temporaire ou permanent, les jurés ou témoins, à raison de leurs dépositions.

« *serviteurs de l'État* »[569] – ne peut être poursuivie séparément de l'action publique. Ce principe étant d'ordre public, il contraint le juge civil à se déclarer d'office incompétent[570]. Ce particularisme doit conduire à la vigilance, car en cas d'erreur, la prescription risquerait fortement d'être acquise avant que l'instance n'ait été réintroduite devant les juridictions pénales. Outre cette première subtilité relative au type d'action engagée, c'est la mise en mouvement de l'action publique qui apparait malmenée.

12. Initiative de l'action partagée. — Contrairement au droit commun, l'article 47 de la loi du 29 juillet 1881 instaure en monopole la compétence du parquet pour engager les poursuites. Cela signifie donc, théoriquement, que la partie lésée ne peut pas mettre en mouvement l'action publique. Néanmoins, ce principe dérogatoire souffre de nombreuses exceptions, au point qu'il en perd passablement sa clarté. Le législateur ayant souhaité limiter l'initiative du parquet en ce qui concerne des infractions dites « *d'intérêt privé* »[571], a développé à l'article 48 de la loi du 29 juillet 1881 de nombreuses conditions pour assujettir son pouvoir décisionnel. L'esprit animant ici le texte, est de laisser à la victime elle-même le soin d'évaluer si « *un procès médiatique risque d'accroître le scandale* », plus qu'il ne « *lave l'affront* »[572]. C'est ainsi qu'un nombre substantiel d'hypothèses, touchant le plus souvent à l'injure et à la diffamation[573], **subordonne la mise en mouvement de l'action publique** à l'existence d'une délibération[574] du corps institutionnel

---

[569] LEPAGE A., La délicate application de l'article 31 de la loi du 29 juillet 1881, Légicom 2002/3, n° 28, p. 61.

[570] Cass. 2e civ., 27 janv. 1993, n° 91-18.733 : Bull. civ. II, n° 31 ; D. 1993, Jur., p. 190, note BURGELIN J.-Fr.

[571] DOMINGO M., Atteintes à la réputation : la protection judiciaire pénale, préc., p. 1001. La manifestation de cet intérêt privé a lieu de manière criante à l'article 49 de la loi du 29 juillet 1881, lequel dispose que : « *Dans tous les cas de poursuites correctionnelles ou de simple police, le désistement du plaignant ou de la partie poursuivante arrêtera la poursuite commencée* ».

[572] DREYER E., Droit de la communication, 2018, LexisNexis, Manuel, p. 735, n° 1319. Cet argument n'est pas superfétatoire. En effet, c'est cette peur du tapage qui inhibait toutes velléités de poursuites sous la IIIe République, « *car la publicité des procès aggravait le scandale des articles* » : voy. ALBERT P., Un siècle de liberté de la presse : que reste-t-il de la loi de 1881 ?, préc., p. 55.

[573] Cass. crim., 12 juill. 1972, n° 71-93.615 : Bull. crim., n° 242.

[574] L., 29 juill. 1881, sur la liberté de la presse, art. 48, 1°.

offensé, ou à l'existence d'une plainte préalable[575] de la victime. De manière plus singulière, le cas d'outrage envers les agents diplomatiques étrangers, suppose une demande adressée au ministre des affaires étrangères[576]. Enfin, la mise en mouvement de l'action publique, en cas de diffamation ou d'injure commise envers une personne à raison de son sexe, de son orientation sexuelle ou de son handicap, nécessite l'accord préalable de la victime[577]. En ces diverses situations, le parquet ne dispose donc que d'une « *compétence liée*[578] ». En effet, s'ils limitent l'action du parquet, ces prérequis n'anéantissent pas pour autant le pouvoir d'appréciation du ministère public qui, une fois saisi, peut encore considérer la poursuite inopportune.

13. Afin de passer outre ce pouvoir d'appréciation dont dispose encore le ministère public, le législateur a octroyé comme en droit commun, la faculté pour la partie lésée de mettre en mouvement l'action publique. Ainsi peut-elle porter **plainte avec constitution de partie civile**[579], ou user de la citation directe. Mais ici aussi, ce choix est restreint aux infractions prévues à l'article 48 de la loi du 29 juillet 1881 ! Il est à noter sur ce point, que le Conseil constitutionnel[580] a élargi le champ du possible, en déclarant contraire à la Constitution la limitation à laquelle procédait l'article 48 lui-même, en son dernier alinéa. Il faut également ajouter que ce texte

---

[575] *Ibid.*, art. 48, 1°, 2°, 3°, 4°, 7°, 8°.

[576] *Ibid.*, art. 48, 5°.

[577] *Ibid.*, art. 48, 6°. Cette exigence est d'autant plus fourbe qu'elle est requise lorsqu'il s'agit d'une personne considérée individuellement, mais ne l'est pas lorsqu'il s'agit d'un groupe de personnes (*Cf. infra*, n° 14).

[578] DREYER E., Droit de la communication, *op. cit.*, p. 736, n° 1320 ; BEIGNIER B., LAMY B. et DREYER E. (dir.), Traité de droit de la presse et des médias, *op. cit.*, p. 584, n° 983.

[579] La plainte simple préalable n'étant pas requise contrairement au régime général prévu par l'article 85 CPP.

[580] Cons. const., 25 oct. 2013, n° 2013-350 QPC : JO n° 0251, 27 oct. 2013, p. 17556, texte n° 20 ; JCP G 2013, n° 48, 1243, obs. MBONGO P. ; JCP A 2013, n° 50, 2357, obs. SAINT-JAMES V. ; JCP A 2013, n° 50, 2358, obs. GOUPIL M. et HÉNON M. ; Constitutions 2014, p. 503, obs. BELLESCIZE D. ; Dalloz actualité, 30 oct. 2013, obs. POUPEAU D. ; RSC 2013, p. 917, obs. LAMY B.

étend aux infractions prévues aux articles 13[581] et 39 *quinquies*[582], la possibilité de mettre en mouvement l'action publique. De même, et non sans subtilité, l'article 60 de la loi du 29 juillet 1881 renvoie au droit commun pour la poursuite des crimes, ce qui permet donc à la victime de retrouver compétence pour mettre en mouvement l'action publique. Enfin, on peut également compléter cette liste à la faveur des associations, lesquelles peuvent exercer les droits reconnus à la partie civile[583].

14. Il faut encore préciser que le parquet dispose, en **concurrence avec la partie civile**, du pouvoir d'exercer l'action publique d'office[584] en ce qui concerne la diffamation ou l'injure commise envers une personne ou un groupe de personnes à raison de leur origine, appartenance ou non-appartenance à une ethnie, une nation, une race ou une religion déterminée. La poursuite peut également être exercée concurremment, lorsque la diffamation ou l'injure est commise envers un groupe de personnes[585] à raison de leur sexe, de leur orientation sexuelle ou de leur handicap. Ce n'est que passé ce long criblage, et par une lecture négative de l'article 48, que l'on peut alors déterminer les infractions pour lesquelles les poursuites relèvent du **monopole du ministère public**. En ces hypothèses détaillées ici-bas[586], il appartiendra alors à la victime de se constituer partie civile par voie d'intervention ou d'agir exclusivement au civil[587].

---

[581] Infraction pour défaut d'insertion, sous le délai de trois jours après leur réception, des réponses des personnes nommées ou désignées dans un journal ou écrit périodique quotidien.

[582] Diffusion par quelque moyen que ce soit, et quel qu'en soit le support, des renseignements concernant l'identité d'une victime d'une agression ou d'une atteinte sexuelle, ou l'image de cette victime lorsqu'elle est identifiable.

[583] L., 29 juill. 1881, préc., art. 48-1 à 48-6.

[584] *Ibid.*, art. 48, 6°.

[585] Un groupe de personnes et non des personnes considérées individuellement. Là encore, la lecture de la loi doit être très fine, car en cette dernière hypothèse il faut l'accord préalable de la victime (*Cf. supra*, n° 12).

[586] Afin de ne pas alourdir le propos, on a préféré détailler ces hypothèses en bas de page. Celles-ci peuvent être très précises, voire sournoises : infractions d'imprimerie et de libraire (L., 29 juill. 1881, préc., art. 3), de presse périodique (L., 29 juill. 1881, préc., art. 9, 10, 11 et 12), d'affichage (L., 29 juill. 1881, préc., art. 15 et 17), les provocations non-criminelles (L., 29 juill. 1881, préc., art. 23 et s.), les infractions contre la chose publique (L., 29 juill. 1881, préc., art. 27), la publication d'actes d'accusation et de procédure avant leur lecture en audience publique (L., 29 juill. 1881, préc., art. 38). Enfin, non sans mal, et par la

15. Pareille situation parait pour le moins ubuesque. En effet, le principe posé à l'article 47 de la loi du 29 juillet 1881 est devenu illisible. Raisonner par la négative sur l'article 48 qui traite des exceptions, pour en extraire les cas dans lesquels le principe s'applique, en dit long sur l'œuvre législative ! Les combinaisons d'articles parfois nombreuses, les logiques d'interprétations négatives et les renvois abondants sont autant d'éléments qui ne suggèrent pas une approche bienveillante de ce texte emblématique. Ce manque d'intelligibilité est d'autant plus problématique que le choix du type d'action est décisif, tant le temps est compté mais aussi, que le respect des articles 47 et 48 est indispensable à peine de « *nullité des poursuites laquelle est d'ordre public* »[588]. La question n'est donc pas de savoir si cette loi protège certaines professions par des dispositions favorables, ou plus accueillantes, mais plutôt de reconsidérer les moyens qui permettent d'y parvenir. Si déjà ces obstacles tenant à l'engagement de l'action sont critiquables, il faut encore en ajouter d'autres relatifs aux formalités requises dans l'acte introductif.

B. L'austérité des règles d'articulation des actions

16. Exigences pénales strictes. — La procédure de presse se caractérise par des exigences additionnelles au droit commun, soumettant tout acte introductif d'instance aux conditions formulées par les articles 50 et 53[589] de la loi du 29 juillet 1881[590]. Ces règles

---

combinaison des articles 31, 33, 47 et 48 de la loi du 29 juillet 1881, les diffamations ou injures envers un ministre de l'un des cultes salariés par l'État ne font l'objet d'aucune condition à l'exercice de l'action publique. Il en est de même, après une lecture très attentive de l'article 48, de l'injure envers un juré ou un témoin (L., 29 juill. 1881, préc., art. 48, 4°). En effet, le texte ne vise que la diffamation ! Par conséquent, par lecture négative là encore, on en déduit qu'en l'hypothèse d'une injure, aucune plainte préalable n'est requise.

[587] Cass. crim., 11 mai 2016, n° 15-82.365 : Bull. crim., n° 146 ; Procédures 2017, n° 6, chron. 1, obs. VERLY N. ; Comm. com. électr. 2016, n° 9, comm. 73, note LEPAGE A.

[588] Cass. crim., 25 févr. 1986, n° 85-91.728 : Bull. crim., n° 75.

[589] L'article 53 de la loi du 29 juillet 1881 ne vise que certaines infractions. Cependant, cette disposition s'étend à l'ensemble des infractions contenues dans ladite loi : voy. BIGOT Chr., JCl. Lois pénales spéciales, V° Presse et communication, Fasc. 150 : Procédure. – Introduction de l'action, 2019, n° 59.

doivent là encore être observées au risque de voir l'action succomber[591]. En effet, en cas d'irrespect, la plainte avec constitution de partie civile et le réquisitoire introductif d'instance[592] sont sanctionnés d'une nullité d'ordre public[593]. La citation directe émise par la partie lésée est soumise quant à elle, à une nullité d'intérêt privé[594].

17. Quelles sont donc ces exigences supplémentaires ? Ces deux articles fixent trois conditions communes et cumulatives à tout acte introductif. D'abord, l'acte doit « ***articuler*** » ou « ***préciser*** » le fait incriminé. On entend par là une « *énonciation complète et précise des faits incriminés* »[595], ce qui suggère d'indiquer le plus généralement : l'auteur, le lieu[596], la date, le caractère public de l'acte, et de rapporter le contenu du propos incriminé. Cette opération est importante, car l'acte initial fixe l'étendue de la poursuite et empêche les juges d'instruire[597] ou de statuer au-delà. Ensuite, l'acte doit « ***qualifier*** » le fait incriminé. La qualification, opération coutumière du juriste, suppose d'appliquer aux faits « *la dénomination légale de l'infraction*[598] ». Celle-ci se doit de spécifier précisément l'infraction

---

[590] Relevons d'ailleurs que la convocation par procès-verbal, la comparution immédiate (CPP, art. 397-6) et la CRPC (CPP, art. 495-16) ne peuvent pas être employées en matière de presse.

[591] Cass. crim., 26 juin 1984, n° 83-91.283 : Bull. crim., n° 244.

[592] Dans l'hypothèse où le réquisitoire introductif d'instance fait suite à la plainte avec constitution de partie civile, les deux actes forment un ensemble, l'un pouvant suppléer les insuffisances de l'autre : voy. not. Cass. crim., 9 janv. 1974, n° 72-93.958 : Bull. crim., n° 12 – Cass. crim., 31 mars 1981, n° 79-95.027 : Bull. crim., n° 111.

[593] Cass. crim., 28 juin 2017, n° 16-80.193 : Bull. crim., n° 189 ; Gaz. Pal. 31 oct. 2017, n° 305k6, p. 28, note FOURMENT Fr. ; Dr. pén. 2018, n° 6, chron. 6, obs. MOUYSSET O.

[594] Cass. crim., 6 janv. 2009, n° 08-80.826 : Bull. crim., n° 5 ; Comm. com. électr. 2010, n° 3, chron. 3, obs. BIGOT Chr. ; Dalloz actualité, 11 févr. 2009, obs. LAVRIC S.

[595] LE POITTEVIN G., Traité de la presse, Vol. III, Tome III, 1904, Paris, Larose, p. 517, n° 1443.

[596] Cela conduit à préciser notamment s'il s'agit de livres, de presse périodique, d'audiovisuel, ou encore d'internet.

[597] Cass. crim., 6 nov. 1984, n° 83-90.249 : Bull. crim., n° 338.

[598] BARBIER G., Code expliqué de la presse : traité général de la police de la presse et des délits de publication, Vol. II, Tome II, 2e éd., 1911, Paris, Marchal et Godde, p. 327, n° 888.

commise, en visant entre autres, la qualité de la personne victime[599]. Il n'est donc pas possible de suggérer des qualifications alternatives ou cumulatives[600]. Au surplus, cette opération est là encore déterminante car, ni le juge d'instruction[601], ni la juridiction de jugement[602], n'ont le pouvoir de procéder à une quelconque requalification[603] ! Enfin, reste à « ***indiquer le texte de loi applicable à la poursuite*** ». Ici aussi, le texte doit être « *précisé, individualisé* », et contraint à « *indiquer les articles qui prononcent la pénalité applicable au délit poursuivi* »[604]. Cette exigence ne relève pas de l'agrément, puisqu'une même infraction peut revêtir différentes qualifications selon les circonstances de sa commission[605].

18. Bien qu'utiles, ces trois règles sont pourtant bien souvent perçues comme un frein à l'engagement de l'action publique, considérées comme n'ayant « *pour seule conséquence (sinon raison d'être) que de le rendre plus compliqué sinon impossible*[606] ». Pareille interprétation semble pourtant tronquée, eu égard à la conception

---

[599] Cass. crim., 25 juin 2013, n° 12-84.696 : Bull. crim., n° 160 ; Dr. pén. 2013, n° 11, comm. 157, note VÉRON M. ; Dr. pén. 2014, n° 6, chron. 6, obs. MOUYSSET O. ; Procédures 2013, n° 12, chron. 3, obs. VERLY N. ; Dalloz actualité, 8 oct. 2013, obs. LAVRIC S.

[600] Cass. crim., 30 mars 2005, n° 04-84.976 : Bull. crim., n° 111 ; Dr. pén. 2005, n° 6, comm. 86, note VÉRON M. ; Gaz. Pal. 29 sept. 2005, n° GP20050929014, p. 21, note MONNET Y.

[601] Cass. crim., 16 févr. 1988, n° 87-90.179 : Bull. crim., n° 78.

[602] Cass. crim., 30 mars 2005, n° 04-85.610 : Bull. crim., n° 112 ; Gaz. Pal. 29 sept. 2005, n° GP20050929015, p. 21, note MONNET Y. ; D. 2007, Pan., p. 1038, obs. DUPEUX J.-Y. et MASSIS Th. ; Comm. com. électr. 2006, n° 2, chron. 2, obs. BIGOT Chr.

[603] Sauf exceptions prévues pour les infractions visées à l'article 54-1 de la loi du 29 juillet 1881 et pour les infractions de droit commun : voy. Cass. crim., 25 sept. 1991, n° 90-83.140 : Bull. crim., n° 319.

[604] LE POITTEVIN G., Traité de la presse, Vol. III, Tome III, *op. cit.*, p. 550, n° 1470 ; voy. égal. Cass. crim., 5 nov. 2013, n° 12-85.263 : n. pub. Bull. ; D. 2014, Pan., p. 508, obs. DREYER E. ; Comm. com. électr. 2014, n° 3, chron. 3, obs. BIGOT Chr. ; Procédures 2015, n° 2, chron. 1, obs. VERLY N.

[605] À titre d'exemple, l'injure peut faire l'objet de plusieurs qualifications différentes au sein du même article (L., 29 juill. 1881, préc., art. 33). Il n'est donc pas inutile de pousser la précision jusqu'aux alinéas.

[606] DERIEUX E., Droit des médias, *op. cit.*, p. 404, n° 1597.

originelle du texte. Largement puisées dans la loi du 26 mai 1819[607], les dispositions contemporaines ont pour fonction « *de fixer la discussion sur un texte précis et de sortir du vague d'une accusation générale* »[608]. C'est pourquoi le garde des Sceaux Jules CAZOT précisait en 1881, que la « *citation donnée au prévenu doit définir, avec exactitude, l'objet de la poursuite de manière à le mettre en mesure de préparer tous les éléments de sa défense* »[609]. Ainsi, il ne s'agit pas tant d'empêcher les poursuites que d'aider la défense. En effet, ces conditions permettent surtout de lever toute équivoque sur l'objet de la poursuite et d'aider le défendeur à circonscrire nettement son argumentation[610]. Relevons d'ailleurs que la chambre criminelle a refusé de transmettre une QPC au Conseil constitutionnel, considérant que « *les prescriptions de l'article 50 de la loi du 29 juillet 1881,* [...] *ne constituent pas un obstacle excessif à l'exercice d'un recours juridictionnel effectif* »[611].

19. A ces trois règles, il faut encore ajouter des exigences inhérentes aux citations, lorsqu'elles sont délivrées à la requête des plaignants. En effet, l'article 53 de la loi du 29 juillet 1881 impose d'abord à la partie lésée d'**élire domicile**. Néanmoins, cette formalité doit être accomplie « *dans la ville où siège la juridiction saisie* »[612], et non dans son ressort comme il est d'usage en droit commun[613]. Essentiellement requise pour la communication de l'offre de preuve en matière de diffamation, cette exigence apparait moins justifiée pour les autres infractions[614]. Enfin, ce texte impose également la

---

[607] L. n° 6515, 26 mai 1819, relative à la poursuite et au jugement des crimes et délits commis par la voie de la presse, ou par tout autre moyen de publication, Bulletin des lois du royaume de France, Série VII, Tome VIII, n° 280.

[608] CHASSAN J., Traité des délits et contraventions de la parole de l'écriture et de la presse, Vol. II, Tome II, 2e éd., 1846, Paris, Videcoq, p. 223, n° 1482.

[609] Circ., 9 nov. 1881, préc., p. 144.

[610] LA BRISELAINNE A., Loi du 29 juillet 1881 sur la liberté de la presse, 1881, Paris, Dupont, p. 181 ; DUPEUX J.-Y. et MASSIS Th., La conduite du procès de presse, préc., p. 12 ; LÉCUYER G., Liberté d'expression et responsabilité, Thèse, 2006, Dalloz, Nouv. bibl. thèses, Vol. 56, p. 244, n° 199.

[611] Cass. crim., QPC, 19 févr. 2013, n° 12-84.302 : n. pub. Bull. ; Constitutions 2013, p. 248, obs. BELLESCIZE D. ; Dr. pén. 2013, n° 6, chron. 6, obs. MOUYSSET O.

[612] L., 29 juill. 1881, préc., art. 53, al. 2.

[613] CPP, art. 392.

[614] DREYER E., Droit de la communication, *op. cit.*, p. 809, n° 1471.

notification de la citation au ministère public et au prévenu, le délai entre l'exploit d'huissier délivrant la citation et la comparution étant de vingt jours. On signalera ici que le Conseil constitutionnel[615] a récemment déclaré contraire à la Constitution, le délai supplémentaire calculé sur la base de la fameuse unité de mesure du myriamètre[616].

20. Parallélisme civil[617]. — Eu égard à la sanction de nullité qui plane sur les manquements éventuels à ces règles, il est vrai que ce texte peut paraitre rigide. Mais bien que déjà critiquées en matière pénale, ces exigences ont pourtant été étendues au domaine civil. Afin d'éviter le formalisme de la loi du 29 juillet 1881, les demandeurs s'étaient doucement déportés dans les années 1990 vers les juridictions civiles[618]. Pour cause, la jurisprudence n'y requérait point l'application des règles procédurales dérogatoires[619], ce qui conduisait un auteur à fustiger une situation qui aboutissait à un véritable « *détournement de procédure* »[620]. D'abord consacré dans le domaine

---

[615] Cons. const., 24 mai 2019, n° 2019-786 QPC : JO n° 0121, 25 mai 2019, texte n° 127 ; Dalloz actualité, 5 juin 2019, obs. LAVRIC S.

[616] L'article 54 de la loi du 29 juillet 1881, impose 20 jours entre la citation et la comparution, auxquels il fallait ajouter avant la décision du Conseil constitutionnel, 1 jour tous les 5 myriamètres de distance, c'est-à-dire 1 jour tous les 50 kilomètres de distance. En effet, le myriamètre équivaut à 10 kilomètres. Ce terme, comme celui de « bilboquet », participait du « charme républicain » de cette loi, mais il n'en demeurait pas moins suranné et contraignait tout un chacun à se saisir d'un dictionnaire ! Surtout, cette disposition instaurait des délais disproportionnés entre justiciables, eu égard aux territoires d'outre-mer particulièrement éloignés de la métropole. Ayant tenu compte des moyens actuels de transport, les sages ont considéré que cette disposition méconnaissait le principe d'égalité devant la justice. Signe d'une énième évolution à venir, ils ont néanmoins reporté au 31 mars 2020 la date de l'abrogation de la disposition, afin de permettre au législateur de remédier à l'inconstitutionnalité constatée.

[617] SOURZAT Cl., Le parallélisme des formes est-il justifié ?, *in* DROIN N. et JEAN-BAPTISTE W. (dir.), La réécriture de la loi sur la presse du 29 juillet 1881 : une nécessité ?, *op. cit.*, p. 181.

[618] BIGOT Chr., Le point sur l'application des articles 53 et 55 de la loi du 29 juillet 1881 devant les juridictions civiles, Gaz. Pal. Rec. 1996, 2, doct. 828 ; GIZARDIN B., Évolution de la jurisprudence civile, les tribulations de l'article 53 de la loi du 29 juillet 1881 sur la liberté de la presse, Gaz. Pal. Rec. 1998, 2, doct. 1215.

[619] LÉCUYER G., Liberté d'expression et responsabilité, Thèse préc., p. 248, n° 203.

[620] BONNAL N., Actes du Forum Légipresse du 29 sept. 2005 : "Le droit de la presse : une spécialité légitime ou dépassée ?". Rappel de l'application des règles de

des référés[621], le parallélisme des formes a gagné tout le contentieux civil[622]. Cette évolution trouve donc sa justification dans la volonté de ne pas élever une compétition entre les deux ordres de juridiction, le justiciable étant naturellement enclin à saisir la voie procédurale la moins lourde. Au demeurant, cela conduisait à une dépénalisation de fait, du droit de la presse[623].

21. Cette extension est un temps demeurée confuse suite à un flottement jurisprudentiel à la fin des années 2000[624]. L'assemblée plénière y a mis un terme dans un arrêt « *Auféminin.com* », affirmant que « *selon l'article 53 de la loi du 29 juillet 1881, qui doit recevoir application devant la juridiction civile, l'assignation doit, à peine de nullité, préciser et qualifier le fait incriminé et énoncer le texte de loi applicable* »[625]. En dépit d'une jurisprudence qui paraissait ainsi fixée, la première chambre civile engagée dans une voie dissidente

---

procédure aux procès civils et déroulement de ceux-ci devant la chambre de la presse à Paris, Légicom 2006/1, n° 35, p. 25, spéc. p. 26.

[621] GUERDER P., L'évolution récente de la jurisprudence civile en matière de presse. Étude, *in* Rapp. C. cass. 1999, p. 165.

[622] Cass. 2e civ., 19 févr. 1997, n° 94-13.877 : Bull. civ. II, n° 44 ; D. 1998, Somm., p. 80, obs. BIGOT Chr.

[623] Dépénalisation souhaitée par certains auteurs : GUINCHARD S. (dir.), L'ambition raisonnée d'une justice apaisée, préc., p. 290 ; DERIEUX E., Dépénalisation de la diffamation, LPA 8 août 2008, n° PA200815903, p. 4.

[624] BONNAL N., Les règles processuelles de la loi de 1881 sont-elles toujours applicables devant le juge civil ?, Légipresse 2010, n° 272, p. 19 ; LEPAGE A., BIGOT Chr. et CRÉDEVILLE A.-E., Actes du Forum Légipresse du 7 oct. 2010 : "La presse en ligne". Débat préliminaire : vers une remise en cause de l'unicité du procès de presse ? La position de la première chambre civile de la Cour de cassation, Légicom 2011/1, n° 46, p. 5, spéc. p. 7 ; DREYER E., Où va la Cour de cassation en matière de presse ?, JCP G 2010, n° 35, 833.

[625] Cass. ass. plén., 15 févr. 2013, n° 11-14.637 : Bull. civ. ass. plén., n° 1 ; Gaz. Pal. 20 juin 2013, n° 134s8, p. 13, note FOURMENT Fr. ; Gaz. Pal. 20 juin 2013, n° 133v0, p. 9, note BARBÉ V. ; D. 2013, Jur., p. 741, note DREYER E. ; Dalloz actualité, 20 févr. 2013, obs. LAVRIC S. ; RTD civ. 2013, p. 557, obs. DEUMIER P. ; D. 2013, p. 718, obs. BIGOT Chr. ; RSC 2013, p. 104, obs. FRANCILLON J. ; Constitutions 2013, p. 252, obs. BELLESCIZE D. ; JCP G 2013, n° 9, 226, obs. DERIEUX E. ; Procédures 2013, n° 4, comm. 119, note CHAVENT-LECLÈRE A.-S. ; Légipresse 2013, n° 303, p. 160, obs. GUERDER P. ; RLDI 2013/91, n° 3048, p. 88, obs. DERIEUX E.

a transmis une QPC[626] au Conseil constitutionnel à l'occasion d'une affaire distincte. Les sages de la rue Montpensier n'ont cependant pas suivi cette démarche, et déclaré l'article 53 conforme à la Constitution[627]. Enfin, en 2017, c'est la CEDH qui fut à son tour saisie de l'affaire « *Auféminin.com* ». Là encore, la juridiction européenne a considéré que l'évolution jurisprudentielle n'avait pas limité de manière disproportionnée le droit à un tribunal, en requérant l'application de l'article 53 devant les juridictions civiles[628]. Au terme de plusieurs décennies jurisprudentielles, le caractère « *transversal* »[629] de la loi semble donc acquis. Mais cette évolution reste fragile et la prochaine charge pourrait venir du législateur. En effet, alors que ce conflit jurisprudentiel n'était pas encore dénoué, la mission d'information sur l'équilibre entre liberté de la presse et internet, avait notamment émis pour proposition « [d']*exclure toute uniformisation des procédures d'assignation civiles sur les contraintes des dispositions répressives de la loi du 29 juillet 1881* »[630]. Elle considérait qu'une telle assimilation privait les victimes d'un accès au juge. Pareille résolution parlementaire conduit donc à se garder de tout pronostic et à faire preuve de prudence.

22. Ainsi, s'il est vrai que les conditions posées par la loi du 29 juillet 1881 sont pesantes, une grande part de sa complexité tient à la place occupée par l'interprétation jurisprudentielle qui en est

---

626 Cass. 1re civ., 20 févr. 2013, n° 12-20.544 : n. pub. Bull. ; Dalloz actualité, 5 mars 2013, obs. LAVRIC S.

627 Cons. const., 17 mai 2013, n° 2013-311 QPC : JO n° 0115, 19 mai 2013, p. 8379, texte n° 15 ; Dalloz actualité, 31 mai 2013, obs. LAVRIC S. ; Légipresse 2013, n° 307, p. 416, obs. LÉCUYER G. ; Procédures 2013, n° 8-9, comm. 262, note BUISSON J. ; JCP G 2013, n° 44-45, doctr. 1152, obs. TAVIEAUX-MORO N. ; JCP G 2013, n° 22, 594, obs. DERIEUX E.

628 CEDH, 2 mars 2017, n° 52733/13, Debray c. France : RLDI 2017/136, n° 4973, p. 26, obs. DERIEUX E. ; Dalloz actualité, 15 mars 2017, obs. LAVRIC S. ; Gaz. Pal. 23 mai 2017, n° 294c2, p. 28, note FOURMENT Fr. ; Gaz. Pal. 14 mars 2017, n° 290y7, p. 44, note BERLAUD C. ; Comm. com. électr. 2018, n° 3, chron. 4, obs. BIGOT Chr.

629 BIGOT Chr., Pratique du droit de la presse, *op. cit.*, p. 321.

630 PILLET Fr. et MOHAMED SOILIHI Th., Rapport d'information relatif à l'équilibre de la loi du 29 juillet 1881 sur la liberté de la presse à l'épreuve d'internet, JO Sénat, doc. parl., n° 767, 6 juill. 2016, p. 64.

faite[631]. L'influence prétorienne, et plus particulièrement constitutionnelle, jouissent d'une autorité déterminante en la matière. Heureux le justiciable qui trouvera dans la loi sur la liberté de presse, l'injonction qui lui est faite de respecter le parallélisme des formes en matière civile, et ce quand bien même cette règle trouve une justification légitime. Mais plus que ce formalisme, c'est sans doute sa combinaison avec une approche exceptionnelle du temps, qui fait de cette loi un objet juridique si particulier.

II. Les spécificités procédurales temporelles

23. Annonce. — L'écoulement du temps occupe une place déterminante au sein de la loi du 29 juillet 1881. Que ce soit au moyen de délais abrégés – **A** – ou grâce à des modes de calcul privilégiés de son acquisition – **B**, la prescription constitue dans cette procédure un allié majeur de la liberté d'expression.

A. Une réduction exceptionnelle des délais de prescription

24. Particularismes de la prescription[632]. — L'article 65, alinéa 1 de la loi du 29 juillet 1881 dispose que « *l'action publique et l'action civile résultant des crimes, délits et contraventions prévus par la présente loi se prescriront après trois mois révolus* ». À bien des égards cette disposition phare de la loi du 29 juillet 1881 apparait singulière. D'abord, elle dresse sans ambiguïté une **analogie entre les actions civile et pénale**. En ces deux hypothèses, le défaut d'observation du délai de prescription est constitutif d'une nullité d'ordre publique et ce, que l'action civile soit jointe ou séparée[633]. Ensuite, le délai de prescription instauré s'applique quel que soit le

---

[631] Signe du rôle occupé par la jurisprudence en cette matière, et de son manque de clarté, le procureur MARIN relevait dans son avis sur l'affaire « *Auféminin.com* », que cette espèce offrait l'occasion « *de donner un signal fort de lisibilité et de prévisibilité de notre droit de la presse à l'ensemble de la communauté des juristes* » : voy. Avis du procureur général Jean-Claude MARIN, Légipresse 2013, n° 303, p. 152, spéc. p. 160.

[632] ADER B., Quelques rappels et réflexions sur la prescription en matière de presse, Légipresse 2004, n° 211, II, p. 100.

[633] Cass. 2e civ., 14 déc. 2000, n° 98-22.427 : Bull. civ. II, n° 173 ; LPA 7 mars 2001, n° PA200104703, p. 9, note DERIEUX E. – Cass. crim., 14 oct. 2014, n° 13-84.635 : n. pub. Bull. ; Dr. pén. 2015, n° 6, chron. 6, obs. MOUYSSET O.

degré de gravité de l'infraction commise : **crime, délit ou contravention**. Enfin, et surtout, c'est le délai de prescription lui-même qui focalise les attentions. Celui-ci est **restreint à trois mois**, là où depuis 2017[634] les délits, qui constituent l'essentiel des infractions en matière de presse, font l'objet d'un délai de six ans en droit commun[635]. De la même manière, le délai de prescription en droit civil[636] est de cinq ans, ce qui contraste tout autant avec la prescription trimestrielle. Une telle disparité entre régimes communs et régime de presse a naturellement dressé un clivage doctrinal. Ce délai est ainsi perçu comme la véritable « *pierre angulaire du droit de la presse* »[637] par les uns, ou comme une « *anomalie* »[638] juridique par les autres. A lui seul, il cristallise la majorité des critiques formulées à l'encontre de la loi sur la liberté de la presse.

25. Mais alors pourquoi pareil délai ? Le législateur de 1881 n'a pas laissé traces de justifications quant à la brièveté de ce délai. Néanmoins, comme le suggère Christophe BIGOT[639], l'origine d'une telle brièveté peut être recherchée dans la loi du 26 mai 1819[640], qui constitue un des premiers textes sur la presse. Bien que le délai de prescription n'ait été réduit à l'époque qu'à six mois, ce texte donne un éclairage sur les motivations d'une telle spécificité. Le garde des Sceaux Hercule de SERRE indiquait ainsi, lors de la présentation des motifs de ce texte à la Chambre des députés, qu'elle « *serait tyrannique la loi qui, après un long intervalle, punirait une publication à raison de tous ses effets possibles les plus éloignés, lorsque la disposition toute nouvelle des esprits peut changer du tout au tout les impressions que l'auteur lui-même se serait proposé de produire dans l'origine ; lorsque, enfin, le long silence de l'autorité élève une présomption si forte contre la criminalité de la publication. Il a donc paru convenable d'abréger beaucoup le temps de la*

---

634 L. n° 2017-242, 27 févr. 2017, portant réforme de la prescription en matière pénale, NOR: JUSX1607683L.
635 CPP, art. 8.
636 C. civ., art. 2224.
637 GUERDER P., Rép. pén. Dalloz, V° Presse : procédure, 2019, n° 864.
638 DREYER E., Droit de la communication, *op. cit.*, p. 769, n° 1389.
639 BIGOT Chr., Pratique du droit de la presse, *op. cit.*, p. 311 ; BIGOT Chr., JCl. Lois pénales spéciales, V° Presse et communication, Fasc. 140, préc., 2019, n° 4.
640 L. n° 6515, 26 mai 1819, préc.

prescription de l'action publique[641] ». L'explication d'un délai aussi court, réside donc dans le caractère fugace de l'information[642] et dans la nécessité de laver promptement l'affront commis[643]. De là, il ne serait pas nécessaire de chercher à poursuivre trop tardivement des infractions évanouies des esprits. Pareil discours semble néanmoins insuffisant pour légitimer aux yeux de ses opposant, une telle dérogation[644]. Au soutien d'une contre-argumentation, il est souvent avancé que les évolutions technologiques auraient rendu les poursuites plus complexes, et qu'elles justifieraient un allongement du délai de prescription afin d'assurer une juste répression[645]. Cependant, il n'est pas certain que l'augmentation de ce délai soit à elle seule suffisante pour dissiper les maux dont la loi sur la presse est affublée. En effet, comme l'avait soulevé[646] Fabienne SIREDEY-GARNIER[647], l'allongement du délai de prescription est impuissant à remédier aux problèmes d'anonymat ou d'hébergement des données à l'étranger. Aussi, on peut encore douter de l'efficacité qu'un tel rallongement pourrait avoir, face à une avalanche quotidienne d'injures qui s'épand sur les réseaux sociaux.

---

641 MAVIDAL J. et LAURENT E. (dir.), Archives parlementaires de 1787 à 1860, Série II, Tome XXIII, 1873, Paris, Librairie administrative, p. 321-322.

642 LAVRIC S., La question du délai de prescription des infractions de presse, *in* DROIN N. et JEAN-BAPTISTE W. (dir.), La réécriture de la loi sur la presse du 29 juillet 1881 : une nécessité ?, *op. cit.*, p. 167, spéc. p. 169 ; GUERDER P., Rép. pén. Dalloz, V° Presse : procédure, préc., n° 862 ; TOULEMON A., GRELARD M. et PATIN J., Code de la presse : liberté de la presse, diffamation, droit de réponse, injure-outrage, procédure, 2e éd., 1964, Sirey, p. 341, n° 3.

643 Contribution de Christophe BIGOT, *in* TOURRET A. et FENECH G., Rapport d'information sur la prescription en matière pénale, préc., p. 342.

644 DERIEUX E., Droit des médias, *op. cit.*, p. 399, n° 1571 : « *Rien, sinon la volonté de limiter, par tous les moyens, en fonction d'une bien contestable conception de la liberté de communication* [...], *les possibilités de poursuites et de condamnations, n'explique, sans cependant le justifier, un délai de prescription aussi court.* ».

645 REBUT D., Prescription des délits de presse sur l'internet. Le régime de la loi de 1881, Légipresse 2001, n° 182, II, p. 63 ; HOENIG W., La prescription des infractions de presse, *in* COURTIN Chr. et DEMARCHI J.-R. (dir.), La réforme de la prescription pénale, 2018, L'Harmattan, Droit privé et sciences criminelles, p. 63, spéc. p. 84, nos 39-40.

646 Contribution de Fabienne SIREDEY-GARNIER, *in* TOURRET A. et FENECH G., Rapport d'information sur la prescription en matière pénale, préc., p. 366-367.

647 Ancienne présidente de la 17e chambre du TGI de Paris, laquelle est spécialisée dans les affaires de presse.

26. Il semble ici que le débat relève avant tout d'un choix de politique pénale tournant en faveur de la liberté d'expression, et sur lequel on ne saurait se prononcer au risque de tomber dans le manichéisme que l'on a rejeté[648]. Au demeurant, porter un jugement sur ce sujet demeure particulièrement complexe, eu égard à l'impossibilité de réaliser une mesure concrète du nombre d'actions se brisant sous l'effet de la prescription. En effet, dans son étude statistique, Nicolas BONNAL relevait que lorsque la prescription est acquise, le « *plaignant potentiel renonce généralement à agir* »[649]. Faute de chiffres, toute position en la matière semble donc hasardeuse. Mais quoi qu'il en soit, de son côté la Cour de cassation a pris un net parti en faveur du délai écourté. La première chambre civile[650], ainsi que la chambre criminelle[651], ont pleinement fait usage de leur rôle de filtre et refusé de transmettre de nouvelles QPC. Celles-ci ont cette fois affirmé à l'unisson que l'article 65 de la loi du 29 juillet 1881 conciliait adéquatement droit au recours effectif et liberté d'expression. Plus encore, la première chambre civile a également refusé la transmission d'une QPC portant sur la prescription trimestrielle de l'article 65-1, visant les atteintes à la présomption d'innocence[652]. Mais pour autant, cette protection prétorienne n'a pas empêché le développement de délais dérogatoires au sein même de la loi du 29 juillet 1881.

27. Morcellement des délais. — L'idée d'un délai écourté dérogeant à la prescription trimestrielle n'est pas le fruit de l'imagination du législateur contemporain. En effet, dès 1898 les

---

648 *Cf. supra*, n° 7.

649 BONNAL N., Les "chausse-trappes" procédurales de la loi de 1881, préc., p. 672.

650 Cass. 1re civ., QPC, 5 avr. 2012, n° 11-25.290 : Bull. civ. I, n° 87 ; Gaz. Pal. 9 août 2012, n° GP20120809009, p. 10, note DREYER E. ; Constitutions 2012, p. 641, obs. BELLESCIZE D. ; D. 2012, Jur., p. 1588, note BIGOT Chr. ; Dalloz actualité, 25 avr. 2012, obs. LAVRIC S. ; D. 2013, Pan., p. 457, obs. DREYER E. ; Dr. pén. 2012, n° 6, comm. 90, note VÉRON M. ; JCP G 2012, n° 49, doctr. 1318, obs. TAVIEAUX-MORO N. ; Procédures 2012, n° 10, chron. 3, obs. VERLY N. ; Légipresse 2012, n° 295, p. 371, obs. GUERDER P.

651 Cass. crim., QPC, 12 avr. 2016, n° 15-85.561, 15-85.562, 15-85.563, 15-85.564, 15-85.565 : n. pub. Bull. ; D. 2017, Pan., p. 181, obs. DREYER E. ; Comm. com. électr. 2017, n° 3, chron. 5, obs. BIGOT Chr.

652 Cass. 1re civ., QPC, 23 juin 2011, n° 11-40.023 : n. pub. Bull. ; JCP G 2011, n° 45, doctr. 1227, obs. DREYER E. ; Comm. com. électr. 2012, n° 3, chron. 3, obs. BIGOT Chr.

outrages aux bonnes mœurs[653] ont fait l'objet d'un délai annal. Mais en 2004[654], la perte d'unité du délai de prescription est devenue plus évidente. Considérant qu'un certain nombre d'infractions, de par leur gravité plus prononcée, devaient faire l'objet de prescriptions plus longues, le législateur a introduit un nouvel article 65-3 au sein de la loi du 29 juillet 1881. Cette disposition instaure depuis lors un **délai annal** pour les provocations à la discrimination et à la haine raciale[655], les infractions de contestation de crimes contre l'humanité et génocides[656], ainsi que les diffamations[657] et injures[658] raciales. Néanmoins, la méthode employée est discutable. Une fois de plus, elle contraint le justiciable qui souhaite déterminer les infractions qui en sont l'objet à slalomer au milieu de multiples renvois, tant est si bien qu'un auteur a réprouvé une « *verrue de plus sur le visage décati de la loi du 29 juillet 1881* »[659].

28. Fort du succès du contrôle de constitutionnalité en matière de presse, cette nouvelle disposition n'a pas échappé à une QPC, laquelle fut transmise par la chambre criminelle[660]. Naturellement, les requérants soutenaient que la prescription trimestrielle était l'une des garanties essentielles de la liberté de la presse, et que par conséquent l'application d'un délai annal entrainait une rupture d'égalité devant la justice. Néanmoins, le Conseil constitutionnel[661] a validé le dispositif

---

[653] L., 16 mars 1898, modifiant la loi du 2 août 1882 sur la répression des outrages aux bonnes mœurs : JO n° 76, 18 mars 1898, p. 1673.

[654] L. n° 2004-204, 9 mars 2004, portant adaptation de la justice aux évolutions de la criminalité, NOR: JUSX0300028L.

[655] L'intitulé est ici réduit pour une meilleure intelligibilité du propos, voy. L., 29 juill. 1881, préc., art. 65-3 et 24, al. 7, 8.

[656] L., 29 juill. 1881, préc., art. 24 *bis* et 65-3.

[657] L'intitulé est ici réduit pour une meilleure intelligibilité du propos, voy. L., 29 juill. 1881, préc., art. 65-3 et 32, al. 2, 3.

[658] L'intitulé est ici réduit pour une meilleure intelligibilité du propos, voy. L., 29 juill. 1881, préc., art. 65-3 et 33, al. 3, 4.

[659] DREYER E., Actes du Forum Légipresse du 29 sept. 2005 : "Le droit de la presse : une spécialité légitime ou dépassée ?". L'allongement du délai de prescription pour la répression des propos racistes ou xénophobes. Commentaire de l'article 65-3 de la loi du 29 juillet 1881, Légicom 2006/1, n° 35, p. 107.

[660] Cass. crim., QPC, 22 janv. 2013, n° 12-90.064 : n. pub. Bull. ; Comm. com. électr. 2013, n° 3, comm. 30, note LEPAGE A.

[661] Cons. const., 12 avr. 2013, n° 2013-302 QPC : JO n° 0088, 14 avr. 2013, p. 6186, texte n° 29 ; Gaz. Pal. 20 juin 2013, n° 134s8, p. 16, note FOURMENT Fr. ; Légipresse 2013, n° 306, p. 350, obs. ADER B. ; RSC 2013, p. 910, obs. LAMY B. ;

dérogatoire de l'article 65-3. Celui-ci a considéré que la différence de traitement résultant de l'allongement du délai de prescription était adaptée et proportionnée, eu égard à l'objectif de simplification des poursuites et des condamnations. La perte de cohérence au sein des délais de prescription fut donc actée. Mais ce morcellement ne se limite pas à la loi du 29 juillet 1881. Il faut encore ajouter que certaines infractions qui y étaient initialement localisées, ont ni plus ni moins été « *exfiltrées*[662] » de ce texte par le législateur[663]. L'objectif de cette manœuvre fut de soumettre la provocation au terrorisme ainsi que l'apologie de ces actes[664], à des délais de droit commun. On en conviendra aisément, les infractions qui dérogent au délai trimestriel ne peuvent guère justifier d'une protection privilégiée. Mais alors pourquoi adopter la position médiane du délai annal pour certaines infractions, et en exfiltrer d'autres au bénéfice d'une prescription de droit commun ? Cette confusion nous conduit à rejoindre ici le professeur DREYER dans son analyse, pour relever que cette « *solution intermédiaire* [...] *finit par rendre le dispositif pénal illisible*[665] ». Le législateur qui se veut bienveillant à l'endroit de la liberté d'expression, même en ses manifestations les plus rudes, procède de nouveau avec maladresse. Mais au-delà de l'indulgence exprimée à l'endroit des délais de prescription, c'est encore dans les modalités de calcul de l'écoulement du temps, que le législateur témoigne d'une forme de souplesse.

Constitutions 2013, p. 248, obs. BELLESCIZE D. ; D. 2013, Jur., p. 1526, note DREYER E. ; AJ pénal 2013, p. 410, obs. PERRIER J.-B. ; Comm. com. électr. 2013, n° 7-8, comm. 82, note LEPAGE A. ; Procédures 2013, n° 6, comm. 198, note CHAVENT-LECLÈRE A.-S. ; Dr. pén. 2013, n° 6, chron. 6, obs. MOUYSSET O. ; RLDI 2013/94, n° 3134, p. 78, obs. DERIEUX E.

[662] GODEBERGE C. et DAOUD E., La loi du 13 novembre 2014 constitue-t-elle une atteinte à la liberté d'expression ?, AJ pénal 2014, p. 563.

[663] L. n° 2014-1353, 13 nov. 2014, renforçant les dispositions relatives à la lutte contre le terrorisme, NOR: INTX1414166L.

[664] C. pén., art. 421-2-5.

[665] DREYER E., Droit de la communication, *op. cit.*, p. 770, n° 1390.

B. Une computation avantageuse des délais de prescription

29. Modalités de calcul. — La Cour de cassation a récemment eu l'occasion de rappeler que les actions publique et civile en matière de presse, se prescrivent par trois mois révolus à compter du jour où elles ont été commises ou du jour du dernier acte de poursuite, en précisant « *que ce délai se calcule de quantième à quantième et expire le dernier jour à minuit* »[666]. Mais ce n'est pas tant ce mode de calcul que la nature des infractions de presse qui favorise essentiellement la liberté d'expression. En effet, les infractions de presse sont des **infractions dites instantanées**, qui s'accomplissent en « *un trait de temps* »[667]. Elles conduisent à fixer le point de départ du délai de prescription au jour de la première mise à disposition du public[668], et non au jour où cessent les effets de la publication contestée. C'est donc l'acte de publication qui consomme le délit, et de longue date la Cour de cassation estime ainsi que « *les délits de presse ne peuvent être considérés comme se renouvelant par chaque fait successif de mise en vente, de vente, ou de distribution de l'écrit incriminé* »[669], « *la rediffusion d'un même écrit, sans reproduction ni réimpression, ne constituant pas une nouvelle publication* »[670]. Cette approche est cohérente, car considérer ces infractions comme continues aurait conduit à l'imprescriptibilité[671]. Au demeurant, cela n'empêche pas que la reproduction d'un texte déjà publié soit constitutive d'une autre infraction, faisant naitre alors un nouveau délai[672].

---

666 Cass. crim., 12 nov. 2014, n° 13-84.444 : Bull. crim., n° 236 ; Dalloz actualité, 12 nov. 2014, obs. LAVRIC S. ; AJ pénal 2015, p. 203, obs. VERLY N. ; Comm. com. électr. 2013, n° 1, comm. 5, note LEPAGE A.

667 GUERDER P., Rép. pén. Dalloz, V° Presse : procédure, préc., n° 895.

668 Cass. crim., 28 oct. 2014, n° 13-86.303 : Bull. crim., n° 218 ; Gaz. Pal. 13 nov. 2014, n° 199y1, p. 25, note BERLAUD C. ; Dalloz actualité, 19 nov. 2014, obs. LAVRIC S. ; AJ pénal 2015, p. 203, obs. VERLY N. ; D. 2015, Pan., p. 342, obs. DREYER E. ; Dr. pén. 2014, n° 12, comm. 150, note VÉRON M. ; Comm. com. électr. 2015, n° 1, comm. 5, note LEPAGE A. ; JCP G 2015, n° 44, doctr. 1191, obs. TAVIEAUX-MORO N. ; Dr. pén. 2015, n° 6, chron. 6, obs. MOUYSSET O.

669 Cass. crim., 26 avr. 1890 : Bull. crim., n° 93.

670 Cass. crim., 28 oct. 2014, n° 13-86.303, préc.

671 LE POITTEVIN G., Traité de la presse, Vol. III, Tome III, *op. cit.*, p. 476-477, n° 1396.

672 Cass. crim., 2 oct. 2012, n° 12-80.419 : Bull. crim., n° 204 ; D. 2013, Pan., p. 457, obs. DREYER E. ; Dalloz actualité, 30 oct. 2012, obs. LAVRIC S. ;

30. Mais cette conception a un temps été ébranlée avec l'avènement d'internet. Ce nouvel outil se distinguant par une prégnance plus forte des contenus qui y sont publiés, il est apparu utile à certains magistrats du fond[673] d'envisager les infractions de presse non comme des infractions instantanées, mais comme des **infractions continues**. La Cour de cassation a sur ce point rapidement coupé court à toute élucubration, considérant que seule comptait la mise à disposition des utilisateurs du réseau internet[674]. Mais prenant le contrepied de cette jurisprudence, la loi pour la confiance en l'économie numérique[675] avait entendu fixer le point de départ de la prescription « *à compter de la date à laquelle cesse la mise à disposition du public du message*[676] ». Néanmoins, le Conseil constitutionnel censura cette disposition estimant que « *la différence de régime instaurée,* [...] *par les dispositions critiquées dépasse manifestement ce qui serait nécessaire pour prendre en compte la situation particulière des messages exclusivement disponibles sur un support informatique* »[677]. Adopter la solution préconisée à l'époque par le législateur, aurait là encore conduit à des infractions proches de l'imprescriptibilité.

Dr. pén. 2012, n° 12, comm. 157, note VÉRON M. ; Gaz. Pal. 7 févr. 2013, n° 116s9, p. 13, note FOURMENT Fr.

[673] CA Paris, 15 déc. 1999 : JCP G 2000, II 10281, note FACCHINA V. et SCHMIDT A. P. ; Légipresse 2000, n° 169, III, p. 38, obs. ADER B. ; D. 2000, Somm., p. 403, obs. DUPEUX J.-Y.

[674] Cass. crim., 16 oct. 2001, n° 00-85.728 : Bull. crim., n° 211 ; Gaz. Pal. 13 juill. 2002, n° GP20020713007, p. 32, note L'HENORET-MARCELLESI D. ; Gaz. Pal. 26 févr. 2002, n° GP20020226002, p. 22, note MONNET Y. ; RSC 2002, p. 621, obs. FRANCILLON J. ; D. 2002, Somm., p. 2770, obs. BIGOT Chr. ; Dr. pén. 2002, n° 2, comm. 12, note VÉRON M.

[675] L. n° 2004-575, 21 juin 2004, pour la confiance dans l'économie numérique, NOR: ECOX0200175L.

[676] Projet de loi adopté pour la confiance dans l'économie numérique, JO Sénat, doc. parl., n° 75, 13 mai 2004, art. 6, V, al. 2.

[677] Cons. const., 10 juin 2004, n° 2004-496 DC : JO n° 143, 22 juin 2004, p. 11182, texte n° 3 ; LPA 17 nov. 2004, n° PA200423001, p. 3, obs. DERIEUX E. ; JCP G 2004, II 10116, note ZARKA J.-Cl. ; JCP G 2004, II 10117, note BLANCHETIER Ph. ; JCP G 2004, n° 48, doctr. 182, obs. SAINT LAURENT J. ; LPA 18 juin 2004, n° PA200412202, p. 10, note SCHOETTL J.-É. ; Légipresse 2004, n° 213, IV, p. 53, obs. TABAKA B.

31. Malgré ces revers, la recherche d'une faille a été entreprise sur le fondement de la « nouvelle publication[678] ». La Cour de cassation a ainsi considéré comme telle, la réactivation d'un contenu diffamant qui avait précédemment été retiré[679]. En revanche, les simples suggestions proposées par un moteur de recherche ne sauraient constituer une publication nouvelle[680]. Enfin, si la haute juridiction a pu affirmer que l'insertion d'un lien hypertexte renvoyant directement à un écrit diffamant précédemment publié, constitue une nouvelle mise à disposition[681], la CEDH semble quant à elle moins catégorique. À l'occasion d'une récente affaire visant des journalistes hongrois[682],

---

678 MALLET-POUJOL N., Actes du Forum Légipresse du 29 sept. 2005 : "Le droit de la presse : une spécialité légitime ou dépassée ?". La notion de publication sur l'internet et son incidence concernant la prescription des délits en ligne, Légicom 2006/1, n° 35, p. 53, spéc. p. 65 et s.

679 Cass. crim., 7 févr. 2017, n° 15-83.439 : Bull. crim., n° 38 ; Dalloz IP/IT 2017, p. 233, obs. DERIEUX E. ; Gaz. Pal. 23 mai 2017, n° 294b2, p. 25, note FOURMENT Fr. ; D. 2018, Pan., p. 208, obs. DREYER E. ; Procédures 2017, n° 6, chron. 1, obs. VERLY N. ; Légipresse 2017, n° 348, p. 203, obs. ADER B. ; Dalloz actualité, 1 mars 2017, obs. LAVRIC S. ; AJ pénal 2017, p. 234, obs. VERLY N. – Cass. crim., 10 avr. 2018, n° 17-82.814 : Bull. crim., n° 71 ; Dalloz actualité, 2 mai 2018, obs. LAVRIC S. ; Dalloz IP/IT 2018, p. 563, obs. DALEAU J. ; D. 2018, Jur., p. 1295, note SERINET A. ; Légipresse 2018, n° 361, p. 332, obs. BEAUSSONIE G. ; D. 2019, Pan., p. 216, obs. DREYER E. ; Procédures 2018, n° 6, comm. 192, note CHAVENT-LECLÈRE A.-S. ; JCP G 2018, n° 47, doctr. 1222, obs. TAVIEAUX-MORO N. ; RLDI 2018/149, n° 5230, p. 27, obs. DERIEUX E.

680 Cass. crim., 10 janv. 2017, n° 15-86.019 : Bull. crim., n° 13 ; Gaz. Pal. 23 mai 2017, n° 294b2, p. 25, note FOURMENT Fr. ; Dalloz IP/IT 2017, p. 181, obs. DERIEUX E. ; Dalloz actualité, 16 févr. 2017, obs. LAVRIC S. ; AJ pénal 2017, p. 141, obs. VERLY N. ; D. 2018, Pan., p. 208, obs. DREYER E. ; Dr. pén. 2017, n° 12, chron. 11, obs. LEPAGE A.

681 Cass. crim., 2 nov. 2016, n° 15-87.163 : Bull. crim., n° 283 ; RLDI 2016/132, n° 4102, p. 24, obs. DERIEUX E. ; Dalloz IP/IT 2017, p. 61, obs. DERIEUX E. ; Gaz. Pal. 14 févr. 2017, n° 286y6, p. 28, note FOURMENT Fr. ; D. 2017, Pan., p. 181, obs. DREYER E. ; AJ pénal 2017, p. 39, obs. THIERRY J.-B. ; Dalloz actualité, 17 nov. 2016, obs. LAVRIC S. ; RSC 2017, p. 85, obs. GIUDICELLI A. ; D. 2017, Jur., p. 203, note SERINET A. ; Procédures 2017, n° 1, comm. 17, note CHAVENT-LECLÈRE A.-S. ; Comm. com. électr. 2017, n° 1, comm. 5, note LEPAGE A. ; Comm. com. électr. 2017, n° 3, chron. 5, obs. BIGOT Chr. ; Dr. pén. 2017, n° 6, chron. 6, obs. MOUYSSET O. ; JCP G 2017, n° 46, doctr. 1204, obs. TAVIEAUX-MORO N. ; Dr. pén. 2017, n° 12, chron. 11, obs. LEPAGE A.

682 CEDH, 4 déc. 2018, n° 11257/16, Magyar Jeti Zrt c. Hongrie : JCP G 2018, n° 52, act. 1385, obs. SURREL H. ; AJ pénal 2019, p. 93, obs. THIERRY J.-B.

celle-ci a considéré que les juges devaient procéder à un examen particulier de chaque affaire. À cette fin, la juridiction européenne a élaboré cinq critères pour analyser si le lien hypertexte est constitutif d'une publication :

« ***I.*** *Le journaliste a-t-il approuvé le contenu litigieux ;* ***II.*** *Le journaliste a-t-il répété le contenu contesté (sans l'avaliser) ;* ***III.*** *Le journaliste a-t-il simplement mis un lien hypertexte vers le contenu contesté (sans l'endosser ni le répéter) ;* ***IV.*** *Le journaliste savait-il ou aurait-il pu raisonnablement savoir que le contenu incriminé était diffamatoire ou autrement illégal ;* ***V.*** *Le journaliste a-t-il agi de bonne foi, a-t-il respecté l'éthique du journalisme et a-t-il fait preuve de la diligence requise en matière de journalisme responsable ?* »[683].

32. Cette démarche intéressante a conduit la CEDH à écarter la diffamation à l'encontre des journalistes hongrois, considérant entre autres, qu'ils n'avaient en aucun cas approuvé, ni même commenté les propos tenus. Néanmoins, il n'est pas certain qu'une telle méthode soit transposable à de simples particuliers, à l'égard desquels aucune déontologie ne saurait être exigée. On insistera également sur le fait qu'en l'espèce il ne s'agissait non pas d'une nouvelle publication, mais bel et bien d'une première publication. Reste à savoir si les juridictions nationales vont à l'avenir s'emparer de cette grille de lecture. Quoi qu'il en soit, la nature instantanée de ces infractions tend à assurer une protection efficace à la liberté d'expression, en faisant courir rapidement le délai de prescription.

33. Événements affectant le délai. — Outre ces modalités de calcul, ce sont encore les évènements susceptibles d'affecter le délai de prescription qui sont l'objet de particularismes. On s'attardera essentiellement ici sur les causes interruptives de prescription, lesquelles témoignent le plus de la volonté du législateur de favoriser l'acquisition de la prescription. En effet, l'article 65, alinéa 2 de la loi du 29 juillet 1881 dispose qu'avant « *l'engagement des poursuites, seules les réquisitions aux fins d'enquête seront interruptives de prescription* ». Le texte poursuit en énonçant que « *ces réquisitions*

[683] Traduction libre du paragraphe n° 77, de la décision rendue uniquement en langue anglaise.

devront, à peine de nullité, articuler et qualifier les provocations, outrages, diffamations et injures à raison desquels l'enquête est ordonnée ». Aussi surprenant que cela puisse paraitre, le seul acte interrompant la prescription avant la mise en mouvement de l'action publique est donc la réquisition aux fins d'enquête[684]. Acte qui au surplus doit répondre aux conditions d'articulation et de qualification ! Pareille disposition contraste pour le moins avec le droit commun qui a expressément prévu, depuis la réforme de 2017[685], qu'un simple procès-verbal d'OPJ est suffisant pour interrompre la prescription[686]. Mais malgré cette sévérité apparente, l'alinéa 2 de l'article 65 est pourtant la résultante d'une première évolution tendant à favoriser l'interruption de la prescription, là où avant 1993[687], seul un acte de poursuite avait cet effet. Cette mutation vers un durcissement des conditions d'acquisition de la prescription[688] s'est dernièrement manifestée de façon plus éclatante encore, à l'égard des infractions de presse à caractère raciste. La volonté du législateur de lutter activement contre ces comportements[689] l'a conduit, outre le délai de prescription rallongé à un an[690], à ne plus exiger des réquisitions d'enquête une quelconque qualification ou articulation[691]. Le texte revient ainsi vers le droit commun de sorte qu'une fois encore il déroge à la dérogation, faisant ainsi de l'illisibilité une véritable pathologie !

---

[684] TGI Paris, 17e ch., 13 oct. 1995 : Légipresse 1996, n° 128, I, p. 5 : « *l'expression "réquisitions d'enquêtes" employée à l'article 65 de la loi sur la presse doit s'entendre de toute instruction donnée par le procureur de la République à un service de police judiciaire afin de recueillir les éléments d'information nécessaires à sa décision, préalablement à l'engagement éventuel d'une poursuite* », cité *in* DREYER E., Droit de la communication, *op. cit.*, p. 833, n° 1524.

[685] L. n° 2017-242, 27 févr. 2017, préc.

[686] CPP, art. 9-2.

[687] L. n° 93-2, 4 janv. 1993, portant réforme de la procédure pénale, NOR: JUSX9200023L.

[688] SAENKO L., La modification des règles de prescription en matière de presse, Gaz. Pal. 25 avr. 2017, n° 292y2, p. 80.

[689] DILCRA, La République mobilisée contre le racisme et l'antisémitisme. Plan national 2015-2017, p. 8.

[690] *Cf. supra*, n° 27.

[691] L., 29 juill. 1881, préc., art. 65-3, al. 2.

34. En conclusion de cette modeste étude, il semble que la vigilance pourrait être le leitmotiv en la matière. La loi de 1881 est complexe et ses règles sont éminemment protectrices de la liberté d'expression. Affirmer le contraire relèverait de l'euphémisme ! Mais plus que le nombre d'exigences, ce qui frappe ici le justiciable, comme le juriste, c'est la difficulté rencontrée pour les comprendre. L'œuvre légistique laisse songeur eu égard aux principes d'accessibilité et d'intelligibilité de la loi. Certes, la médiocrité de cette loi est sans aucun doute le fruit de son âge, lequel a conduit à d'abondantes modifications législatives. À cela s'ajoute également une influence jurisprudentielle indubitable en provenance de toutes institutions confondues. Néanmoins, il serait désormais judicieux de rendre cette loi plus claire, ainsi que d'y faire transparaitre l'œuvre prétorienne. Amender ce « *monument historique* »[692] ne signifie pas nécessairement mettre en danger les intérêts qu'il protège. Le restructurer n'induit pas mécaniquement des intentions scélérates. En revanche, se complaire dans ce brouillon ne fera qu'alimenter le « haro » universitaire qui fustige une loi à la solde des médias et journalistes.

[692] BELLESCIZE D., La loi du 29 juillet 1881 à l'aube de l'an 2000, préc., p. 1416.

Table des matières

Journée d'étude du 14 juin 2019
« Presse et procès pénal »

Table ronde du 13 juin 2019
« Les spécificités du procès des infractions de presse »

Structures éditoriales du groupe L'Harmattan

L'Harmattan Italie
Via degli Artisti, 15
10124 Torino
harmattan.italia@gmail.com

L'Harmattan Hongrie
Kossuth l. u. 14-16.
1053 Budapest
harmattan@harmattan.hu

L'Harmattan Sénégal
10 VDN en face Mermoz
BP 45034 Dakar-Fann
senharmattan@gmail.com

L'Harmattan Cameroun
TSINGA/FECAFOOT
BP 11486 Yaoundé
inkoukam@gmail.com

L'Harmattan Burkina Faso
Achille Somé – tengnule@hotmail.fr

L'Harmattan Guinée
Almamya, rue KA 028 OKB Agency
BP 3470 Conakry
harmattanguinee@yahoo.fr

L'Harmattan RDC
185, avenue Nyangwe
Commune de Lingwala – Kinshasa
matangilamusadila@yahoo.fr

L'Harmattan Congo
67, boulevard Denis-Sassou-N'Guesso
BP 2874 Brazzaville
harmattan.congo@yahoo.fr

L'Harmattan Mali
Sirakoro-Meguetana V31
Bamako
syllaka@yahoo.fr

L'Harmattan Togo
Djidjole – Lomé
Maison Amela
face EPP BATOME
ddamela@aol.com

L'Harmattan Côte d'Ivoire
Résidence Karl – Cité des Arts
Abidjan-Cocody
03 BP 1588 Abidjan
espace_harmattan.ci@hotmail.fr

L'Harmattan Algérie
22, rue Moulay-Mohamed
31000 Oran
info2@harmattan-algerie.com

L'Harmattan Maroc
5, rue Ferrane-Kouicha, Talaâ-Elkbira
Chrableyine, Fès-Médine
30000 Fès
harmattan.maroc@gmail.com

Nos librairies en France

Librairie internationale
16, rue des Écoles – 75005 Paris
librairie.internationale@harmattan.fr
01 40 46 79 11
www.librairieharmattan.com

Lib. sciences humaines & histoire
21, rue des Écoles – 75005 Paris
librairie.sh@harmattan.fr
01 46 34 13 71
www.librairieharmattansh.com

Librairie l'Espace Harmattan
21 bis, rue des Écoles – 75005 Paris
librairie.espace@harmattan.fr
01 43 29 49 42

Lib. Méditerranée & Moyen-Orient
7, rue des Carmes – 75005 Paris
librairie.mediterranee@harmattan.fr
01 43 29 71 15

Librairie Le Lucernaire
53, rue Notre-Dame-des-Champs – 75006 Paris
librairie@lucernaire.fr
01 42 22 67 13

www.ingramcontent.com/pod-product-compliance
Lightning Source LLC
LaVergne TN
LVHW011308061026
849535LV00005B/1451